記載例からみる

民事裁判文書作成と尋問の基礎技術

喜多村 勝徳

Katsunori Kitamura

はしがき

　若手弁護士のスキルアップを目的として、民事訴訟における文書の作成と尋問技術について書くという企画を弘文堂からいただいたのが本書のきっかけでした。最近の若手弁護士の皆さんが訴状を書くのに苦労していて、裁判所書記官に書き方の伝授を願うことがあるという話を聞いたことがあります。弁護士人口の拡大が続き、イソ弁を経ないで直ちに独立する弁護士もおり、ＯＪＴが十分でない可能性があるのではないかと感じていました。そのような現状で、少しでも若手弁護士の執務の参考となればという気持ちで書きました。

　文書作成の技術を習得するということですから、できるだけ多くの、かつ多種多様な記載例を掲げることを心がけました。記載例の多くは実際の判決文を参考にして作成したものですから、現実味に欠けるところはなく、実際の文書作成に役立つものではないかと自負しています。ただ、単に記載例を読むだけでは意味がなく、記載例の基礎となる法理を理解することが必要と考えたので、要件事実、主張立証責任の分配等、民事訴訟法の基本的な理論にも触れています。その意味で、若手弁護士のみならず、司法修習生、司法試験受験生、法科大学院の学生、法学部生の学習にも参考にしていただけるのではないかと思っています。

　文章術にも若干触れています。文章術については、古今の作家によって繰り返し言われていることであり、本書が何かを付け加えるというものではありませんが、実際の文章を例にとって、分かりやすく書き換えることにより実例を示したつもりです。

　尋問技術についても触れています。分量的には文書作成の部分よりも随分少ないですが、基本的な考え方を整理しております。尋問のテクニックもさることながら、尋問の目的とそれを実現する方法が大事だとの立場に立っています。

　最後に、専門訴訟の各類型について訴状と被告の主張の記載例をいくつか掲げておきました。訴状・準備書面に関する説明の応用編として読んでいただきたいと思います。

　文書作成の技法、尋問技術、専門訴訟については、それぞれ立派な類書がい

ii

くつもあります。本書がそれに付け加えるものは何もありませんが、これらを
まとめて一冊にしたところにそれなりの意義を見いだしていただけるのではな
いかと密かに自負しています。

　コラムも書いてみました。若手弁護士の役に立ちそうな、具体的・実践的な
事柄を取り上げるという気持ちで書きました。これも是非参考にしていただけ
たらと思います。

　最後に、本書があるのは弘文堂の中村壮亮さんの不断の励ましのおかげです。
この場を借りて御礼申し上げます。

　2020 年 7 月

喜多村　勝徳

目　次

凡例

・法令は、令和2年7月1日現在による。

・本文で引用する法令、判例集等の略記につき、民事訴訟法については
「法」と、民事訴訟規則については「規則」と略記したほかは慣用に
従った。

序　章

　民事訴訟の提起は、訴状を裁判所に提出してしなければならない[1]（法133条1項）。訴訟が開始されると、口頭弁論期日あるいは弁論準備手続期日が指定され[2]、当事者双方が攻撃防御方法を提出するが、それは書面によって準備される（法161条1項、170条1項）。そのような書面を準備書面といい、準備書面の中でも訴状に対する応答を記載したものを答弁書という。

　口頭弁論期日や弁論準備手続期日においては、主張の提出だけでなく、文書についての証拠調べ（これを「書証[3]」という）も行われる。書証については、文書の原本を提出することで証拠調べが完了する（法170条2項、219条）が、事前に文書の写しと証拠説明書を提出しなければならない（規則137条1項）。

　書証以外の証拠調べである人証尋問（証人尋問と当事者尋問）、鑑定、検証については、口頭弁論期日又は弁論準備手続期日において当該証拠調べの実施を求める書面（証拠申出書）を提出し、証拠の採否に関する決定がされた後、実際の証拠調べはその後開催される証拠調べのための期日で施行される。

　人証尋問は当事者代理人による主尋問、反対尋問、再主尋問という形で行われる（法202条、規則113条）。これを交互尋問という。人証尋問は集中して行

---

1)　簡易裁判所では口頭で訴えを提起することができる（法271条）。訴え提起前の和解が不調になった場合には、当事者双方の申立があれば和解の申立が訴えの提起とみなされる（法275条2項）。支払督促に対する異議があった場合には、支払督促の申立が訴えの提起とみなされる（法395条）。これらの場合を除き、訴訟は訴状の提出によって開始する。

2)　そのほか、準備的口頭弁論（法164条）と書面による準備手続（法175条）があるが、利用される例は少ない。もっとも、後者は当事者双方が不出頭でも電話会議が可能である（法176条3項）ことから、コロナの感染拡大を受けて利用されることが多くなったようである。

3)　取調べの対象となる文書それ自体を書証ということもあるが、民訴法上は取調方法を示す用語である。

われる（法 182 条）が、そのような集中証拠調べを可能にするため、主尋問については陳述書を作成して事前に提出するのが最近の実務である。

　以上のように、民事訴訟ではいくつかの重要な文書の作成が求められるので、これらの文書の作成技術について説明するのが本書の目的である。また、人証尋問における尋問技術と陳述書について章を改めて説明し、最後に、特殊な訴訟における考慮事項について説明を付加することとしたい。

【コラム 1　公用文作成の要領】

　「公用文作成の要領（昭和 27 年 4 月 4 日通達）」は、国語審議会の建議を受けて公用文の作成方法について内閣官房長官が各省大臣に通達したものです。目的は官庁用語を平易にすることであり、現在でも有効とされています。官庁で作成される文書についてのものですから、判決書などがこれに依拠するのは当然としても、弁護士が作成する訴状や準備書面について当てはまるものではありません。しかし、ふつうはこれに依拠することが推奨されています。内容としては、①用語用字について、②文体について、③書き方について、の三点にわたっています。

　用語用字については、①日常一般に使われているやさしいことばを用いる（懇請する→お願いする）、②当用漢字表を用い、それで言い表せないものは書きかえをする（遡る→さかのぼる、車輛→車両、改悛→改心、瀆職→汚職、隠蔽→隠す）、などとされています。

　文体については、①「である」体を用いる、②文語的な表現はやめる（せられんことを→されるよう）、③文章は短く区切る、④簡潔な、論理的な文章とする、⑤標題をつける、⑥箇条書きとする、などとされています。

　書き方については、①左横書きとする、②アラビア数字を使用する、③書き出しと行を改めたときは 1 字下げる、④句読点は「,」「。」を用い、事物を列挙するときは「・」を用いることができる、⑤項目の細則は、第 1 － 1 －（1）－ア－（ア）の順序とする、などとされています。

　筆者も概ねこの要領に沿って訴状等の裁判文書を作成していますが、いくつか逸脱する部分があります。以下に述べるとおりです。

　日常用語をあえて避けることがあります。日常用語を使用するのは分かりやすさという意味で重要なのでしょうが、やはり裁判においては固い言葉の方が相応しい場合があるように思います。裁判官も「原告は被告に……とお願いした」ではなく「原告は被告に……と懇請した」とするのではないでしょうか。

　漢字も当用漢字表を意識しないで使っています。裁判官も「被告人はとても改心しているので」とは書かずに「被告人の改悛の情は著しく」と書いていると思います。漢字の制限は文化の退廃だと大仰に言うつもりもありませんが、高等教育を受けた人が圧倒的多数となり、誰でもワープロで文章を書ける時代において、漢字を制限する意味はあまりないように思います。

　横書きでも「、」を使います。「,」はもともと英語で使うものですし、「,」と対応するのは「.」であって「。」ではないはずだからです。

　アラビア数字の使い方は迷うことがあります。要領においても、「一般に」「一部分」「一間（ひとま）」「三月（みつき）」は漢字を用いるとあります。そのほかでも、「2個」はよいとしても、「2つ」は「二つ」としたいです。最初の段落の「三点」も含め、筆者の趣味の範疇ではありますが。

【コラム2　送り仮名の付け方】

　送り仮名をどうするかも突き詰めれば難しい問題です。なんとなく使っているのではないかと思いますが、これについても通達があります。「送り仮名の付け方」（昭和48年6月18日内閣告示）がそれであり、もともと「公用文作成の要領」に入っていたのを独立させたものです。

　単独の語（漢字一字の語）と複合の語（漢字二字以上の語）と付表の語（常用漢字表の付表に掲げる語のうち送り仮名のつけ方が問題となる語）の三つに分けて、それぞれ通則を設けています。原則として活用語尾を送り仮名とします（承る、考える、賢い、主だ）。もちろん例外もあり、詳細は通達を見ていただきたいのですが、ワープロで文章を書けば、通則に従った変換をしてくれるので、送り仮名の付け間違いをすることはないと思います。

　それよりも、通則で複数のつけ方が認められている場合にどれを採用するかという点が気になります。例えば、「申し込み」「申込み」「申込」はいずれも通達でよしとされています。「引き渡し」「引渡し」「引渡」もそうです。通則では、複合語の場合は各語の送り仮名のつけ方によるのが本則ですから、「申し込み」「引き渡し」がほんらいは正しいのですが、「申込み」「引渡し」も許容されています。読み間違えるおそれがないからだというのです。民法でも「申込み」（522条1項）、「引渡し」（601条）となっています。

　どれを選択するかは個人の趣味でしょうが、筆者の好みは送り仮名をできるだけ付けない書き方です。通則も慣用的な語については送り仮名の省略を原則としています。「取締役」「（備前）焼」「書留」「消印」「小売商」などです。

「申込み」をする者は「申し込み者」ではなく「申込者」が適当でしょう（民法 523 条 1 項)。「引き渡し」についても、例えば「引渡の有無に関する主張」とするのが好みです。送り仮名を付けるのであれば、「引き渡したかどうかに関する主張」としたいです。

第1章　訴状及び準備書面

第1　訴状

1　記載事項

　訴状には、①当事者及び法定代理人、②請求の趣旨及び原因、を記載しなければならない（法133条2項）。これらを訴状の必要的記載事項といい、訴状にこれらの記載が欠けている場合には、裁判長は、相当の期間を定め、その期間内に不備を補正すべきことを命じなければならず（法137条1項）、当該期間内に原告が不備を補正しないときは、裁判長は命令で訴状を却下する（同条2項）。

　必要的記載事項としての請求原因は、請求を特定するのに必要な事実である（規則53条1項括弧書き）が、そのほか、訴状には、請求を理由づける事実を具体的に記載し、かつ、立証を要する事由ごとに、当該事実に関連する事実で重要なもの及び証拠を記載しなければならない（同条1項）。ここにいう「請求を理由づける具体的事実」を主要事実又は要件事実といい、「当該事実に関連する事実で重要なもの」には、主要事実を推認させる事実（間接事実）のほか、証拠の証明力を基礎づける事実（補助事実）などがある。これらを実質的記載事項というが、これらを記載する場合、訴状が準備書面を兼ねることになる。

　そのほか、規則で定められている記載事項として、①訴訟代理人の氏名及び住所並びに郵便番号と電話番号（ファックス番号を含む）、②送達場所の表示、③事件の表示[1]、④附属書類の表示、⑤年月日、⑥裁判所の表示、以上のものがある（規則2条1項、41条、53条4項）。

---

1)　「貸金請求事件」のように訴訟物の内容を記載するのがふつうである。もっとも、単に特定のためであるから、事件名が実際の訴訟物とは異なっていても訴状の効力に影響はない。

　また、訴訟物の価額と貼用印紙額も記載するのがふつうである。これらについては、毎年発刊される『弁護士職務便覧』（東京三弁護士会編・日本加除出版株式会社）等を適宜参照しながら金額を記載する。

　なお、訴状に添付しなければならない書類がいくつか定められており、添付書類又は附属書類の表題の下にそれを記載する。

　不動産に関する事件、手形小切手に関する事件については、それぞれ、登記事項証明書、手形・小切手の写しを添付しなければならない（規則55条1項）。人事訴訟の場合は戸籍謄本等の当事者の身分関係を証明する書面を添付しなければならない（人事訴訟規則13条）。また、いかなる事件についても、立証を要する事由につき、証拠となるべき文書の写しで重要なものを添付しなければならない（規則55条2項）。

　訴状は被告に送達する必要があるので、送達用の副本を被告の数だけ提出しなければならない（法138条1項、規則58条1項）。

　訴訟代理権は書面で証明しなければならない（規則23条1項）ので、訴訟委任状の原本を訴状に添付して提出する。

（記載例1－1－1　訴状）

訴　　状

令和○年○月○日

東京地方裁判所　民事部　御中

　　　　　　　　原告訴訟代理人弁護士　　甲　　野　　太　　郎　㊞

　　　　　〒100-0013　東京都千代田区霞が関○丁目○番○号
　　　　　　　　　　　原　　告　　　乙　野　次　郎
　　　　　〒100-0006　東京都千代田区有楽町○丁目○番○号
　　　　　　　　　　　○○ビルヂング○階　　○○法律事務所（送達場所）
　　　　　　　　　　　電　話　　○○(○○○○)○○○○
　　　　　　　　　　　ＦＡＸ　　○○(○○○○)○○○○
　　　　　　　　　　　原告訴訟代理人弁護士　甲　野　太　郎
　　　　　〒150-0012　東京都渋谷区広尾○丁目○番○号

```
                被　告　　　丙　野　三　郎
○○○○請求事件
        訴訟物の価格　金○○○○円
        貼用印紙の額　金○○○○円

第1　請求の趣旨
  (略)
第2　請求原因
  (略)
第3　証拠方法
  1　甲第1号証　○○○○
  2　甲第2号証　○○○○
第4　添付書類
  1　訴状副本　1通
  2　甲号証写し　各1通
  3　訴訟委任状　1通
( 4　不動産登記事項証明書等)
```

2　必要的記載事項

(1)　当事者及び法定代理人

　当事者と法定代理人が必要的記載事項となるのは、訴訟の主体と訴訟の追行者を明らかにするためである。ここにおいて、当事者となることのできる能力を当事者能力といい、訴訟を追行できる能力を訴訟能力というが、これは民法上の権利能力と行為能力に対応する概念である（法28条）。

　当事者とされた者に当事者能力（権利能力）がない場合、訴えは直ちに不適法であり、訴訟能力（行為能力）がない場合には、裁判所は期間を定めて補正命令を出し、期間内に補正されない（適法な法定代理人が選任されない）ときは、訴えは不適法となる。不適法な訴えは、請求の当否に対する判断をすることなく、却下される。

A　当事者

当事者は住所と氏名によって特定する。

氏名は、「原告」あるいは「被告」というように、当事者としての地位を冠して表示する。

住所を記載するときは、都道府県名から表示するのが原則であるが、東京都を除き、政令指定都市、県庁所在地、地方裁判所の本庁所在地の市については、都道府県名を省略することが多い。原告又はその代理人の郵便番号及び電話番号（ファックス番号を含む）も記載しなければならない（規則53条4項）。

（記載例1－1－2　当事者）

> 〒100-0013
> 東京都千代田区霞が関〇丁目〇番〇号
> 原　告　　甲　野　太　郎

氏名は戸籍の表示によるが、通称や雅号、屋号等を使用しており、そちらの方が一般的に通用している場合は、その表示とともに氏名を記載する。

（記載例1－1－3　通称）

> 〒100-0013
> 東京都千代田区霞が関〇丁目〇番〇号
> 原　告　　甲野如水こと　甲　野　太　郎（甲野建設こと　甲　野　太　郎）

人事訴訟の場合は、住所のほか本籍も記載する。判決に基づき職権で戸籍の記載を変更する際の便宜のためである。

（記載例1－1－4　人事訴訟）

> （本籍）　兵庫県西宮市甲子園町〇番〇
> （住所）　〒100-0013　東京都千代田区霞が関〇丁目〇番〇号
> 原　告　　甲　野　太　郎

破産管財人等、法令によって他人の権利を訴訟上行使することが認められている場合[2]、それらの者の住所（弁護士の場合は事務所所在地）と氏名を記載す

---

2)　これを法定訴訟担当という。破産管財人（破産法80条）、再生債務者の管財人と監督委員（民事再生法67条、56条）、更生会社の管財人（会社更生法74条）などがそれ

る。この場合、破産管財人等法令上の資格で当事者となっている旨を記載する。

(記載例1－1－5 破産管財人)

〒100-0006
東京都千代田区有楽町○丁目○番○号
○○ビルヂング○号室　○○法律事務所
電　話　○○（○○○○）○○○○
ＦＡＸ　○○（○○○○）○○○○
原　告　　破産者甲野太郎破産管財人
　　　　　　弁護士　　乙　野　次　郎

(記載例1－1－6 更生管財人)

〒100-0006
東京都千代田区有楽町○丁目○番○号
○○ビルヂング○号室　○○法律事務所
電　話　○○（○○○○）○○○○
ＦＡＸ　○○（○○○○）○○○○
原　告　　更生会社甲野商事株式会社管財人
　　　　　　弁護士　　乙　野　次　郎

(記載例1－1－7 民事再生の監督委員)

〒100-0006
東京都千代田区有楽町○丁目○番○号
○○ビルヂング○号室　○○法律事務所
電　話　○○（○○○○）○○○○
ＦＡＸ　○○（○○○○）○○○○
原　告　　再生債務者甲野太郎監督委員
　　　　　　弁護士　　乙　野　次　郎

である。遺言執行者は、旧民法1015条では相続人の代理人とされていたが、判例は法定訴訟担当としていた（最判昭和43・5・31民集22-5-1137）。そこで、改正民法1015条は法定訴訟担当である旨の条文とした。

（記載例1－1－8 遺言執行者）

```
〒100-0006
東京都千代田区有楽町○丁目○番○号
○○ビルヂング○号室　○○法律事務所
電　話　○○（○○○○）○○○○
ＦＡＸ　○○（○○○○）○○○○
原　告　亡甲野太郎遺言執行者
　　　　弁護士　乙　野　次　郎
```

　共同の利益を有する多数の者が団体を形成していても、法29条の規定に該当しない場合は、団体としての当事者能力がないので、各当事者が原告又は被告となる（団体としての当事者能力がある場合の表示は後述する（12ページ））。この場合、①訴訟の目的である権利又は義務が共通であるとき、又は同一の事実上及び法律上の原因に基づくとき、②訴訟の目的である権利又は義務が同種であって事実上及び法律上同種の原因に基づくとき、以上の場合は同一の訴訟手続で訴え又は訴えられることができる（法38条）。これを共同訴訟という。この場合、原告又は被告を並列して記載する。

（記載例1－1－9 共同訴訟）

```
〒100-0013
東京都千代田区霞が関○丁目○番○号
原　告　甲　野　太　郎
〒104-0061
東京都中央区銀座○丁目○番○号
原　告　乙　野　次　郎
```

　団体に当事者能力がない場合は、構成員の中から全員のために原告又は被告となる者を選定することができる（法30条1項）。これを選定当事者といい、選定当事者の訴訟行為は選定者のために効力を有し、選定当事者が受けた判決の効力は選定者に及ぶので、選定当事者だけでなく選定者も表示する。

（記載例1－1－10 選定当事者）

```
〒100-0013
東京都千代田区霞が関○丁目○番○号
```

> 原　告　　選定当事者
> 　　　　　甲　野　太　郎（選定者は別紙選定者目録のとおり）

　被告の住所が不明である場合は居所を記載し、居所も不明な場合はその旨を記載するとともに最後の住所を記載する。公示送達の要件を満たす（法110条1項1号）ことを示す趣旨である。

（記載例1－1－11　被告の住居所不明）

> 住居所不明
> （最後の住所）横浜市青葉区青葉台○丁目○番○号
> 被　告　　丙　野　三　郎

B　法定代理人

　成年被後見人や未成年者は行為能力を有せず、訴訟能力を認められないので、民法の規定に基づく法定代理人が訴訟追行を代理する（法28条、31条）。そこで、当事者の表示とともに法定代理人の氏名と資格を記載する。

（記載例1－1－12　後見人）

> 〒100-0013
> 東京都千代田区霞が関○丁目○番○号
> 原　告　　甲　野　太　郎
> 上記法定代理人後見人　乙　野　次　郎

　婚姻中の親権は共同行使が原則である（民法818条3項）から、両親の名前を記載するが、離婚により単独親権が行使される場合（民法819条）は、親権者と指定された者のみを法定代理人として記載する。

（記載例1－1－13　親権者）

> 〒100-0013
> 東京都千代田区霞が関○丁目○番○号
> 原　告　　甲　野　太　郎
> 上記法定代理人親権者父　甲　野　一　郎
> 同　　　　　　　　　　母　甲野花子

　相続人のあることが明らかでない場合の相続財産管理人（民法951条、953条）、限定承認のあった場合に相続人が数人ある場合の相続財産管理人（民法936条）、

不在者の財産管理人は、いずれも法定代理人である（民法28条、936条2項、953条）。

（記載例1－1－14　相続人不明の場合の相続財産管理人）

〒100-0013
東京都千代田区霞が関○丁目○番○号（亡甲野太郎の最後の住所）
原　告　亡甲野太郎相続財産[3)]
上記法定代理人相続財産管理人　乙　野　次　郎

（記載例1－1－15　限定承認の場合の相続財産管理人）

〒100-0013
東京都千代田区霞が関○丁目○番○号
原　告　甲　野　太　郎
〒104-0061
東京都中央区銀座○丁目○番○号
原　告　乙　野　次　郎
上記2名法定代理人相続財産管理人　丙　野　三　郎

（記載例1－1－16　不在者の財産管理人）

住居所不明
（最後の住所）横浜市青葉区青葉台○丁目○番○号
原　告　乙　野　次　郎
上記法定代理人財産管理人　丙　野　三　郎

C　法人等

法人は目的の範囲内で権利能力を有する（民法34条）ので、その範囲内で当事者能力を有する（法28条）。一般社団（財）法人と会社は法人格を有する（一般社団法人及び一般財団法人に関する法律3条、会社法3条）ので、その目的の範囲内で当事者能力が認められる。

法人の代表者についても法定代理人に関する規定が準用される（法37条）ので、訴訟追行者は代表者である。

当事者が法人の場合は、商業登記簿謄本の商号と本店所在地を記載する。不

---

3)　相続人が不明のときは、相続財産は法人とする（民法951条）。

動産登記手続訴訟で商号変更が登記簿に反映されていないときは、法人の同一
性を示すために旧商号を並列して表示することもある。

（記載例1－1－17　法人）

〒100-0013
東京都千代田区霞が関○丁目○番○号
原　告　　株式会社甲野商事（旧商号：株式会社甲野商店）

　法人の代表者は、会社の場合は代表取締役であり、一般社団法人又は一般財
団法人の場合は代表理事であるから、その資格と氏名を記載する。

（記載例1－1－18　会社）

〒100-0013
東京都千代田区霞が関○丁目○番○号
原　告　　株式会社甲野商事
上記代表者代表取締役　甲　野　太　郎

（記載例1－1－19　法人である社団）

〒100-0013
東京都千代田区霞が関○丁目○番○号
原　告　　一般社団法人介護支援センター
上記代表者理事長　甲　野　太　郎

　法人は解散しても清算手続が結了するまでは清算の目的の範囲内で存続する
ものとみなされる（会社法473条、645条、一般社団法人及び一般財団法人に関す
る法律207条）。訴訟が係属するということは清算手続が結了していないという
ことであるから、たとえ清算結了の登記があったとしても、当該法人の当事者
能力は否定されない（最判昭和44・1・30判時548-69）。

（記載例1－1－20　清算会社）

〒100-0013
東京都千代田区霞が関○丁目○番○号
被　告　　株式会社甲野商事
上記代表者代表清算人　甲　野　太　郎

　法人でない社団又は財団で代表者又は管理人の定めがあるものは、その名に

おいて訴え、又は訴えられることができる（法29条）。ただし、団体としての組織を備え、多数決の原理が行われ、構成員の変更にもかかわらず団体そのものが存続し、代表の方法、総会の運営、財産の管理その他団体としての主要な点が確定していなければならない（最判昭和39・10・15民集18-8-1671）。

　この場合も代表者が法定代理人に準じて訴訟を追行する（法37条）。

（記載例1－1－21　法人でない社団）

> 〒100-0013
> 東京都千代田区霞が関○丁目○番○号
> 原　告　　○○マンション管理組合
> 上記代表者理事長　甲　野　太　郎

　法人でない財団の例は多くないが、遺言による寄付行為に基づく財団の設立のために遺言執行者が設立準備委員長となり、寄付行為による出捐を他の相続財産と分別管理していた場合に、遺言執行者が設立中の財団の代表機関であり、当該設立中の財団に法29条により当事者能力を認めた判例がある（最判昭和44・6・26民集23-7-1175）。

（記載例1－1－22　法人でない財団）

> 〒100-0013
> 東京都千代田区霞が関○丁目○番○号
> 原　告　　設立中の財団法人甲野太郎育英会
> 上記代表者設立準備委員長弁護士　乙　野　次　郎

　民法上の組合であっても、代表者の定めのあるときは、法29条により当事者能力を有する（大判昭和10・5・28民集14-1191）。

（記載例1－1－23　民法上の組合）

> 〒100-0013
> 東京都千代田区霞が関○丁目○番○号
> 原　告　　甲野商事株式会社従業員組合
> 上記代表者理事長　乙　野　次　郎

D　訴訟代理人

　当事者に行為能力がある場合、法律行為を自ら行うだけでなく、他人に委任することができる。しかし、訴訟行為の場合には、法令によって代理権を認め

られたもののほかは、弁護士のみが訴訟代理人となることができる（法 54 条 1 項）。

　訴訟代理人は必要的記載事項ではないが、訴訟の追行者を明らかにするため、また、送達の便宜のために訴状に記載する。訴訟代理人が弁護士である場合は、弁護士の事務所所在地を記載する（裁判所からの連絡の便宜のために電話番号とファックス番号も記載する）。

　肩書は「上記訴訟代理人弁護士」「原告（被告）訴訟代理人」などとするが、当事者が複数の場合は「上記○名訴訟代理人弁護士」「原告（被告）ら訴訟代理人弁護士」などとする。

（記載例 1 － 1 － 24　訴訟代理人）

〒 100-0013
東京都千代田区霞が関○丁目○番○号
原　告　　甲　野　太　郎
〒 100-0006
東京都千代田区有楽町○丁目○番○号　　乙野法律事務所
電話：○○（○○○○）○○○○　　　ＦＡＸ：○○（○○○○）○○○○
上記訴訟代理人弁護士　乙　野　次　郎

　訴訟代理人は当事者の委任があれば復代理人を委任することができる（法 55 条 2 項 5 号）。その場合は、誰の復代理人かを明らかにする。

（記載例 1 － 1 － 25　復代理人）

乙野次郎訴訟復代理人弁護士　丁　野　四　郎

　法令によって訴訟代理権が認められる者として、会社の支配人（会社法 11 条 1 項）や船長（商法 708 条 1 項）などがある。これらの場合は、訴訟代理権の根拠となる資格を記載する。

（記載例 1 － 1 － 26　支配人）

〒 100-0013
東京都千代田区霞が関○丁目○番○号
原　告　　甲野商事株式会社
上記訴訟代理人支配人　乙　野　次　郎

E　送達場所

　当事者、法定代理人又は訴訟代理人は、送達を受けるべき場所（送達場所）を受訴裁判所に届け出なければならない（法104条1項）。

（記載例1－1－27　送達場所）

```
〒100-0013
東京都千代田区霞が関○丁目○番○号
原　告　　甲野商事株式会社
上記代表者代表取締役　乙　野　次　郎
（送達場所）
東京都中央区銀座○丁目○番○号　乙野次郎
```

　代理人弁護士事務所を送達場所とする場合はその旨付記する。

（記載例1－1－28　弁護士事務所）

```
〒100-0013
東京都千代田区霞が関○丁目○番○号
原　告　　甲　野　太　郎
〒100-0006
東京都千代田区有楽町○丁目○番○号　乙野法律事務所（送達場所）
電話：○○（○○○○）○○○○　　ＦＡＸ：○○（○○○○）○○○○
上記訴訟代理人弁護士　乙　野　次　郎
```

⑵　請求の趣旨

　請求の趣旨とは、原告が主張する権利又は法律関係（これを「訴訟物」という）の結論に当たるものであり、原告がどのような裁判を求めるのかを一見して明確であるように簡潔に記載する。法律上特に記載方法の定めはないが、原告が求める判決主文と同一の文言を使用するのがふつうである。

　訴えの類型や事件の種類によって請求の趣旨は多種多様である。

　訴えは、給付の訴え（給付訴訟）、確認の訴え（確認訴訟）、形成の訴え（形成訴訟）の三つの類型に分類できる。そこで、以下において、それぞれの類型に応じた請求の趣旨を掲げる。

A　給付の訴え

　給付の訴えとは、被告に対して一定の物の引渡を求め、あるいは一定の作為又は不作為を求める訴訟である。訴訟物は、そのような行為の原因となる請求権である。

a　金銭請求の場合

　金銭請求の訴訟物は、貸金返還請求権、売買代金請求権、損害賠償請求権等さまざまであるが、それが何の請求権によるものであるかは、請求原因において特定するものとし、請求の趣旨には金額のみを記載する。複数の訴訟物が併合された場合でも、請求の趣旨にはその合算した金額を書く。

（記載例 1 － 1 － 29　金銭請求）

> 被告は、原告に対し、金○○円を支払え。

　当事者が複数の場合には各人の権利義務の範囲が明確になるように記載する。

　原告が複数の場合、単に「被告は、原告らに対し、金 100 万円を支払え」とだけ記載すれば、各原告の請求分は 50 万円になる。各原告が 100 万円を請求するのであれば、以下のように明示する。

（記載例 1 － 1 － 30　原告複数）

> 被告は、各原告に対し、金 100 万円を支払え。
> 被告は、原告らに対し、各自金 100 万円を支払え。

　被告が複数の場合も同様である。ここでも各当事者が請求の趣旨にある金額の全部を支払う義務を負うことを明確にするには「各被告は」「各自」「それぞれ」というように記載するのが適当である。

（記載例 1 － 1 － 31　被告複数）

> 被告らは、原告に対し、各自金 100 万円を支払え。

　連帯債務の場合、一方の弁済が他方の免責となるので、そのことを請求の趣旨においても明らかにするため、特に「連帯して」という文言を記載することもある。

（記載例 1 － 1 － 32　連帯債務）

> 被告らは、原告に対し、連帯して金 100 万円を支払え。

　原告と被告の双方が複数の場合、原告ごとに項を分けた方が分かりやすい。例えば、被告らが各原告に対してそれぞれ金100万円の連帯債務を負っている場合、「被告らは各原告に対し、各自金100万円を支払え」とすることも出来るが、以下のような記載の方が分かりやすい。

（記載例1－1－33　双方複数）

　1　被告らは、原告甲野次郎に対し、各自金100万円を支払え。
　2　被告らは、原告乙野次郎に対し、各自金100万円を支払え。

---

b　引渡請求の場合

　物の引渡を求める場合、請求の対象となる物を特定する必要がある。これは執行の便宜のためでもある。特定には物件目録や図面を利用する。

（記載例1－1－34　引渡請求）

　被告は、原告に対し、別紙物件目録記載の動産（物件）を引き渡せ。

　土地上に建物がある場合、土地の明渡は同時に建物の収去を伴うことになるので、請求の趣旨にもそれを明示する。この場合、訴訟物は土地の明渡請求権であり、建物の収去は執行の便宜のために記載するものである。

（記載例1－1－35　建物収去土地明渡請求）

　被告は、原告に対し、別紙物件目録2記載の建物を収去し、同目録1記載の土地を明け渡せ。

　物件目録には不動産登記簿の記載を引用すれば特定として十分である。

（記載例1－1－36　物件目録）

物件目録

　1　所　　在　　東京都千代田区霞が関○丁目
　　　地　　番　　○番地○
　　　地　　目　　宅地
　　　地　　積　　○○○㎡
　2　所 在 地　　東京都千代田区霞が関○番地の○
　　　家屋番号　　○○番
　　　構　　造　　木造瓦葺2階建て

```
種　　類　　居宅
床 面 積　　1 階　○○㎡
　　　　　　2 階　○○㎡
```

　土地や建物の一部の明渡を求める場合、不動産登記簿の記載のみでは請求を特定できないので、適宜図面等を利用することによって特定する。

(記載例 1 − 1 − 37　一部明渡請求)

物件目録

所 在 地　　(略)
家屋番号　　(略)
構　　造　　(略)
種　　類　　(略)
床 面 積　　(略)
(上記建物のうち別紙図面のイロハニホイの各点を直線で結んだ線で囲まれた範囲の部分○○㎡)

c　登記手続請求の場合

　所有権移転登記を求める請求の趣旨では、対象となる不動産を特定するとともに、登記原因も特定する。登記原因は、不動産の権利に関する登記の登記事項となっている（不動産登記法 59 条 3 号）からである。

　登記は登記官が行うものであり、被告に対しては登記申請という手続（意思表示）を求めることになるから、請求の趣旨では「登記をせよ」ではなく「登記手続をせよ」という表現を用いる。

(記載例 1 − 1 − 38　登記手続請求)

　被告は、原告に対し、別紙物件目録記載の土地につき、令和○年○月○日付け売買を原因とする所有権移転登記手続をせよ。

　抹消登記請求の場合は、抹消されるべき登記を、物件、登記名、登記所、受付年月日、受付番号によって特定する。抹消登記は被告が単独で申請するものであるから、移転登記とは異なり「原告に対し」という記載はしない。

（記載例1－1－39　抹消登記手続請求）

> 　被告は、別紙物件目録記載の土地について○○地方法務局令和○年○月○日受付第○号の所有権移転登記の抹消登記手続をせよ。

　登記を表示する場合にも、物件目録と同様に登記目録を利用してもよい。抵当権設定登記の抹消を求める場合、登記事項が多岐に亘るので、登記目録の利用が便宜である。

（記載例1－1－40　抵当権設定登記の抹消登記手続請求）

> 　被告は、別紙物件目録記載の土地について、別紙登記目録記載の抵当権設定登記の抹消登記手続をせよ。
>
> 登記目録
>
> ○○地方法務局○○支局令和○年○月○日受付
> 第○号抵当権設定
> 　　原　　　因　　令和○年○月○日金銭消費貸借同日設定
> 　　債 権 額　　金○○○万円
> 　　利　　　息　　年○割○分
> 　　損 害 金　　年○割
> 　　債 務 者　　○○市○○町○○番地　甲野太郎
> 　　抵当権者　　○○市○○町○○番地　乙野次郎

　抹消登記請求は、実体上の所有者が登記名義人である場合に、それ以後の登記を抹消することにより実体上の所有権と登記名義を一致させるためのものである。しかし、実体上の所有者が登記名義人でない場合、抹消登記手続では目的を達することができないので、それに代わるものとして「真正な登記名義の回復」を原因とする所有権移転登記手続が認められている。この場合も登記原因が請求の趣旨の記載事項になる。

（記載例1－1－41　真正な登記名義の回復を原因とする所有権移転登記手続請求）

> 　被告は、原告に対し、別紙物件目録記載の土地について、真正な登記名義の回復を原因とする所有権移転登記手続をせよ。

　所有権に関する仮登記を本登記にする場合、登記上利害関係を有する第三者

（同一不動産について仮登記に劣後する抵当権者等）の承諾がなければならない（不登法 109 条 1 項）。この場合は、所有者に対する登記手続を求めるとともに、第三者に当該登記を承諾するよう求め、承諾を命ずる判決が確定すれば、第三者の登記は職権で抹消される（同条 2 項）。

（記載例 1 － 1 － 42　承諾請求）

> 1　被告甲野太郎は、原告に対し、別紙物件目録記載の土地について、○○法務局令和○年○月○日受付第○○号所有権移転仮登記に基づく令和○年○月○日売買を原因とする所有権移転登記手続をせよ。
> 2　被告乙野次郎は、原告に対し、第 1 項の所有権移転登記手続を承諾せよ。

d　作為・不作為請求の場合

作為・不作為請求については、作為・不作為の内容を特定して記載する。

登記手続を求める訴えも作為請求のひとつであるが、それ以外の作為請求の例として謝罪広告を求める訴えがある。他人の名誉を毀損した者に対しては、裁判所は、被害者の請求により、損害賠償に代えて、又は損害賠償とともに名誉を回復するのに適当な処分を命ずることができる（民法 723 条）が、この適当な処分として謝罪広告がある。

謝罪広告を掲載する媒体、掲載回数、活字の大きさと謝罪文言を特定する。謝罪広告を命ずる判決は代替執行によって行う（最判昭和 31・7・4 民集 10-7-785）ので、それが可能な程度に特定しなければならない。

（記載例 1 － 1 － 43　謝罪広告）

> 被告は、○○市において発行する○○新聞に一回、見出しと氏名は三号活字を用い、本文は四号活字を用いて、別紙の謝罪文を掲載せよ。

そのほか、作為・不作為を求める訴えの例としては、人格権に基づく妨害排除請求権及び妨害予防請求権がある。建築基準法による道路位置指定を受け現実に開設されている道路を通行することについて日常生活上不可欠の利益を有する者は、妨害行為の排除及び将来の妨害行為の禁止を求める権利を有する（最判平成 9・12・18 民集 51-10-4241）。妨害行為の排除請求は作為を求める訴えであり、妨害行為の禁止請求は不作為を求める訴えである。

（記載例1－1－44　妨害行為排除請求及び妨害行為禁止請求）

> 1　被告は、別紙物件目録記載の土地につき、原告の通行の支障となるべき工作物を除去せよ。
> 2　被告は、別紙物件目録記載の土地を原告が通行するのを妨害してはならない。

e　将来の給付の訴え

　将来に現実化する権利を行使するものを将来の給付の訴えという。将来の給付を求める訴えは、あらかじめその請求をする必要がある場合に限り、提起することができる（法135条）。

　通常、既に発生した金銭債務について履行がなければ、支払が完了するまでの遅延損害金についてあらかじめ請求する必要があるので、請求の趣旨に含めて記載する。

　請求債権が期限の定めのない債務であるときは、訴状による催告によって遅滞に陥るので、その旨を記載する。なお、不法行為による損害賠償請求権は不法行為時から遅滞となるので、請求の趣旨には遅延損害金の起算点として不法行為の日を記載する。

（記載例1－1－45　遅延損害金）

> 　被告は、原告に対し、金○○○円及びこれに対する訴状送達の翌日から支払ずみまで年3％の割合による金員を支払え。
> 　被告は、原告に対し、金○○○円及びこれに対する令和○年○月○日（不法行為の日）から支払ずみまで年3％の割合による金員を支払え。

　不動産の引渡を求めるとともに、その遅延損害金として明渡ずみまでの賃料相当損害金を求めることも将来請求として許容される。

（記載例1－1－46　賃料相当損害金）

> 　被告は、原告に対し、別紙物件目録記載の建物を明け渡し、令和○年○月○日から明渡ずみまで1か月当たり金○○円を支払え。

　もっとも、およそ将来に生ずる可能性のある給付請求権のすべてについて、あらかじめその請求をする必要があれば将来の給付の訴えが認められるものではない。既に権利発生の基礎をなす事実上及び法律上の関係が存在し、ただ、

これに基づく具体的な給付義務の成立が将来における一定の時期の到来や債権者において立証を必要としないか又は容易に立証しうる別の一定の事実の発生にかかっているにすぎず、将来具体的な給付義務が成立したときに改めて訴訟により右請求権成立のすべての要件の存在を立証することを必要としないと考えられるようなものについて、例外として将来の給付の訴えによる請求を可能ならしめたにすぎない（最判昭和 56・12・16 民集 35-10-1369）。これを「将来請求の適格性」ということがある。

　この観点からすれば、継続的に発生する不法行為による将来の損害賠償請求権は、原則として将来請求の適格性がなく、口頭弁論終結日までの分に限り請求できる。この場合の請求の趣旨は以下のような記載となる。

（記載例 1 － 1 － 47　継続的不法行為による将来の損害賠償請求）

> 1　被告は、原告に対し、金○○○円[4]及びこれに対する訴状送達の翌日から支払ずみまで年 3 ％の割合による金員[5]を支払え。
> 2　被告は、原告に対し、令和○年○月○日（訴訟提起時）から口頭弁論終結日まで 1 か月当たり金○○円を支払え。

　解雇の無効を理由とする給料債権の支払請求訴訟についても同様と考えられる。この場合は、訴訟提起時に既に発生した給料債権と訴訟提起から口頭弁論終結日までの給料債権の支払を求めることになる。前者は記載例 1 － 1 － 47 の 1 と同様である。後者については、毎月末日を給料支払日とすると、請求の趣旨は以下のとおりである。

（記載例 1 － 1 － 48　給料債権）

> 　被告は、原告に対し、令和○年○月○日（訴訟提起後最初に来る給料支払日）から口頭弁論終結日の属する月の前月まで、毎月末日限り金○○円及びこれに対する各弁済期から支払ずみまで年 3 ％の割合による金員を支払え。

　動産の引渡を求めるとともに、その強制執行が奏功しなかった場合に備えて、口頭弁論終結時の時価に相当する損害賠償を求めることがある。これを代償請

4）　訴えの提起時に既に発生している損害額である。
5）　ほんらい過去の継続的な不法行為がされた時点ごとに遅延損害金は発生しているはずであるが、日々発生する不法行為などの場合には起算点を個別に特定することが煩瑣であるので、訴状による催告時に統一するのがふつうである。

求といい、将来の給付の訴えとして判例上許容されている。

（記載例1－1－49 代償請求）

> 1 被告は、原告に対し、別紙物件目録記載の機械を引き渡し、令和○年○月○日から引渡ずみまで1か月金○○円の割合による金員を支払え。
> 2 前項の引渡請求にかかる強制執行が奏功しないときは、被告は、原告に対し、金○○円を支払え。

B 確認の訴え

a 原則型

確認の訴えとは、一定の権利又は法律関係の存否を確定するための訴訟である。訴訟物は、確認対象となる権利又は法律関係である。原告が訴訟物が存在することの確認を求める場合を積極的確認の訴えといい、被告が訴訟物が存在しないことの確認を求める場合を消極的確認の訴えという。

権利又は法律関係が存在する場合、給付の訴えをもってその権利又は法律関係の実現を被告に求めればよいので、確認の訴えには、訴えを提起する必要がなければならない（これを「確認の利益」という）。

原告と被告との間において訴訟物たる権利の存否を確定するための訴えであるから「○○を確認する」と記載する。給付の訴えと誤解されるので「被告は原告に対して○○を確認せよ」と記載してはならない。

物権は物を直接支配する権利であるから、同一の物に同一の種類の権利が複数成立することはない（これを「一物一権主義」という）。それゆえ、確認対象を特定するには、権利の主体と対象物及び権利の種類を明らかにするだけで足りる。

（記載例1－1－50 所有権確認請求及び地上権不存在確認請求）

> 原告が別紙物件目録記載の建物につき所有権を有することを確認する。

> 被告が別紙物件目録記載の土地につき地上権を有しないことを確認する。

これに対し、債権は債務者に特定の行為を請求する権利であるから、権利の主体と権利の種類を明らかにするだけでは足りない。同一人物について同じ種類の債権が複数成立することがあり得るからである。そこで、この場合は、権利の発生原因を明らかにしなければならない。

（記載例1－1－51　債権確認請求及び債権不存在確認請求）

> 　原告が、別紙物件目録記載の建物につき、被告を貸主とし、原告を借主とする、以下の内容の賃借権を有することを確認する。
> 　(1)　締結日　令和〇年〇月〇日
> 　(2)　賃　料　月額〇円
> 　(3)　期　間　定めなし

> 　令和〇年〇月〇日東京都千代田区有楽町〇丁目〇番〇号先路上において発生した交通事故に基づく被告の原告に対する損害賠償請求権が〇〇〇円を超えて存在しないことを確認する。

　当事者が複数の場合は、誰と誰の間で確認するのかを明示する。

（記載例1－1－52　当事者複数）

> 　1　原告甲野太郎と被告乙野次郎との間で、原告甲野太郎が別紙物件目録1記載の土地につき所有権を有することを確認する。
> 　2　原告丙野三郎と被告乙野次郎との間で、原告丙野三郎が別紙物件目録2記載の建物につき所有権を有し、同目録1記載の土地について地上権を有することを確認する。

> 　1　原告甲野太郎と被告乙野次郎との間で、原告甲野太郎が別紙物件目録1記載の土地につき所有権を有することを確認する。
> 　2　原告丙野三郎と被告乙野次郎との間で、原告丙野三郎が、①別紙物件目録2記載の建物について所有権を有すること、②同目録1記載の土地について、原告甲野太郎との間で令和〇年〇月〇日締結した賃貸借契約に基づく建物所有を目的とする賃料1か月〇万円の期間の定めのない賃借権を有すること、を確認する。

　債権の特定が煩瑣である場合は、適宜目録を使用する。債権譲渡を受けた被告と債権差押をした原告との間で、債務者がした供託に基づく供託金の還付請求権の帰属が争われた事案を例にとれば、記載例は以下のとおりとなる

（記載例1－1－53　供託金目録）

> 　原告が別紙供託金目録記載の供託金の還付請求権について取立権を有することを確認する。

```
                              供託金目録

 (1) 供 託 所　○○地方法務局○○支局
     供託年月日　令和○年○月○日
     供 託 番 号　令和○年度金第○号
     供 託 金 額　金○○○円
     供 託 原 因　債権者不確知
     供 託 者　東京都千代田区霞が関○丁目○番○号　株式会社甲野商事
     被 供 託 者　○○県○○市○○町○丁目○番○号　丙野三郎
                 東京都千代田区有楽町○丁目○番○号　被告
 (2) 略
 (3) 略
 (4) 略
```

b　証書真否確認の訴え

　確認の訴えの対象は法律関係であり、事実の確認は認められない。事実を確認しても、紛争解決には迂遠だからである。しかし、例外的に法律関係を証する書面の成立の真否を確定するために確認の訴えを提起することが認められている（法134条）。

　ここにおいて「法律関係を証する書面」とは、書面自体の内容から直接に一定の法律関係の成立存否が証明され得る書面[6]のことであり（最判昭和28・10・15民集7-10-1083）、遺言書や契約書等、法律行為が書面で行われるものが典型例である。「成立の真否」とは、当該文書が特定人の意思に基づいて作成されたか否かをいい、成立が真正であることを文書の形式的証拠力という。これに対し、当該書面が裁判官の心証を左右できる影響力を持つことを実質的証拠力という。

　法律関係を証する書面については、形式的証拠力があれば、文書に記載された法律関係が直接証明される（実質的証拠力を有する）ことになる[7]。このよう

---

　6)　これを「処分証書」といい、作成者の見聞、判断、感想等が記載された「報告文書」と区別される。

　7)　これに対し、報告文書は形式的証拠力があっても実質的証拠力があるとはいえない。

に、書面の真否が紛争解決の鍵となるので、例外として事実の確認を求める訴えが認められるのである。後記記載例の前段は、契約書に記載された権利の存在を主張する原告が契約書の形式的証拠力の存在の確認を求める場合で、後段は、契約書に記載された権利の不存在を主張する原告が、契約書の形式的証拠力の不存在の確認を求める場合である。

（記載例 1 － 1 － 54　証書真否確認請求）

別紙契約書が被告の意思に基づき作成されたものであることを確認する。
別紙契約書が原告の意思に基づき作成されたものでないことを確認する。

c　過去の法律関係の確認の訴え

　確認訴訟は現在の法律関係を確認するものである。法律関係は時間とともに変動するものであるから、過去の法律関係を確認しても紛争解決に役立たないからである。しかし、過去の法律関係を確認することで紛争の抜本的な解決を図ることのできる場合があり、そのような場合は過去の法律関係の確認の訴えも許される。

　この観点から判例上認められているのは、遺言（最判昭和 47・2・15 民集 26-1-30）、協議離婚（最判昭和 31・6・26 民集 10-6-748）、離縁（最判昭和 62・7・17 民集 41-5-1381）の各行為の無効確認の訴えである。同様の趣旨で、遺産分割の無効確認も認められている。

（記載例 1 － 1 － 55　過去の法律関係の確認請求）

被相続人甲野太郎が令和○年○月○日付でした自筆証書遺言が無効であることを確認する。
令和○年○月○日付○○市長に対する届出によってした原被告間の協議離婚が無効であることを確認する。
令和○年○月○日付○○市長に対する届出によってした原告と亡甲野太郎及び亡甲野花子との協議離縁は無効であることを確認する。
原告らと被告らが平成○年○月○日付でした被相続人甲野太郎の遺産分割（別紙記載のもの）が無効であることを確認する。

C 形成の訴え

a 実体法上の形成の訴え

　形成の訴えとは、法律関係の発生、変更又は消滅を直接発生させるための訴訟である。訴訟物は、そのような法律関係の変動を生じさせる法律要件の存在である。これは、訴えをもって裁判所に法律関係の変動を求めることができる旨法律によって定められている場合に限って認められる特殊な訴えである。

　法律関係の変動を直接生じさせるものであるから、被告の行為を命ずる給付の訴えや、既に生じた法律関係の変動結果を確認する確認の訴えとは異なるので、その趣旨を明確にしなければならない。

　婚姻の取消の訴え（民法743条）、離婚の訴え（民法770条）、嫡出否認の訴え（民法775条）、認知の訴え（民法787条）、縁組の取消の訴え（民法803条）、離縁の訴え（民法814条）などの身分関係訴訟の多くは形成の訴えであり、財産関係では詐害行為取消の訴え（民法424条）が形成の訴えである。その他、執行文付与に対する異議の訴え（民執法34条）、請求異議の訴え（民執法35条）、第三者異議の訴え（民執法38条）などの執行関係訴訟が形成の訴えである。記載例は以下のとおりとなる。

（記載例1－1－56　離婚の訴え）

> 　原告と被告とを離婚する。

（記載例1－1－57　詐害行為取消の訴え）

> 　被告が令和○年○月○日付で訴外甲野太郎に対してした別紙債権目録記載の債務を免除する旨の意思表示を取り消す。

（記載例1－1－58　請求異議の訴え）

> 　被告から原告に対する○○地方裁判所令和○年(ワ)第○○号貸金請求事件の判決に基づく強制執行は許さない。

（記載例1－1－59　第三者異議の訴え）

> 　訴外甲野太郎を債務者とする○○地方法務局所属公証人○○作成にかかる執行力ある公正証書の正本に基づき被告が令和○年○月○日別紙物件目録記載の不動産に対してした強制執行は許さない。

　以上の記載例で「○○○せよ」「○○○を取り消せ」「○○○をしてはならない」などとすれば、給付の訴えとなってしまうので、避けなければならない。

　なお、会社の組織に関する無効の訴え[8]（会社法 828 条）、株主総会等の決議の取消の訴え（会社法 831 条）、持分会社の設立の取消の訴え（会社法 832 条）、会社の解散の訴え（会社法 833 条）などの会社関係訴訟、抗告訴訟（行訴法 3 条）などの行政事件訴訟も形成の訴えであるが、これらの訴訟については後述する（215、230 ページ）。

b　訴訟上の形成の訴え

　形成の訴えは、通常は実体法上の法律関係を形成するものであるが、訴訟上の法律効果の形成を目的とする場合もある。これを訴訟上の形成の訴えという。再審の訴え（法 338 条）、仲裁判断取消の訴え（仲裁法 44 条）がその例である。再審の訴えの場合は、対象となる判決が取り消されたことを前提とする請求の趣旨を記載するので、控訴の趣旨に類似する。控訴の趣旨については後述する（113 ページ）。

（記載例 1 － 1 － 60　再審の訴え）

> 1　○○地方裁判所令和○年○(ワ)第○○号○○請求事件の確定判決を取り消す。
> 2　再審被告の請求を棄却する。

（記載例 1 － 1 － 61　仲裁判断取消の訴え）

> 　申立人と相手方間における一般社団法人日本商事仲裁協会○○号仲裁事件について、仲裁人甲野太郎が令和○年○月○日付でした別紙記載の仲裁判断を取り消す。

　請求異議の訴えや第三者異議の訴えについても、執行排除という訴訟上の法律関係の形成を求める訴えであるという見方もできなくはない。しかし、これらの執行排除の効果は、実体法上の法律関係（債務名義に係る請求権の存在又は内容、強制執行の目的物に関する所有権その他目的物の譲渡又は引渡を妨げる権利）に基づくものであるから、実体法上の形成の訴えである。

c　形式的形成の訴え

　形式的形成の訴えは、形成の訴えのうち、実体法に形成要件の定めがないも

---

[8]　名称は「無効」の訴えとなっているが、無効を宣言する判決のない限り何人も無効を主張できないので、これは形成の訴えである。

のをいう。共有物分割の訴え（民法258条）がその例である。また、土地の境界
の確定を求める訴えが判例上認められており、これも形式的形成の訴えである。

　形式的形成の訴えには処分権主義・弁論主義の適用がないので、裁判所は当
事者の申立や主張に拘束されず、相当な結果を確定することができるし、また、
そうしなければならない（請求を棄却することはできない）。形式的形成の訴え
が「訴訟事件ではなく非訟事件である」とか「裁判ではなく行政処分である」
といわれるゆえんである。

　処分権主義の適用がないことからすれば、請求の趣旨には「相当な判決を求
める」という記載で十分なはずであるが、通常は原告が求める主文に相当する
文言を記載する。

（記載例1－1－62　共有物分割の訴え）

（現物分割） 　別紙物件目録記載の土地のうち、別紙図面（甲）とある部分を原告の所有とし、同図面（乙）とある部分を被告の所有とする。
（競売分割） 　別紙物件目録記載の建物について競売を命じ、その売得金から競売手続費用を控除した金額を、原告及び被告それぞれ2分の1の割合で分割する。
（代償分割） 　別紙物件目録記載の建物を次のとおり分割する。 (1) 別紙物件目録記載の建物を原告の所有とする。 (2) 原告は、被告に対し、金○○円及びこれに対する本判決確定の日の翌日から支払ずみまで年3％の割合による金員を支払え。

（記載例1－1－63　境界確定の訴え）

別紙物件目録1記載の土地と同目録2記載の土地との境界は、別紙図面のア、イ、ウの各点を順次直線で結んだ線であることを確定する。

D　訴訟費用・仮執行宣言

　訴訟費用は裁判所が職権をもって裁判をするものであり（法67条）、請求の
趣旨において申立をする必要はないが、記載するのがふつうである。裁判所の
職権の発動を促す趣旨である。

（記載例1－1－64　訴訟費用）

> 　訴訟費用は被告の負担とする。

　財産権上の請求に関する判決については、裁判所は、必要があると認めるときは、申立により又は職権で、仮執行をすることができることを宣言することができる（法259条1項）。職権でも仮執行宣言は可能であるが、申立がない場合には付さないこともあり得るので、請求の趣旨において仮執行宣言の申立をしておく。

　確認判決や形成判決には仮執行宣言は付さないのがふつうである。また、意思表示を命ずる判決（登記手続を命ずる判決等）にも仮執行宣言は付さないが、これは、意思表示を命ずる判決は確定して初めて効果がある（民執法174条1項）からである。したがって、これらの場合は、請求の趣旨においても仮執行宣言の申立はしないのがふつうである。

　仮執行宣言の申立は、訴訟物と訴訟費用に関する申立を記載した後に「との裁判及び仮執行の宣言を求める」と記載する。

　請求の趣旨を異にする訴訟物が複数あり、その一部についてのみ仮執行宣言を付すのが適当な場合（確認請求と給付請求が併合されている場合等）は、それを明示する。

（記載例1－1－65　仮執行宣言）

> 1　被告は、原告に対し、金○○円及びこれに対する訴状送達の翌日から支払ずみまで年3％の割合による金員を支払え。
> 2　訴訟費用は被告の負担とする。
> 　との裁判及び仮執行の宣言を求める。
>
> 1　原告と被告との間で、原告が別紙物件目録記載の土地の所有権を有することを確認する。
> 2　被告は、原告に対し、別紙物件目録記載の建物を収去し、別紙物件目録記載の土地を明渡すとともに、令和○年○月○日から上記明渡ずみまで1か月金○○円の割合による金員を支払え。
> 3　訴訟費用は被告の負担とする。
> 　との裁判及び第2項につき仮執行の宣言を求める。

⑶　特定のための請求原因

　訴状の必要的記載事項としての請求原因は、訴訟物を特定するに足りるもの
でなければならない。訴訟物が物権であれば、権利の主体と権利の内容を明ら
かにすれば特定されるのに対し、債権であれば、権利義務の主体、権利の内容、
権利の発生原因事実を記載しなければ特定されない。

　いずれの場合でも、請求を理由づける事実を記載すれば、特定のための請求
原因を記載したことになるから、実務上、特定のための請求原因のみを訴状に
記載するということはない。

3　実質的記載事項

⑴　請求を理由づける事実

　請求を理由づける事実とは、訴訟物である権利又は法律関係の発生原因とな
る要件事実であり、原告[9] が主張立証責任を負う事実である。必要的記載事項
ではないが、訴状において必ず記載されるものである。「特定のための請求原
因」と区別して「攻撃方法としての請求原因」といわれることがあり、「請求
原因」といえば、通常この意味で用いられる。

　請求原因が何であるかについては、まず「要件事実」と「主張立証責任」と
いう概念を知らなければならない。

A　要件事実

　民法[10] は、一定の法律要件が存在する場合、一定の法律効果が発生すると
いう定めを置いているが、そのような法律要件に該当する具体的事実を「要件
事実」という。

　訴訟物たる権利の発生根拠となる法律要件を定めた規定を「権利根拠規定」
といい、権利根拠規定の要件事実（これを「発生事由」という）が立証されれば
権利が発生したものとされる。

---

　9)　消極的確認訴訟の場合は被告となる。
　10)　会社法その他の私法を含み、判例法理も含む。以下同じ。

　他方、権利の発生を否定するための法律要件を定めた規定（権利障害規定）、権利の行使を阻止するための法律要件を定めた規定（権利阻止規定）、権利を消滅させるための法律要件を定めた規定（権利消滅規定）の要件事実（これらを「障害事由」「阻止事由」「消滅事由」という）が立証されれば、訴訟物たる権利は存在しないものとされ、または権利行使が阻止され、若しくは権利が消滅したものとされる。

B　主張立証責任

　民事訴訟には弁論主義が適用されるので、裁判所は、当事者の主張しない事実をもとに判決をすることができない。そのため、ある要件事実が証拠によって認められても、それが当事者によって主張されなければ、裁判所はその要件事実を認定することはできない。その結果、その要件事実の根拠となった民法規定によって本来発生するはずの法律効果が発生しないこととなり、その法律効果を有利に援用し得るはずの当事者は不利益を受ける。この場合、そのような不利益を受ける当事者は、その要件事実について「主張責任」を負っているという。このように、主張責任とは、ある要件事実が主張されないために、その要件事実によって発生すべき法律効果が認められないという一方当事者の受ける訴訟上の不利益又は危険をいう。

　また、訴訟上、ある要件事実が真偽不明となった場合、その事実を要件とする民法の規定が適用されないため、その要件事実によって発生すべき法律効果を享受すべき立場の当事者は不利益を受ける。このことを称して、その当事者はその要件事実について「立証責任」を負うという。このように、立証責任とは、ある要件事実が真偽不明となったために、その要件事実によって発生すべき法律効果が認められないという一方当事者の受ける訴訟上の不利益又は危険をいう。

　ある要件事実によって発生すべき法律効果が認められないことで不利益を受ける当事者は同一のはずであるから、主張責任と立証責任は同一人に帰することになる。そこで、これらを併せて「主張立証責任」という。

C　主張立証責任の所在

　上記のとおり、要件事実のうち、発生事由は訴訟物を発生させる根拠となり、障害事由・阻止事由・消滅事由は、訴訟物の存在を否定・阻止する根拠となる。このような要件事実の機能に着目し、ある要件事実によって有利な立場になる

当事者は、その要件事実の主張立証責任を負うとする考え方を法律要件分類説という。すなわち、発生事由については権利を主張する側が、障害事由・阻止事由・消滅事由については権利を争う側が、それぞれ主張立証責任を負うとするのである。

　原告が訴状に記載すべき攻撃方法としての「請求原因」とは、訴訟物の発生事由として原告が主張立証責任を負う要件事実である[11]。

D　推定

　要件事実を直接立証せずとも、その前提事実を立証することにより、要件事実の立証に代えることが認められる場合がある。公平の観点から要件事実の立証負担を軽減したものであり、これを推定という。通常は事実を推定するものであるが、権利自体を推定する場合もあり、これを権利推定という。

　推定には法律上の推定と事実上の推定とがある。法律上の推定は主張立証責任を転換させるものであり、推定される事実又は権利を争う側において当該事実又は権利が不存在であることについて主張立証責任を負う。これに対し、事実上の推定は主張立証責任を転換させることはないので、推定を争う側は当該事実又は権利の存在を疑わせるに足る立証をすればよい。

E　記載例

　請求原因を記載するにあたっては、訴訟物の権利発生根拠規定の要件事実（発生事由）は何であるかを知り、それに沿う事実を具体的に記載しなければならない。もっとも、裁判所に早期に事案を把握してもらうため、予想される抗弁の先行否認あるいは再抗弁をあらかじめ記載することが適当な場合もある。

　以下、代表的な訴訟類型ごとに記載例を挙げることとする。

【コラム3　訴状の分量】

　訴状のうち一番多くの紙幅を取るのは請求原因ですが、これをどの程度詳しく書くかについて頭を悩ますことが多いと思います。

　かつては「(1) 原告は別紙物件目録記載の土地（以下「本件土地」という）

---

11)　被告が訴訟物の障害事由・阻止事由・消滅事由として主張する事実を「抗弁」という。これに対し、原告が抗弁の障害事由等として主張する事実を「再抗弁」という。これらは答弁書その他の準備書面において主張されることになる。

を所有している。(2) 被告は、別紙物件目録記載の建物（以下「本件建物」という）を所有し、本件土地を占有している。(3) よって、原告は被告に対し、所有権に基づく明渡請求権に基づき、本件建物の収去及び本件土地の明渡を求める」というような訴状を見ることがありました。所有権に基づく明渡請求権の要件事実としてはこれで十分なのかも知れませんが、これだけだと、何が争点なのか判然としません。

　裁判にまでなっているのですから、被告にも何らかの言い分はあるでしょう。原告による所有権の取得を争うかも知れないし、賃借権等の占有正権原の抗弁を主張するかも知れません。もちろん原告もそれに反論することでしょう。これらは、随時提出される答弁書、準備書面によっておいおい明らかになることでしょう。かつては、そのような争点整理のやり方がふつうに行われていました。

　しかし、最近では裁判の迅速化が強く求められ、争点整理を速やかに行うため、訴状にも訴訟物たる権利の発生要件事実に限らず、重要な間接事実や証拠を記載することが求められています。当事者である原告にとっても、予想される争点をあらかじめ明らかにし、それに対する主張を提示しておくのが適当と思われます。それは、裁判所による迅速な争点整理を助けるだけでなく、（語弊があるかも知れませんが）裁判官に予断を与え、事件を有利に導く手段ともなり得るからです。その結果、裁判所の和解勧告を促し、紛争の早期解決につながることも期待できます。

　刑事訴訟法256条6項は「起訴状には、裁判官に事件につき予断を生ぜしめる虞のある書類その他の物を添付し、又はその内容を引用してはならない」と定めています。これを起訴状一本主義といい、予断排除の原則ともいいますが、民事訴訟にはそのような制限はありません。予断の排除よりも裁判の迅速化が優先されているのです。原告としても、積極的に重要な事実を訴状で開示すべきだと考えます。

　もちろん、長ければ良いというものではありませんし、散漫で読みにくいものは避けなければなりません。民事訴訟規則も、要件事実と間接事実の書き分けを求めており（79条2項）、読みやすさを重視しています。請求原因のほかに「紛争の経緯」とか「背景事情」などという表題の下に事実経過を記載することについて本文で触れているのもこれと同趣旨です。そのようなものであれば、いきおい訴状は長くなることは避けられませんし、書証を添付すればそれなりの分量になります。面倒ではありますが、時効完成間近で急いでいるというような特別な事情のない限り、しっかり準備したうえで充実した訴状と添付の書証を準備すべきでしょう。

a　売買代金請求訴訟

　売買代金請求権の発生事由は売買契約の成立である（民法555条）。そのため、請求原因としては、売買契約の内容（目的物と代金）と成立時期[12]を具体的に主張しなければならない。

　売買代金の支払時期（弁済期）は、売買契約の本質的要素ではないから、請求原因において支払時期の定めとその到来を主張する必要はない。代金の支払に期限の定めがあることが抗弁であり、その到来が再抗弁である。

　もっとも、条件・期限のような法律行為の付款は、法律行為と不可分一体のものであるから、請求原因として主張されなければならず、期限の定めがあるとの主張は請求原因の否認であって抗弁ではないという考え方もある。これを否認説といい、期限の定めが抗弁であるとする考え方（抗弁説）と対立するが、実務は抗弁説である。

　目的物の引渡は、売買代金請求権の発生事由ではなく、被告が同時履行の抗弁権を主張したときに、それに対する再抗弁となるものである。

　もっとも、買主は引渡の日から代金の利息を支払う義務を負う（民法575条2項[13]）から、売買代金と同時に利息を請求するには、目的物を引き渡したことを請求原因で主張しなければならない。法定利息の利率は民法404条で定められているので、請求原因で特に主張することはない。

（記載例1－1－66　売買代金請求）

　1　原告は、被告に対し、令和2年5月1日、別紙物件目録記載の物件（以下「本件物件」という）を、代金を○○円とし、支払及び引渡の時期を令和2年6月1日として売却した。
　2　原告は被告に対し、令和2年6月1日に本件物件を引き渡した。
　3　よって[14]、原告は被告に対し、本件売買契約に基づく代金請求権に基づき、金○○円及びこれに対する令和2年6月1日から支払ずみまで民法所定の年

---

12)　これを「時的因子」という。これに対し、時期そのものが要件事実となっているものを「時的要素」という。
13)　民法575条2項は遅延利息の請求を引渡後に限定したものという見解もあるが、本文では法定利息を定めたものとの見解を採用している。
14)　請求原因の最後に、訴訟物を明示して請求原因と請求の趣旨を結びつけるまとめを記載する。これを「よって書き」という。

> 3 ％の割合による利息の支払を求める。

b　売買契約に基づく目的物引渡請求訴訟

売買契約に基づく目的物引渡請求権の発生事由も、代金請求権と同じく売買契約の成立であるが、売買契約の内容として代金の定めまで主張しなければならない。

なお、引渡請求権の発生事由は「特定の目的物を引き渡す」という約束であり、それが有償（売買）か、無償（贈与）かは請求原因ではないという考え方もある（これを「返還約束説」という）が、実務はそのような見解に立っておらず、契約に基づく効果は、民法が契約について定める各節の冒頭規定の定める要件によって発生すると考えている（これを「冒頭規定説」という）。したがって、目的物の引渡を求める場合も、請求原因としていかなる契約によるものかを明らかにする必要があり、それが売買契約であれば有償であること（代金の定め）も当然に請求原因となる。

（記載例 1 － 1 － 67　目的物引渡請求）

> 1　被告は、原告に対し、令和○年○月○日、別紙物件目録記載の物件（以下「本件物件」という）を、代金○○円として売却した（以下「本件売買契約」という）。
> 2　原告は、被告に対し、令和○年○月○日、本件売買契約の代金を支払った[15]。
> 3　よって、原告は、被告に対し、本件売買契約に基づく引渡請求権に基づき、本件物件の引渡を求める。

c　貸金返還請求訴訟

貸金返還請求権の発生事由は消費貸借契約の成立と金銭の交付である（民法 587 条）が、それに加えて、期限の定めとその到来も請求原因となる。消費貸借契約は、目的物を一定の期間借主に利用させることに意義がある（これを「貸借型」の契約という[16]）ので、期限の定めは付款ではなく契約の不可欠の要素である。そこで、売買契約とは異なり、弁済期の定めとその到来も請求原因

---

15)　ほんらいは同時履行の抗弁に対する再抗弁であるが、既に支払ずみであれば請求原因で先行して主張するのがふつうである。
16)　使用貸借、賃貸借も貸借型の契約である。

となる。

弁済期までに弁済のないことは請求原因ではなく、弁済したことが被告において主張立証すべき抗弁である。

（記載例1－1－68 貸金返還請求）

> 1 原告は、被告に対し、令和2年5月15日、弁済期を同年8月15日として、金○○円を貸し渡した（以下「本件消費貸借契約」という）。
> 2 被告は弁済期である令和2年8月15日が経過しても本件消費貸借契約に基づく貸金の返還をしない[17]。
> 3 よって、原告は、被告に対し、本件消費貸借契約に基づく貸金返還請求権に基づき、金○○円及びこれに対する令和2年8月16日（弁済期の翌日）から支払ずみまで民法所定の年3％の割合による遅延損害金の支払を求める。

d 保証債務履行請求訴訟

保証債務履行請求権の発生事由は、主債務の発生事由と保証契約の成立である。以下の記載例では主債務は貸金返還債務であるから、請求原因は上記**c**と同じである。保証契約は、保証人において、主債務の債権者に対し、主債務者が債務を履行しないときにその履行をする責任を負う旨を約束することである（民法446条1項）が、主債務者が履行しないことは保証債務履行請求権の請求原因ではなく、主債務者が履行したことが抗弁である。

なお、保証契約は書面でしなければならない（民法446条2項）ので、書面で契約したことも請求原因となる。

「連帯して」保証することの意味は、催告・検索の抗弁権がない（民法454条）ことにあるが、保証債務履行請求権の発生事由ではなく、連帯性が催告・検索の抗弁に対する再抗弁となる。

もっとも、複数の保証人に履行請求する場合には、連帯の特約がない限り分割債務となる（民法456条）から、この場合に主債務の全額を請求にするには、連帯の特約があることを請求原因として主張しなければならない（民法465条1項）。

---

17) 弁済期の経過は顕著な事実であり立証は不要であるが、主張責任はある。「返還しない」は請求原因ではなく、「返還した」が抗弁であるが、訴状では付け加えるのがふつうである。あえていえば、抗弁の先行否認である。

（記載例 1 － 1 － 69　保証債務履行請求）

> 1　原告は、訴外甲野太郎に対し、令和 2 年 5 月 15 日、弁済期を同年 8 月 15
> 日として、金○○円を貸し渡した（以下「本件消費貸借契約」という）。
> 2　被告らは、原告に対し、本件消費貸借契約に基づき訴外甲野太郎が原告に
> 対して負担する一切の債務を連帯して保証することを書面により約した（以
> 下「本件保証契約」という）。
> 3　訴外甲野太郎は、弁済期である令和 2 年 8 月 15 日が経過しても本件消費貸
> 借契約に基づく貸金を返還しない。
> 4　よって、原告は、被告らに対し、本件保証契約に基づく保証債務履行請求
> 権に基づき、各自金○○円及びこれに対する令和 2 年 8 月 16 日から支払ずみ
> まで民法所定の年 3 ％の割合による遅延損害金を支払うよう求める。

e　所有権に基づく建物収去土地明渡請求訴訟

　所有権の行使が妨害され、又は妨害されるおそれがある場合、所有者は、妨害の排除又は予防のために、妨害者又は妨害するおそれのある者に対して一定の行為を求めることができる。そのような行為の態様は、占有訴権（民法 198 条ないし 200 条）に準じて、①占有によって所有権が侵害されている場合の返還請求権、②占有以外の方法で所有権が侵害されている場合の妨害排除請求権、③所有権侵害のおそれがある場合の妨害予防請求権、以上の三つが認められる。

　他人が自己の所有地上に無断で建物を所有している場合、土地所有者には返還請求権としての建物収去土地明渡請求権が認められる。この場合の訴訟物は、所有権に基づく返還請求権であり、建物の収去を求める部分は訴訟物ではない。建物収去を請求の趣旨に記載するのは、建物は土地とは別個の不動産である以上、土地明渡の債務名義だけでは建物収去の強制執行ができないからである。

　所有権に基づく返還請求権の発生事由は、①原告が土地を所有していること、②被告が土地を占有していること、以上の二つである。

　権利又は法律関係は事実ではないからほんらい自白は成立しないが、所有権については権利自白としてその効力が認められている。したがって、原告が請求原因で土地の所有権を主張したのに対し、被告がそれを認めれば、原告は所有権の取得原因を主張する必要はない。これに対し、権利自白が成立しない場合には、原告が所有権の取得原因を主張しなければならない。時効等の原始取

得の場合はその要件事実を主張し、承継取得の場合は、所有権について権利自白が成立する時点以降の取得原因を主張する。この点については被告の認否いかんによるので、訴状の段階では「原告が所有している」との主張で足りるであろう。

　原告は、所有権に対する妨害の事実として被告が現に土地を占有していることを主張する必要がある（現占有説）。この点については、請求原因としては過去の一時点での占有を主張すればよく、その後占有を喪失したことが抗弁であるとの考え方（もと占有説）もあるが、物権的請求権は物権に対する妨害が存在する限り不断に発生するものであるから、現占有説が適当である。

　被告が適法な占有権原を有しないことは請求原因ではなく、適法な占有権原を有することが抗弁となる（これを「占有正権原の抗弁」という）。ところで、民法188条は「占有者が占有物について行使する権利は、適法に有するものと推定する」と定めているので、主張立証責任が転換され、原告において被告の占有が無権原であることについて主張立証責任を負うかのように読める。しかし、他人の土地を占有する正権原があるとの主張については、その主張をする者に主張立証責任があり、民法188条を援用して自己の正権原を土地所有者に対抗することはできないというのが判例である（最判昭和35・3・1民集14-3-327）。

　もっとも、下記の記載例では、被告の占有が適法な権原に基づかない旨を主張しているが、これは抗弁の先行否認である。判決の事実欄の請求原因であれば「被告が占有している」だけで足りるが、訴状の場合は、訴訟物（引渡請求権と不法行為に基づく損害賠償請求権）を導くための表現として「被告が違法に占有している」という趣旨を明らかにすることが多い。

　建物によって土地の所有権が妨害されている場合、被告は建物の所有者でなければならない。所有者でなければ建物の収去をすることができないからである。建物の所有権については権利自白が成立するが、争われればその取得原因を主張しなければならない。

　所有権に基づく土地明渡を請求する場合には、附帯請求として、不法行為（所有権侵害）に基づく損害賠償請求権に基づき、賃料相当損害金を請求するのがふつうである。不法行為の始期は占有開始時であるが、占有開始時を立証することが難しいときは、訴状送達の翌日からの分を請求することが多い。この

場合は一部請求となるので、その趣旨をよって書きで明示する。

（記載例1-1-70　建物収去土地明渡請求）

> 1　原告は、別紙物件目録記載の土地（以下「本件土地」という）を所有している。
> 2　被告は、本件土地上に別紙物件目録記載の建物（以下「本件建物」という）を所有して本件土地を占有している。被告による本件土地の占有は、何ら法的権原を有するものではなく、違法である。
> 3　本件土地の賃料相当額は月額〇〇円である。
> 4　よって、原告は、被告に対し、所有権に基づく返還請求権に基づき、本件建物の収去及び本件土地の明渡を求めるとともに、不法行為に基づく損害賠償請求権に基づき、一部請求として訴状送達の翌日から支払ずみまで1か月金〇〇円の割合による賃料相当損害金の支払を求める。

f　所有権に基づく抹消登記手続請求訴訟

　権利に関する登記は、権利者と義務者の共同申請とされている（不登法60条）。それゆえ、義務者が登記申請に協力しない場合、権利者は義務者に対して登記申請に協力すべきことを求める実体法上の権利がある。これを登記請求権といい、①物権的登記請求権、②債権的登記請求権、③物権変動的登記請求権、以上の三種類がある。

　物権的登記請求権とは、実体的な権利と登記とが一致しない場合に、実体的な権利に合わせるよう求める権利である。通常は不実の登記の抹消登記手続を求めるものであるが、真正な登記名義の回復を原因とする移転登記手続請求権もある。

　債権的登記請求権とは、物権の移転を内容とする契約に基づく登記請求権や、そのような契約とともに登記に関する合意をしたことによる登記請求権（中間省略登記請求権、賃借権登記請求権等）である。

　物権変動的登記請求権とは、物権変動の過程と登記が一致しない場合に、その不一致を是正するために認められる登記請求権である。

　所有権に基づく登記請求権は、占有以外の方法で所有権の行使が妨害されている場合にそれを是正するものであるから、その法的性質は妨害排除請求権である。その発生事由（請求原因）は、①原告が目的不動産について所有権を有

していることと、②当該不動産について被告名義の所有権移転登記がされていること、以上の二つである。

　所有権に基づく明渡請求権の場合と同様に、登記が正当な権原に基づかないものであることは請求原因ではなく、登記が正当な権原に基づくものであることが被告の主張立証すべき抗弁である（これを「登記保持権原の抗弁」という）。ここでも、上記**e**と同様の趣旨で、請求原因において、登記が正当な権限に基づかない旨を主張している。

　登記には権利の所在及び登記原因について推定力があるとされているが、これは事実上の推定にすぎず、主張立証責任を転換させるものではない（最判昭和 38・10・15 民集 17-11-1497）から、被告の登記を主張したからといって、請求原因が主張自体失当になることはない。

（記載例 1 － 1 － 71　所有権に基づく抹消登記手続請求訴訟）

1　原告は、別紙物件目録記載の土地及び建物（以下「本件土地建物」という）を所有している。
2　本件土地建物について、別紙登記目録記載のとおり、被告を権利者とする抵当権設定登記（以下「本件登記」という）がなされている。しかし、本件登記は、原告に意思に基づかず無断でされたものであり、無効なものである。
3　よって、原告は被告に対し、所有権に基づく妨害排除請求権としての登記請求権に基づき、本件登記の抹消登記手続を求める。

---

g　真正な登記名義の回復請求訴訟

　所有権に基づく抹消登記手続請求権に代えて、真正な登記名義の回復を原因とする所有権移転登記手続請求権が認められることは既に述べたとおりである。不実の登記を抹消するだけでは目的を達成できない場合にこの登記請求権を行使することに意義がある。

　もと所有者から原告と被告の両方に不動産の二重譲渡が行われた場合、登記の先後によって優劣が決定する（民法 177 条）が、判例によれば、背信的悪意者に対しては登記なく所有権を対抗できる（最判昭和 43・8・2 民集 22-8-1571）。そこで、被告が背信的悪意者であれば、原告は登記を経ることなく被告の所有権移転登記の抹消登記手続を求めることができるが、自らは登記名義人でないことから、それだけでは目的を達しないので、それに代えて真正な登記名義の

回復を原因とする所有権移転登記手続を求めることができるのである。

　抹消登記請求権の発生事由は、上記 **f** で述べたとおり、原告が目的不動産について所有権を有していることと、当該不動産について被告名義の所有権移転登記がなされていることである。二重譲渡の場合、前所有者の所有権については争いがない（権利自白が成立する）ので、請求原因は、①前所有者がもと所有していたこと、②前所有者からの所有権移転、③被告名義の登記、以上のとおりとなる。

　これに対し、被告は、前所有者との売買契約の存在を抗弁として主張立証することにより、民法 177 条により原告の所有権を否定することができる。そこで、原告は、再抗弁として被告が背信的悪意者であることを主張立証しなければならない。背信的悪意者は規範的要件[18] であるから、被告が背信的悪意者であることの評価根拠事実を主張立証しなければならない。

　被告が民法 177 条の第三者であることが明らかな場合、訴状において再抗弁となるべき事実を併せて主張するのが適当である。

（記載例 1 － 1 － 72　真正な登記名義の回復請求訴訟）

1　訴外甲野太郎は、別紙物件目録記載の土地（以下「本件土地」という）をもと所有していた。

2　原告は訴外甲野太郎から、昭和○年○月ころ、本件土地を代金○○円として買い受けた。

3　本件土地について、○○法務局令和○年○月○日受付第○○号をもって令和○年○月○日売買を原因として被告に対する所有権移転登記（以下「本件登記」という）が経由されている。

4　訴外甲野太郎と被告との間に売買契約が成立したとしても、被告は背信的悪意者であるから、原告は登記なくその所有権を対抗できる。被告が背信的悪意者であることは、以下の事実から明らかである。

(1)　原告は本件土地を譲り受けてから長年にわたり占有をしてきたところ、被告はその事実を知っていた。

(2)　被告は上記 (1) の事実を知りながら、原告が登記を経由していないこと

---

18)　抽象的概念が要件となっているものをいう。この場合の要件事実は概念（背信的悪意）そのものではなく、それを根拠づける具体的事実（記載例 1 － 1 － 72 の 4 にあるような事実）となる。そのような具体的事実を評価根拠事実という。

　　に乗じ、第三者に高値で転売して利益を得る目的で訴外甲野太郎から本件
　　土地を買い受け、本件登記を経由した。
4　　よって、原告は被告に対し、所有権に基づく妨害排除請求権としての登記
　　請求権に基づき、本件登記の抹消登記手続に代わる真正な登記名義の回復を
　　原因とする所有権移転登記手続を求める。

h　賃貸借契約の終了に基づく建物明渡請求訴訟

　賃貸借契約の終了を理由に目的物の返還を求める場合、それは、賃貸借契約
の効果として発生する賃借物返還請求権に基づくものであり、終了原因（期間
満了、解除、解約申入れ等）ごとに訴訟物が異なるのではない。もっとも、返還
請求権を理由づける事実であるから、請求原因において終了原因を主張しなけ
ればならない。

　附帯請求として賃料相当損害金を請求するが、その訴訟物は目的物返還債務
の履行遅滞に基づく損害賠償請求権とするのがふつうである。

　以下の記載例は、期間の定めのない建物賃貸借契約の解約申入れ（借地借家
法28条）による明渡請求訴訟を例にとっている。この場合の請求原因は、①
期間の定めのない建物賃貸借契約の成立、②建物の引渡、②解約申入れの意思
表示と解約申入れ期間の経過、③解約申入れの正当事由、以上のとおりである。

　解約申入れの正当事由は、建物の賃貸人及び賃借人が建物の使用を必要とす
る事情のほか、建物の賃貸借に関する従前の経過、建物の利用状況及び建物の
現況並びに建物の賃貸人が建物の明渡しの条件として又は建物の明渡しと引換
えに建物の賃借人に対して財産上の給付をする旨の申出をした場合におけるそ
の申出を考慮するとされている（借地借家法28条）ので、請求原因には、これ
らの事情の根拠となる具体的事実（評価根拠事実）を主張することが必要である。

（記載例1−1−73　期間の定めのない建物賃貸借契約の解約申入れによる明渡請求）

1　　原告と被告は、平成○年○月○日、別紙物件目録記載の建物（以下「本件
　　建物」という）につき、原告を貸主、被告を借主として、期間の定めなく、
　　賃料1か月○○円で賃貸する旨の契約（以下「本件賃貸借契約」という）を
　　締結した。
2　　原告は被告に対し、同日、本件賃貸借契約に基づき、本件建物を引き渡した。

3　原告は被告に対し、令和○年○月○日、本件消費貸借契約の解約申入れの
　　意思表示（以下「本件解約申入れ」という）をした。
4　本件解約申入れには以下のとおり正当事由がある。
　(1)　本件建物は昭和○年に建築された木造二階建てであり、老朽化して倒壊の
　　　危険があるばかりか、コンクリート造りのビルが建ち並ぶ近隣の地域性に
　　　そぐわない状況となっている。
　(2)　原告は、本件建物を取り壊し、コンクリート造のテナントビルを建築する
　　　計画を有している。
　(3)　被告は、本件建物の一階で食堂を経営し、二階を物置として利用している。
　　　かつては二階を住居として使用していたが、現在は他に住居を保有しており、
　　　本件建物を住居として利用する必要はない。
　(4)　被告はこれまで何度も賃料を滞納し、平成○年には、原告が被告に対して
　　　債務不履行解除に基づく明渡請求訴訟を提起したが、当該訴訟の口頭弁論
　　　期日において和解が成立し、原告が未払賃料を分割弁済することで使用を
　　　継続することとなったという事情がある。
　(5)　原告は、本件建物の明渡料として、金○○円を著しく上回らない程度の金
　　　額を支払う用意がある。
5　本件解約申入れから 6 か月が経過したが、被告は本件建物を明け渡さない。
6　本件建物の賃料相当額は 1 か月○○円である。
7　よって、原告は被告に対し、本件賃貸借契約の終了に基づき、本件建物の
　　明渡及び本件賃貸借契約終了の翌日である令和○年○月○日から明渡ずみま
　　で 1 か月金○○円の割合による賃料相当損害金の支払を求める。

ⅰ　譲受債権履行請求訴訟

　譲受にかかる債権の履行を請求する場合、訴訟物は当該債権であるが、請求
原因としては、当該債権の発生事由だけでなく、それが債権譲渡によって自己
に帰属することも主張しなければならない。ただし、債権譲渡は法律効果であ
り、その発生原因が要件事実であるから、発生原因となる具体的事実を主張し
なければならない。以下の記載例では代物弁済が債権譲渡の原因となっている。

　債務者に対する対抗要件（民法 467 条 1 項）は、請求原因ではなく、権利抗
弁（対抗要件を備えるまでは権利者として認めないという被告の権利主張）に対す
る再抗弁にあたるものであるが、対抗要件を具備している場合は、被告の権利
抗弁の提出を待つまでもなく請求原因に記載するのがふつうである。

（記載例1－1－74　譲受債権履行請求）

> 1　訴外甲野太郎は、被告に対し、令和2年5月15日、弁済期を同年8月15日として、金○○円を貸し渡した（以下「本件消費貸借契約」という）。
> 2　原告は訴外甲野太郎に対し、令和1年5月1日、弁済期を同年7月1日として金○○円を貸し渡した（以下「別件消費貸借契約」という）。
> 3　訴外甲野太郎は、原告に対し、令和1年7月1日、別紙消費貸借契約に基づく貸金返還債務の弁済に代えて、本件消費貸借契約に基づく貸金返還請求権を譲渡し、同日被告に対してその旨通知した。
> 4　弁済期である令和2年8月15日が経過したが、被告は本件消費貸借契約に基づく貸金返還債務を履行しない。
> 5　よって、原告は、被告に対し、譲受にかかる[19]本件消費貸借契約に基づく貸金返還請求権に基づき、金○○円及びこれに対する令和2年8月16日から支払ずみまで民法所定の年3％の割合による遅延損害金を支払うよう求める。

j　不法行為に基づく損害賠償請求訴訟

　不法行為に基づく損害賠償請求権の発生事由は、①故意又は過失により、②他人の権利又は法律上保護される利益を侵害し、③それにより他人に損害を与えたこと、である（民法709条）。過失や法律上保護される利益の侵害（これを「違法性」ということがある）は証拠により直接立証できるものではないから、それを基礎づける具体的事実（評価根拠事実）が要件事実である。

　請求原因としては、単に「被告の過失により」とするのではなく、以下の記載例にあるように具体的事実を主張する。

　また、損害については金額まで主張立証しなければならないというのが判例である（最判昭和28・11・20民集7-11-1229）から、損害額と計算根拠も主張する。

（記載例1－1－75　不法行為に基づく損害賠償請求）

> 1　令和○年○月○日午後○時ころ、東京都千代田区有楽町○丁目○番○号先の交通整理の行われている交差点（以下「本件交差点」という）において、被告運転の普通乗用車（車両番号○○○○、以下「被告車」という）が、原告運転の普通乗用車（車両番号○○○○、以下「原告車」という）に追突する事故（以下「本件事故」という）発生した。

---

19)　このような修飾句はほんらい不要であるが、訴訟物の来歴を明示するために記載することもある。

2　本件事故は、原告車が赤信号で停止中、被告が前方不注意によって被告車を原告車に追突させたものであるから、被告は原告に対し、民法 709 条及び自賠法 3 条に基づき、原告に生じた損害を賠償する責任を負う。

3　本件事故により原告は以下の損害[20]を被った。

(1)　物損

　　　本件事故により、原告車の後部が損傷したため、原告は修理をしたことにより以下の費用に相当する損害を被った。

　　　修理費用　金○○○円

　　　レッカー費用　金○○○円

　　　代車費用　金○○○円（1 日当たり○○○円×修理に要した○日分）

(2)　休業損害

　　　本件事故により原告は頚椎損傷の傷害を負い、○日間入院したため、その間 1 日当たり金○○○円の収入を得ることができず、合計○○円の損害を被った。

(3)　逸失利益

　　　本件事故による傷害に起因して原告は○○○という後遺障害を負った。この後遺障害の等級は第○級で、労働能力喪失率は○％である。原告の本件事故当時の年収は○○○円であり、当時○○歳で就労可能年数は○○年であったから、中間利息をライプニッツ方式で控除すると、上記後遺障害に基づく逸失利益は、以下の計算式のとおり金○○○円となる。

　　　（計算式）

　　　年収額×労働能力喪失率×就労可能年数に対応するライプニッツ係数

(4)　慰謝料

　　ア　傷害慰謝料　金○○○円

　　　　原告は本件事故による傷害により入院○日と通院○日を余儀なくされた。この受傷及び治療によって原告は多大な精神的苦痛を被ったが、それを慰謝するに足る慰謝料は頭書金額を下らない。

　　イ　後遺症慰謝料　金○○○円

　　　　原告は、本件事故によって第○級の後遺障害を発症した。この後遺障害によって原告は多大な精神的苦痛を被ったが、それを慰謝するに足る慰謝料は頭書金額を下らない。

---

20)　適宜項目分けと表題を付することによって読みやすくする。損害以外の項目についても、表題を付することで理解を助けることがある。

(5) 弁護士費用　○○○円

　　　原告は本件訴訟を弁護士に委任し、弁護士費用の支払義務を負担したが、本件事故と相当因果関係を有する損害は頭書金額を下らない。

4　よって、原告は被告に対し、不法行為責任及び運行供用者責任に基づく損害賠償請求権に基づき、内金○○○円及びこれに対する本件事故日から支払ずみまで民法所定の年3％の割合による遅延損害金の支払を求める。

k　謝罪広告請求訴訟

民法723条は「他人の名誉を毀損した者に対しては、裁判所は、被害者の請求により、損害賠償に代えて、又は損害賠償とともに、名誉を回復するのに適当な処分を命ずることができる」と定める。不法行為の特別の類型を定めるものである。ここにいう「名誉」とは、人がその品性、徳行、名声、信用等の人格的価値について社会から受ける客観的評価、すなわち社会的名誉を指す（最判昭和45・12・18民集24-13-2151）。そのような社会的名誉を毀損するという要件は、規範的な評価を伴うものであるから、その評価根拠事実が請求原因となる。

（記載例1－1－76　謝罪広告請求）

1　当事者

(1) 原告は、○○県議会議員の地位にある者である。

(2) 被告○○新聞株式会社（以下「被告会社」という）は、日刊新聞等の発行を目的とする株式会社であり、「○○新聞」の名称を付した日刊新聞を発行している。被告甲野太郎と被告乙野次郎はいずれも被告会社の従業員であり、被告甲野太郎は記者、被告乙野次郎はデスクの役職にある。

2　被告らの不法行為

(1) 令和○年○月○日付の○○新聞朝刊の社会面に「県議、組長と灰色交際」「○○市区画整理事業めぐり」の見出しの下に、別紙記事目録記載の記事（以下「本件記事」という）が掲載され、同日、○○県○○市一円に頒布された。本件記事を執筆したのは被告甲野太郎であり、それを掲載・頒布させたのは被告乙野次郎である。

(2) 本件記事は、その見出し及び本文により、一般読者に対して「原告が、○○市区画整理事業にかつて原告が在籍していた不動産会社を参加させるべく、暴力団組長に仲介を依頼した」との印象を与えるものであり、本件記事の掲載、頒布は、原告の県議会議員として得ていた政治的、社会的評価を失墜させ、原告の名誉、信用を著しく毀損するものである。

(3)　被告甲野太郎及び被告乙野次郎は、本件記事を新聞に掲載し、頒布すれば、原告の信用、名誉が毀損されることを知り、また知り得た筈であるから、右行為は、原告に対する故意又は過失による不法行為に当たる。

(4)　したがって、被告甲野太郎及び乙野次郎は民法 709 条及び 719 条により、被告会社は民法 715 条により、原告に与えた損害を賠償する責任を負う。

7　損害

　原告は、右不法行為により甚大な精神的苦痛を受けたが、それを慰謝するに足る慰謝料は金○○円を下らない。

8　謝罪広告

　原告の名誉を回復するために、被告会社発行の○○新聞朝刊社会面に、別紙謝罪広告目録記載の謝罪広告を 1 回掲載する必要がある。

9　結語

　よって、原告は被告に対し、民法 723 条に基づく謝罪広告掲載請求権に基づき、請求の趣旨記載のとおりの謝罪広告の掲載を求めるとともに、不法行為に基づく損害賠償請求権に基づき、金○○円及びこれに対する不法行為の日である令和○年○月○日から支払ずみまで民法所定の年 3 ％の割合による遅延損害金の支払を求める。

I　通行妨害禁止請求事件

　建築基準法 42 条 1 項 5 号の規定による位置の指定（道路位置指定）を受け、現実に開設されている道路を通行することについて日常生活上不可欠の利益を有する者は、上記道路の通行をその敷地の所有者によって妨害され、又は妨害されるおそれがあるときは、敷地所有者が上記通行を受忍することによって通行者の通行利益を上回る著しい損害を被るなどの特段の事情のない限り、敷地所有者に対して上記妨害行為の排除及び将来の妨害行為の禁止を求める権利（人格権的権利）を有する（最判平成 9・12・18 民集 51-10-4241）。

　訴訟物は人格権に基づく妨害排除請求権であり、請求原因となるべき要件事実は、対象となる土地が道路位置指定を受け、現に道路として利用されていること、原告がそれを通行するについて日常生活上不可欠の利益を有することの評価根拠事実である。上記判例にいう「特段の事情」は被告の抗弁である。

（記載例1－1－77　通行妨害禁止請求）

> 1　被告は、別紙物件目録記載の土地（以下「本件土地」という）を所有している。
> 2　本件土地は、昭和○年○月○日、訴外○○市より道路位置の指定を受け、それ以降現在に至るまで、近隣居住者の通行の用に供されている道路である。
> 3　原告らは、いずれも肩書の住所に居住する者であり、長年にわたり、本件土地を道路として自動車で通行している者である。原告らにとって、自動車の通行が可能な公道に通じる道路は本件土地のほかに存在しないのであって、本件土地を自動車で通行することについて日常生活上不可欠の利益を有している。
> 4　被告は、令和○年○月ころ、原告らを含む本件土地近辺の住民に対し、同年○月末日までに被告と契約しない車両等の本件土地の通行を禁止する趣旨のビラを頒布し、本件土地に看板・標識やゲートを設置した。
> 5　よって、原告らは被告に対し、人格権に基づく妨害排除請求権に基づき、本件土地の通行の支障となるべき工作物を除去すること、及び原告らの通行を妨害しないことを求める。

m　解雇無効を理由とする賃金請求訴訟

　期間の定めのない雇用契約については、使用者は何時でも解約の申入れ（解雇）をすることができる（民法627条1項）。しかし、解雇は、客観的に合理的理由を欠き、社会通念上相当であると認められない場合は、その権利を濫用したものとして無効となる（労契法16条）。ただし、就業規則に解雇事由が定められている場合は、解雇事由が限定されているものと解されるから、就業規則に該当しない限り解雇はできない。

　主張立証責任の分配という観点からは、解雇無効を理由とする給与請求訴訟の請求原因は、雇用契約の成立であり、被告は抗弁として解雇を主張し、原告が再抗弁として解雇が権利濫用となる評価根拠事実を主張することになる。

　原告は、権利濫用の主張とは別に、就業規則によって解雇事由が制限されていることを主張することもできる。これに対し、被告が就業規則の解雇事由に該当する事実を主張するのは、再抗弁ではなく予備的抗弁である。

　いずれにせよ、就業規則による解雇制限がある場合、被告は、解雇に当たって就業規則の定める解雇事由のどれに該当するかを明らかにするはずであるか

ら、原告としては、就業規則の解雇事由に該当する事実の先行否認を行うとともに、解雇事由のうち規範的要件に当たるものについては、その評価障害事実[21] を主張することになる。この場合、解雇が権利濫用であることの評価根拠事実と重なることになると思われる。

ところで、労働者は、その約した労働を終わった後でなければ、報酬を請求することができない（民法624条1項）ので、ほんらいなら請求額に相当する期間の労働が終了したことも請求原因である（これを「ノーワークノーペイの原則」という）。しかし、解雇が無効の場合、労務の提供不能は債権者（使用者）の責めに帰すべき履行不能であるから、使用者は反対給付（給料支払債務）の履行を拒むことができない（民法536条2項）。

（記載例 1 - 1 - 78　解雇無効を理由とする賃金請求）

1　雇用契約
 (1) 被告はラジオ及びテレビの放送を目的とする会社であり、原告は、平成〇年〇月〇日、被告と期間の定めのない雇用契約を締結し、被告の編成局報道部勤務のアナウンサーをしている者である。
 (2) 原告の給与支払日は毎月〇日であり、後記解雇前の平均賃金は1か月金〇〇円である。
2　解雇の意思表示
　　被告は原告に対し、令和〇年〇月〇日、原告を解雇する旨の意思表示（以下「本件解雇」という）をした。
3　解雇の無効
 (1) 解雇理由
　　　被告の就業規則は、普通解雇事由として、①精神又は身体の障害により業務に耐えられないとき、②天災事変その他やむを得ない事由があるとき、③その他、前各号に準ずる程度のやむを得ない事由があるとき、以上のとおりの定めがあるところ、被告は以下の事実が上記③の解雇事由に該当するとしている。
　　ア　原告は、令和〇年〇月〇日と同年〇月〇日の二回にわたり、宿直勤務中に寝過ごしたため、定時のラジオニュースを放送することができなかった（以下「本件事故」という）。

---

21)　評価根拠事実と両立しつつ、規範的要件を否定するに足りる事実である。

　　イ　原告は、本件事故について上司に報告をせず、これを知った上司から
　　　事故報告書の提出を求められた際に、事実と異なる報告をした。
　(2)　解雇権の濫用
　　　解雇は、客観的に合理的な理由を欠き、社会通念上相当であると認めら
　れない場合は、その権利を濫用したものとして、無効とされる（労働契約
　法16条）ところ、本件解雇は権利の濫用であり、無効とされるべきである。
　その理由は以下のとおりである。
　　　第1に、本件事故は、いずれも原告の寝過しという過失行為によって発
　生したものであり、悪意ないし故意によるものではなく、また、通常はとも
　もに宿直勤務をしている担当者が先に起きてアナウンサーを起こすことに
　なっていたのに、本件事故の際はいずれも当該担当者も寝過し、定時に原
　告を起こしてニュース原稿を手交しなかったのであるから、本件事故の発
　生につき原告にのみ責任があるとはいえない。
　　　第2に、原告は、起床後一刻も早くスタジオに入るべく努力をしており、
　また、事故後直ちに謝罪し、反省の意を表明している。
　　　第3に、本件事故による放送の空白時間は10分であり、それほど長時間
　とはいえないうえ、被告においても、早朝のニュース放送の万全を期すべ
　き何らの措置も講じていなかった。
　　　第4に、原告が被告に対して事実と異なる事故報告書を提出した点につ
　いても、単に原告の誤解に基づくものであるにすぎないうえ、短期間内に
　二度の放送事故を起こし気後れしていたことを考えると、この点を強く責
　めることはできないというべきである。
　　　第5に、原告はこれまで放送事故歴がなく、平素の勤務成績も良好であ
　るうえ、被告においては、これまで放送事故を理由に解雇された事例はな
　かった。本件でも、定時に原告を起こして原稿を手交しなかった同僚に対
　しては、単に譴責処分が下されたのみである。
　　　以上の事実によれば、原告に対して解雇をもって臨むことは、苛酷にすぎ、
　合理性を欠くものであり、社会的に相当なものとして是認することはでき
　ないというべきである。
4　結語
　よって、原告は、被告に対し、雇用契約による報酬請求権に基づき、金○○
円（本件解雇から本件訴訟提起までの未払賃金）及びこれに対する訴状送達の
翌日から支払ずみまで民法所定の年3％の割合による遅延損害金の支払を求め
るとともに、令和○年○月○日から本件訴訟の口頭弁論終結の日が属する月の

前の月まで、毎月○日限り金○○円及び各支払時期から支払ずみまで年３％の
遅延損害金を支払うよう求める。

n　消極的確認請求訴訟

　消極的確認訴訟は、被告が主張する権利又は法律関係の存在を原告が争うた
めに提起される訴訟である。この場合、請求原因として主張されるのは、被告
が一定の権利又は法律関係を主張しているという事実であり、これが確認の利
益を基礎づける事実であるが、本来の意味の請求原因（訴訟物の発生事由）で
はない。消極的確認訴訟の場合、訴訟物の発生事由は被告が抗弁で主張立証す
べき事実である。

　ただし、被告の主張する権利の障害事由又は消滅事由を原告が訴状で記載す
れば、それは抗弁に対する再抗弁の先行主張となる。そのような事実がある場
合には、訴状の請求原因で先行して主張した方が、裁判所に早期に事案を把握
してもらうという趣旨から有益と思われる。

（記載例１－１－79　消極的確認請求）

> 1　被告は原告に対し、別紙債権目録記載の債権（以下「本件債権」という）
> 　を有すると主張している。
> 2　しかし、原告は被告に対し、別紙返済一覧表記載のとおり利息の返済を継
> 　続したところ、利息制限法による制限利息を超過した分を元本に充当すれば、
> 　元本は完済ずみである。
> 3　よって、原告は被告との間で、本件債権が存在しないことの確認を求める。
> 　（債権目録）
> 　被告が原告に対し、令和○年○月○日、弁済期を令和○年○月○日として貸
> し渡した金○○円の残元本の返還請求権及びこれに対する最終弁済期から支払
> ずみまで年３割の割合による遅延損害金の支払請求権

o　取立権確認請求訴訟

　債権の二重譲渡の場合には、二重譲受人の優劣は、確定日付ある証書による
債務者に対する通知又は債務者の承諾の先後による（民法467条）。法人が債権
譲渡をした場合において、当該債権の譲渡について債権譲渡の登記がされたと
きも、確定日付ある通知があったものとみなされる（債権譲渡特例法４条１項）。

　原告が債権者の債務者に対する債権を差し押さえ、被告が当該債権の譲渡を受けたと主張している場合において、債務者が債権者不確知を理由に債権額を供託したときは、原告と被告との間で、債務者の有する供託金還付請求権についていずれが取立権を有するかが争われることになる。

　この場合において、原告が請求原因として主張立証すべきは、差押債権の発生原因事実とそれに対する差押えの事実である。差押えの請求債権については、債務名義が確定判決でない限り、請求原因でその発生事由を主張立証しなければならない。

　第三者に対する対抗要件については、ほんらい被告から権利抗弁が提出されない限り、原告が主張立証する必要はないが、対抗要件が備わっている限り、請求原因に記載するのがふつうである。

　被告が債権譲渡の第三者対抗要件を主張している場合には、それよりも原告の第三者対抗要件の具備が先であること、または、被告の債権譲渡が無効であることを主張しなければならない。ほんらいなら、被告に対する債権譲渡が抗弁、対抗要件に関する権利主張又は債権譲渡の無効原因が再抗弁であるが、争点が明らかである限り、訴状の請求原因で主張するのがふつうである。

（記載例1－1－80　取立権確認請求）

　1　原告は訴外甲野運送株式会社（以下「債務者」という）に対し、令和○年○月○日、金○○円を弁済期の定めなく貸渡した（以下、これに基づく返還債権を「本件貸金債権」という）。本件貸金債権については、○○地方裁判所令和○年(ワ)第○○号事件の確定判決（以下「本件確定判決」という）がある。

　2　債務者は、訴外乙野運輸株式会社（以下「第三債務者」という）に対し、金○○円の運送代金債権（以下「本件運送代金債権」という）を有していた。

　3　原告は、本件確定判決に基づき、本件運送代金債権を差押え、当該差押命令は令和○年○月○日第三債務者に送達された[22]。

　4　被告は、本件運送代金債権の譲渡を受け、令和○年○月○日付内容証明郵便[23]で債権譲渡の通知をしたと主張している。しかし、原告は当該債権譲渡を原告に対抗できない。なぜなら、上記第3項の差押命令が第三債務者に到達したのは当該通知が第三債務者に到達した日よりも前だからである。

---

22)　確定判決の送達は確定日付のある通知にあたる。

23)　内容証明郵便の送達も確定日付のある通知である。

> 5　第三債務者は、令和○年○月○日、本件運送代金債権全額を別紙供託金目
> 　録記載のとおり供託した（以下「本件供託」という）。
> 6　よって、原告は、被告との間で、原告が本件供託に基づいて有する供託金
> 　還付請求権につき取立権を有することの確認を求める。

p　遺言無効確認請求訴訟

　自筆証書遺言の無効確認を求める訴訟においては、当該遺言証書の成立要件
すなわちそれが民法 968 条の定める方式に則って作成されたものであることを、
遺言が有効であると主張する側において主張立証する責任があるというのが判
例である（最判昭和 62・10・8 民集 41-7-1471）。

　したがって、原告は、請求原因において遺言の存在のみを主張すれば足りる
（この点で債務不存在確認訴訟に類似する）。もっとも、民法 968 条の要件（本人
による全文の自書と押印）が満たされる場合であっても、意思表示としての無
効原因（遺言能力を欠くこと、錯誤によること等）があれば遺言も無効になる（再
抗弁である）ので、この点が争点になることが明らかな場合は、訴状において
先行主張をするのがふつうである。

　もちろん、民法 968 条の要件の先行否認を主張することもある。否認する場合
は理由を付してしなければならない（規則 79 条 3 項）から、その理由も記載する。

　また、確認の利益を基礎づける事実として、原告が遺言者の相続人であるこ
とを主張立証しなければならない。

（記載例 1 － 1 － 81　遺言無効確認請求）

> 1　原告らは亡甲野太郎の妻と子であり、被告は訴外亡甲野太郎が入所してい
> 　た介護施設で同人の介護を担当していた者である。
> 2　亡甲野太郎作成にかかる令和○年○月○日付の自筆証書遺言（以下「本件
> 　遺言」という）が存在し、それには、被告に全財産を遺贈する旨の記載がある。
> 3　本件遺言は、以下の理由により無効である。
> 　(1) 亡甲野太郎は、本件遺言当時上肢が不自由であり、遺言書を自筆すること
> 　　はできなかった。本件遺言は被告が作成したものか、被告が手を添えて書
> 　　かせたものと考えざるを得ない。
> 　(2) 亡甲野太郎は、本件遺言当時認知症に罹患しており、遺言能力がなかった。
> 4　よって、原告らは、被告との間で、本件遺言が無効であることの確認を求める。

q　離婚請求訴訟

　裁判上の離婚原因は、不貞行為、悪意の遺棄、3年以上の生死不明、強度の精神病、その他婚姻を継続し難い重大な事由、以上の五つである（民法770条1項）。訴訟物はそれぞれの事由ごとに1個である（最判昭和36・4・25民集15-4-891）。とすると、ひとつの離婚原因による請求が棄却されたとしても、別の離婚原因を主張して再訴することは可能ということになるが、人事訴訟法25条1項はそのような再訴を禁止しているので、離婚原因が複数あると考えられる場合には、そのすべてを請求原因とすべきである。

　請求原因となるのは、各離婚原因を基礎づける具体的事実である。「離婚を継続し難い重大な事由」は規範的要件であるから、その評価根拠事実が請求原因となる。

　裁判所は、離婚判決をする場合には、親権者を指定しなければならず（民法819条2項）、財産分与の請求があればそれについても処分をしなければならない（民法768条、771条）。いずれも裁判所の処分であって判決ではないから、請求原因となる要件事実は存在しないが、実務上はその考慮要素をなす具体的事実を主張立証するのがふつうである。

（記載例1－1－82　離婚請求）

　1　当事者

　　　原告と被告は、平成○年○月○日婚姻の届出をした夫婦であり、その間に平成○年○月○日長男太郎が出生した。

　2　離婚原因

　　　被告には以下の事由があるので、原告ら夫婦には離婚原因がある。

(1)　不貞行為（民法770条1項1号）

　　　被告は、平成○年春ごろから、取引先の女性甲野花子（以下「甲野」という）と親密な関係となり、外泊を繰り返した後、平成○年○月からは○○市内のアパートを借り、甲野と同棲するようになった。この事実は被告も認めている。

(2)　その他婚姻を継続し難い重大な事由（同項5号）

　　　原告は、子のためにも何度もやり直そうと被告に申し入れたが、被告の離婚意思は固く、甲野との別居を解消しないばかりか、原告との話合いにすら応じようとしない。

3　親権者について

　　原告は、株式会社○○商事の正社員であり、生活は安定している上、被告と別居後はひとりで太郎の面倒を見てきたものであり、必要とあれば原告の両親の支援を受けることもできる。これに対し、被告は、今まで子供の面倒をほとんど見てこなかった上、不貞行為の相手方と同居していることからすれば、未成熟の子の養育環境としては劣悪である。したがって、太郎の親権者として原告を指定するのが適当である。

4　慰謝料について

　　原告は、被告の不貞行為と固い離婚意思のため、離婚を余儀なくされ、著しい精神的苦痛を受けた。これを慰謝するに足る慰謝料は金○○円を下らない。

5　結語

　　よって、原告は、被告との離婚判決を求めるとともに、被告に対し、不法行為に基づく損害賠償請求権に基づき、金○○円及びこれに対する離婚判決確定の日の翌日[24]から支払ずみまで民法所定の年3％の割合による遅延損害金の支払を求める。

6　財産分与について

　　原告と被告の財産は、別紙財産目録記載のとおりである。

　　よって、原告は、被告に対し、財産分与として金○○○円及びこれに対する離婚判決確定の日の翌日から支払ずみまで民法所定の年3％の割合による遅延損害金の支払を求める。

7　養育費について

　　原告と被告の収入は、別紙収入目録記載のとおりである。

　　よって、原告は、被告に対し、養育費として平成○年○月から太郎が成年に達する月まで、1か月金○○円の割合による金員の支払を求める。

r　詐害行為取消請求訴訟

　債権者は、債務者が債権者を害することを知ってした法律行為の取消しを裁判所に請求することができる（民法424条1項本文）。そして、債権者は、受益者に対する詐害行為取消請求において、債務者がした行為の取消しとともに、その行為によって受益者に移転した財産の返還を請求することができる（民法424条の6第1項）。

---

24)　裁判上の離婚は離婚判決の確定によって効力を生じるから、離婚を原因とする慰謝料請求権もその時点で発生し、遅滞に陥ると解される。

　詐害行為取消権は、詐害行為の取消しとともに、詐害行為によって責任財産から逸失した財産の取戻しを請求できる権利であるとする判例が改正民法によって明文化された。訴訟物は取消権と請求権が一体となった詐害行為取消請求権と解される。

　詐害行為取消権の権利根拠規定は民法424条1項であるから、請求原因となるのは、①原告の債務者に対する債権の発生原因事実、②債務者が特定の法律行為をしたこと、③当該法律行為によって債権者を害すること、④債務者が債権者を害することを知っていること、以上のとおりである。また、併せて財産の取戻しを求める場合は、④財産の現状（被告に対する占有又は登記の移転）も請求原因となる。受益者が③の事実を知らなかったことは、受益者が主張立証責任を負う抗弁である。

　債務者が相当な対価をもって財産を処分した場合には、民法424条の2第1項1号から3号までの事由（隠匿等のおそれ、債務者の隠匿等の意思、受益者の悪意）があるときに限り、詐害行為取消請求権を行使できる（民法424条の2）。相当な対価をもってしたことが抗弁であり、これらの事由のあることが再抗弁となる。

　原告としては、自己が主張立証責任を負う事実を主張するのみならず、抗弁事実の先行否認または再抗弁事実の先行主張をすることによって、争点とそれに対する原告の主張を明らかにすることが適当な場合がある。

（記載例1－1－83　詐害行為取消請求）

1　原告は訴外甲野太郎に対し、令和○年○月○日、弁済期を同年○月○日として金○○円を貸し渡した（以下「本件消費貸借契約」という）。

2　訴外甲野太郎は、被告に対し、別紙物件目録記載の不動産（以下「本件不動産」という）を代金○○円で売り渡した（以下「本件売買契約」という）。

3　本件売買契約は、債権者である原告を害する行為である。その理由は以下のとおりである。

(1) 本件売買契約当時、訴外甲野太郎は本件不動産以外にめぼしい資産を有していなかったところ、本件売買契約における代金は本件不動産の時価に比して低廉である。同人が唯一の資産を不相当に低額で処分することにより、その責任財産は減少し、債権者である原告を害したものである。

---

(2) 仮に、本件売買契約における代金の定めが相当であるとしても、民法424
条の2第1項所定の事由がある。その理由は以下のとおりである。

第1に、不動産を流動性の高い金銭に換えるものであり、隠匿等の処分
をするおそれがある。

第2に、訴外甲野太郎は、本件消費貸借契約の定める弁済期を経過し、
原告から何度も催告を受けながら弁済をせず、まもなく自己の居住する建
物とその底地を売却したものであり、隠匿等の意思に基づくことは明らか
である。

第3に、被告は訴外甲野太郎の兄であり、かつ、本件不動産取得後も訴
外甲野太郎に引き続き居住を許しているのであって、同人の隠匿等の意思
について被告が悪意であったことも明らかである。

4 本件不動産には、○○法務局令和○年○月○日受付をもって本件売買契約
を原因とする被告に対する所有権移転登記（以下「本件登記」という）がさ
れている。

5 よって、原告は、被告に対し、詐害行為取消権に基づき、本件売買契約を
取消すとともに、本件登記の抹消登記手続を求める。

S 請求異議訴訟

請求異議の訴えは、債務名義にかかる請求権の存在又は内容に異議のある債
務者が、債権者に対し、その債務名義による強制執行の不許を求める訴えであ
る（民執法35条1項）。目的物に対する強制執行の不許を宣言する判決を求め
る形成の訴えであり、その認容判決によって強制執行が排除される。

請求異議訴訟の訴訟物は、債務名義による強制執行の不許を求める地位であ
り、債務名義の根拠となる債権の発生原因事実の主張立証責任は、債務名義の
内容による。

債務名義が確定判決であれば、債務名義にかかる債権の存在は既判力をもっ
て確定されているから、原告（債務者）が請求原因において債権の消滅事由を
主張立証しなければならない。

これに対し、債務名義が公正証書であれば、債務名義にかかる債権の存在に
既判力がないので、債権者においてその発生原因事実を主張立証しなければな
らない。それゆえ、請求原因では債務名義の存在のみを主張すれば足り、債権
の発生原因事実は抗弁として被告が主張立証すべきである[25]。ただし、原告と

しては、債務名義による強制執行が許されない理由を先行的に主張することが、争点の早期明確化という意味で有益である。

　請求異議の訴えは、第三者異議の訴えとは異なり、現実にされた強制執行の不許を求めるものではないから、執行行為がされたことは請求原因ではない。

（記載例1－1－84　確定判決）

1　原告と被告との間には、○○地方裁判所令和○年(ワ)第○○号貸金請求権事件（以下「別件訴訟」という）についての確定判決（以下「本件確定判決」という）があるところ、本件確定判決は、原告に対し、令和○年○月○日付消費貸借契約に基づく貸金返還請求権（以下「本件債権」という）として金○○円及びこれに対する令和○年○月○日から支払ずみまで年3％の割合による金員を被告に支払うよう命じている。

2　原告は、被告に対し、別件訴訟の口頭弁論終結後である令和○年○月○日、本件債権のうち○○円を支払い、被告は、原告に対し、残債務の全部を免除した。

3　よって、原告は、本件確定判決の執行力の排除を求める。

（記載例1－1－85　公正証書）

1　原告と被告との間には、被告を債権者、原告を債務者とする○○法務局所属公証人○○作成令和○年第○○号債務弁済公正証書（以下「本件公正証書」という）が存在するところ、本件公正証書には以下の記載がある。

(1) 原告は、被告に対し、貸金返還債務として○○円の支払義務を負っていることを認める。

(2) 原告は、被告に対し、前項の債務を令和○年○月○日限り支払う。

(3) 原告は、上記債務を履行しなかったときは直ちに強制執行を受けることを認諾する。

2　しかし、原告は、被告に対し、本件公正証書に記載された債務を負っていない。本件公正証書は、何者かによって偽造された原告の委任状に基づいて作成されたものである。

3　よって、原告は、本件公正証書の執行力の排除を求める。

---

t　第三者異議訴訟

第三者異議の訴えとは、強制執行の目的物について所有権その他目的物の譲

---

25)　この点で債務不存在確認の訴えに類似する。

渡又は引渡を妨げる権利を有する第三者が、債権者に対し、その強制執行の不許を求める訴えである（民事執行法38条1項）。請求異議の訴えと同様に、目的物に対する強制執行の不許を宣言する判決を求める形成の訴えであり、その認容判決によって強制執行が排除される。

　第三者異議訴訟の訴訟物は、特定の目的物に対してされた強制執行の違法性であり、所有権（その他目的物の譲渡又は引渡を妨げる権利）に基づく妨害排除請求権ではない。異議事由となる所有権等の権利は、訴訟物の発生原因としての攻撃防御方法である。

　したがって、第三者異議訴訟の請求原因は、①特定の目的物に対する民事執行手続が開始されたことと、②目的物の譲渡又は引渡を妨げる権利が存在していること（その発生原因事実）、以上の二つである。

　執行債権者は民法177条の第三者であるから、原告は、執行債権者が背信的悪意者であることの評価根拠事実を主張しなければならない。

（記載例1－1－86　第三者異議訴訟）

1　被告は、訴外○○を債務者とする○○地方法務局所属公証人○○作成にかかる執行力ある公正証書の正本に基づき、○○地方裁判所に対し、別紙物件目録記載の不動産（以下「本件不動産」という）の差押の申立てをし、同裁判所は、令和○年○月○日、本件不動産につき競売開始決定をした（以下「本件強制執行」という）。

2　訴外○○は、令和○年○月○日当時、本件不動産を所有していた。

3　訴外○○は、原告に対し、前同日、本件不動産を代金○○円で売渡した（以下「本件売買契約」という）。

4　被告は背信的悪意者であって、原告は登記なくその所有権を主張することができる。その理由は以下のとおりである。

（略）

5　よって、原告は、本件強制執行の排除を求める。

---

u　再審請求訴訟

　再審とは、確定した判決について、一定の要件を満たす重大な事由（これを「再審事由」という）がある場合に、再審理を行うことであり、民訴法338条が再審事由を定めている。再審はこれらの事由があるときに限り認められる。

　訴訟物は確定判決の違法性（再審事由があること）であり、請求原因となる

のは、①確定判決の存在と、②再審事由を基礎づける具体的事実、以上の二つである。

　有効に訴状の送達がされず、その故に被告とされた者が訴訟に関与する機会が与えられないまま判決がされた場合には、当事者の代理人として訴訟行為をした者に代理権の欠缺があった場合（民訴法338条1項3号）と別異に扱う理由はないというのが判例である（最判平成4・9・10民集46-6-553）。

（記載例1－1－87　再審請求）

1　再審被告を原告、再審原告を被告とする○○地方裁判所令和○年(ワ)第○○号立替金請求事件（以下「原訴訟」という）について、同裁判所は、令和○年○月○日、「被告は原告に対し、金○○円及びこれに対する令和○年○月○日から年3％の割合による金員を支払え」との判決（以下「原判決」という）を言い渡し、同判決は同月○日確定した。

2　原訴訟の訴状は、令和○年○月○日送達されているところ、同日再審原告が不在であったため、同人の住所地において同居者である同人の子甲野花子が受領したが、同女は当時7歳であり、補充送達における受領能力はなく、しかも同女が受領した訴状を再審原告に渡さなかったため、再審原告は、自らに対する原訴訟の係属及び進行を知らないまま、欠席判決により敗訴したものである。したがって、原判決には法338条1項3号の再審事由が存する。

3　よって、再審原告は、原判決の取消を求める。

Ｖ　仲裁判断取消請求訴訟

　仲裁の当事者は、仲裁法44条1項の定める事由がある場合には、裁判所に対して仲裁判断の取消しの申立てをすることができる。それ以外の事由による取消しは認められないのであって、判決のように事実誤認や法令解釈の誤り等、判断内容の不当性を理由とする不服申立てができない点に特徴がある。

　仲裁判断の内容に関する取消事由も「日本における公の秩序又は善良の風俗に反すること」というものであり（仲裁法44条1項8号）、限定的である。もっとも、ここにいう「日本における公の秩序又は善良の風俗」には手続上の公序を含むとされている。

（記載例1－1－88　仲裁判断取消請求）

1　被告を申立人とし、原告を相手方とする仲裁事件（一般社団法人日本商事仲裁協会○○号仲裁事件）において、仲裁人は「原告は、被告に対し、金○

　　○円及びこれに対する令和○年○月○日から支払ずみまで年 3 ％の割合によ
　　る金員を支払え」との仲裁判断（以下「本件仲裁判断」という）をした。
　2　本件仲裁判断は、原告と被告との間で別紙記載の契約（以下「本件契約」
　　という）が成立したことを前提としているところ、原告は本件契約の成立を
　　認めていないにもかかわらず、仲裁人は、本件契約の成立は当事者間に争い
　　のない事実であるとした。これは著しく不当であって、日本における公の秩
　　序又は善良の風俗に反するというべきである。
　3　よって、原告は、仲裁法 44 条 1 項 8 号に基づき、本件仲裁判断の取消を求める。

w　共有物分割請求訴訟

　共有物分割の訴えは、形式的形成訴訟であり、その実質は非訟手続であって、
その判断は裁判ではなく処分であることは既に述べたとおりである（30 ページ）。
それゆえ、分割方法については、訴訟物や要件事実を観念することはできず、
理論的には「相当な方法による分割を求める」だけでも足りるはずであるが、
実務上は原告が相当と考える分割方法を主張するのがふつうである。

　もっとも、原告と被告が共有者であることは、共有物分割請求権の発生要件
であり、請求原因として原告が主張立証しなければならない。

　共有物を共有者のうちの特定の者に取得させるのが相当であると認められ、
かつ、その価格が適正に評価され、当該共有物を取得する者に支払能力があっ
て、他の共有者にはその持分の価格を取得させることとしても共有者間の実質
的公平を害しないと認められる特段の事情が存するときは、共有物を共有者の
うちの一人の単独所有又は数人の共有とし、これらの者から他の共有者に対し
て持分の価格を賠償させる方法、すなわち全面的価格賠償の方法による分割を
することも許されるというのが判例である（最判平成 8・10・31 民集 50-9-2563）。

（記載例 1 － 1 － 89　共有物分割請求）

　1　別紙物件目録記載の土地建物（以下「本件不動産」という）は、原告と被
　　告の共有であり、持分は各自 2 分の 1 である。
　2　本件不動産は、病院、その附属施設及びこれらの敷地として一体的に病院
　　の運営に供されているのであるから、これらを切り離して現物分割をすれば
　　病院運営が困難になるものと予想される。
　3　原告は、本件不動産において先代から引き継いだ病院を経営しているところ、

　同病院は救急病院として地域社会に貢献しており、原告はこれからも同病院
　の経営を続けることを希望している。
4　　原告は、本件不動産を適正に評価し、被告にその2分の1に相当する価額
　を支払うことを希望しているが、原告には支払能力が十分あるので、そのよ
　うな全面的な価額賠償の方法による分割は合理的であり、共有者間の実質的
　な公平を害することはない。
5　　よって、原告は、本件不動産を原告の単独所有とし、被告に対して持分に
　相当する金銭の賠償をさせる方法による共有物分割を求める。

x　境界確定訴訟

　境界確定の訴えも共有物分割訴訟と同様に形式的形成訴訟であるが、ここで
も原告が相当と考える境界線を主張するのがふつうである。

　なお、境界線を確定すべき隣接地が原告と被告の所有であることは、境界確
定の訴えの適法要件であり、当事者の一方が他方の所有地の全部を時効取得し
たときは、境界確定の当事者適格を認める必要はないことから、訴えは不適法
とされる（最判平成7・7・18集民176-491）。それゆえ、原告所有地と被告所有
地が隣接していることは、原告が請求原因として主張立証しなければならない。

（記載例1－1－90　境界確定訴訟）

1　　別紙物件目録1記載の土地は原告が所有している（以下「原告所有地」という）。
2　　別紙物件目録2記載の土地は被告が所有している（以下「被告所有地」という）。
3　　原告所有地と被告所有地は隣接しているところ、その境界は、別紙図面ア
　とイを直線で結んだ線（以下「原告主張線」という）である。その理由は以
　下のとおりである。
　(1) 公図における原告所有地と被告所有地との境界は直線であり、原告主張線
　　の形状と一致する。
　(2) 原告主張線に沿ってかつて擁壁が設置されていたところ、被告によって一
　　方的に壊された。
　(3) 原告主張線の一端には境界石が埋設されている。他端には存在しないが、
　　被告が撤去したものと考えられる。
　(4) 原告所有地は被告所有地よりも高地にあり、原告主張線は、両地の段差の
　　下端部分に相当する。
4　　よって、請求の趣旨記載のとおりの境界確定を求める。

⑵　その他の記載事項

　訴状には、請求を理由づける事実（要件事実）のほか、①要件事実を推認さ
せる事実（間接事実）、②要件事実を証明する証拠、③証拠の証明力を基礎づ
ける事実（補助事実）、以上の記載をすることが求められる（規則53条1項）。
そのほか、事案によっては、予想される争点とそれに関する原告の主張や、紛
争の経緯・背景事情等を記載することもある。

　訴状の記載に当たっては、できるだけ請求を理由づける事実についての主張
と当該事実に関連する事実についての主張とを区別して記載しなければならな
い（規則53条2項）。

　訴訟代理人としては、要件事実だけでなく、これら間接事実等を駆使して説
得力ある主張を展開することが必要である。このような主張は準備書面でも可
能であるが、裁判官に早期に争点を把握させるには、訴状においても積極的に
要件事実以外の事実を主張することが肝要と思われる。

A　間接事実

　間接事実とは、要件事実を推認させる事実である（要件事実以外の事実を推認
させる事実も間接事実である）。推認とは、間接事実に経験則を適用して要件事
実を認定することであるから、間接事実による要件事実の推認を主張するには、
それが経験則に合致したものでなければならない。

　経験則とは、実際に経験された事柄から見いだされる法則（ある事実から別
の事実が生じる蓋然性があること）である。もちろん、物理や化学の法則ではな
いから、単なる蓋然性の原則にすぎず、必然的に例外を伴うものであるが、裁
判官の事実認定においては格別に重要なものと理解されている。要件事実を直
接証明する的確な証拠（契約書等）が得られないことが紛争の要因となること
が多く、そのような場合には、間接事実に経験則を適用して要件事実を認定す
ることが不可欠だからである。それゆえ、訴状や準備書面の説得力を高めるに
は、経験則を有効に使いこなすことが求められる。

　経験則違反（採証法則違反ということもある）を理由に原判決を破棄した最高
裁判決がいくつかあり、それらは、経験則とはいかなるものかを理解するのに
役立つ。最高裁が経験則違反の上告理由について判断した事例には、以下のよ

うなものがある。

・乳幼児期に集団予防接種等を受けた者がＢ型肝炎ウイルスに感染した場合には、集団予防接種等における注射器の連続使用によってＢ型肝炎ウイルスに感染した蓋然性が高いというべきであり、経験則上、集団予防接種等と同人らの感染との間の因果関係を肯定するのが相当である（最判平成18・6・16民集60-5-1997）。

・業務が上肢や頸肩腕にかなりの負担をかける作業であること、また、本人の症状が業務の負担の増加に対応して推移していること等に照らして考えると、業務と頸肩腕症候群の発症ないし増悪との間に因果関係を是認し得る高度の蓋然性を認めるに足りる事情があるものということができ、他に明らかにその原因となった要因が認められない以上、経験則上、この間に因果関係を肯定するのが相当である（最判平成9・11・28集民186-269）。

・保険契約の申込書の死亡保険金受取人欄に受取人の記載はされていなかったが、同欄には「相続人となる場合は記入不要です」との注記がされていたのであるから、保険契約者は、上記注記に従って保険金受取人の記載を省略したものと推認するのが経験則上合理的であり、本件契約に基づく死亡保険金の受取人を「相続人」と指定したものというべきである（最判平成6・7・18民集48-5-1233）。

・特定の遺産を特定の相続人に「相続させる」趣旨の遺言者の意思が表明されている場合、当該遺産を当該相続人に単独で相続させる趣旨と解すべきであり、そのような遺言は、遺言書の記載から、その趣旨が遺贈であることが明らかであるかまたは遺贈と解すべき特段の事情のない限り、当該遺産を当該相続人をして単独で相続させることを可能とするための遺産分割の方法が定められた遺言と解すべきである（最判平成3・4・19民集45-4-477）。

・現地において塀等で明確に区分して賃貸されていた同一人に属する一筆の土地がそれぞれの賃借人に譲渡された場合には、特段の事情のない限り、当該使用部分に限って売買されたものと解するのが相当である（最判昭和61・2・27集民147-161）。

・債務者が自己の債務を記載した決算報告書を毎年債権者に提出し、時として債権者から上記報告書の記載内容につき説明ないし確認を求められた状況にあるときは、債務者の上記報告書の提出をもって債務の承認がなされたものと

解すべきである（最判昭和 59・3・27 集民 141-445）。

・契約当事者にとって重要な事項については、旧「予算決算及び会計令」68条に基づき作成された契約書にこれが明記されていない場合には、特段の事情のない限り、特約は存在しなかったものと認めるのが経験則であるといわなければならない（最判昭和 47・3・2 集民 105-225）。

・民間会社が金策に窮している場合には、銀行が定期預金のみを担保として、その預金額の倍額の貸付をするということは、よほど特段の事情の存在しない限りありえない（最判昭和 44・5・2 集民 95-275）。

・会社の販売部門が独立して新たな会社が設立され、新会社が旧会社の販売事業の譲渡を受けたと認められるときには、特段の事情のない限り、新会社は、業者が旧会社に差入れていた信認金の返還債務を引受承継したものと解するのが相当である（最判昭和 43・11・7 集民 93-109）。

・時効完成後に債務の承認をしたとしても、そのことだけから上記承認はその時効が完成したことを知ってしたものであると推定することは許されない（最判昭和 41・4・20 民集 20-4-702）。

・同一所有者に属する土地と建物のうち建物のみが譲渡された場合には、特段の事情がない限り、上記敷地の使用権を設定する合意があったものと解するのが相当である（最判昭和 41・1・20 民集 20-1-22）。

・特定物の売買契約における売主のための保証人は、特に反対の意思表示のない限り、売主の債務不履行により契約が解除された場合における代金返還債務についても、保証の責任を負うものと解するのが相当である（最判昭和 40・6・30 民集 19-4-1143）。

・賃借人が賃料の支払を怠ったときは、賃貸人は通知催告をしないで直ちに契約を解除することができる旨の特約がある場合に、内容証明郵便の記載が即時解除の趣旨であることが明らかであるのに、それを催告による条件付き解除の意思表示であるとするのは経験則上是認できない（最判昭和 37・10・2 集民 62-637）。

・時価と代金が著しく懸絶している売買は、一般取引通念上首肯できる特段の事情のない限りは経験則上是認できない事柄である（最判昭和 36・8・8 民集 15-7-2005）。

・建物賃貸借契約書に用いられた「永久貸与」という文言を、他の証拠に照らし、単に「長く貸しましょう、長く借りましょう」という合意をあらわすもので、賃貸借の存続期間を定めたものでないと解釈しても、経験則に違背しない（最判昭和27・12・11民集6-11-1139）。

　要件事実である法律行為の成立について、契約書等の的確な文書による証明ができない場合には、以下のように、間接事実から契約の成立を主張することになる。

（記載例1－1－91　間接事実による推認）

1　原告は、訴外甲野太郎に対し、令和○年○月○日、弁済期を令和○年○月○日として金○○円を貸し渡した（甲1[26]、以下「本件消費貸借契約」という）。

2　被告は、原告に対し、遅くとも令和○年○月ころまでに、本件消費貸借契約に基づく訴外甲野太郎の返還債務を連帯して保証する旨約した（以下「本件保証契約」という）。

3　本件保証契約の成立を直接証する契約書は存在しないが、以下の事実からすれば、本件保証契約が成立したことは明らかである。

(1)　被告と訴外甲野太郎とは、数十年来の友人関係にあり、これまでも被告が訴外甲野太郎の保証人となったことがある。

(2)　被告は、訴外甲野太郎から金融の斡旋を依頼されたため、原告を訴外甲野太郎に紹介し、それによって本件消費貸借契約の締結に至ったという経緯がある。その際、原告は金融業者ではないのに、親戚である被告からの熱心な口添えで貸し付けに応じたものである。

(3)　訴外甲野太郎が期限に弁済しないので、原告が被告に保証債務の履行を請求したところ、被告は担保の趣旨で自宅の権利証を原告に預けた。

(4)　原告は訴外甲野太郎に本件消費貸借契約書（甲1）に保証人として被告の署名捺印をもらうよう依頼していたが、それを得ることができなかった。そこで、原告がその点を質したところ、被告は「保証したことは間違いない」と述べた。

4　よって、原告は、被告に対し、保証債務履行請求権に基づき、金○○円及びこれに対する訴状送達の翌日から支払ずみまで民法所定の年3％の割合による遅延損害金の支払を求める。

---

26)　金銭消費貸借契約書、あるいはその公正証書等、金銭消費貸借を直接証する書面があることが前提となっている。

　当事者の認識が要件事実となっている場合、それを直接証明することは困難であり、おのずと間接事実からの推認となる。

　例えば、詐害行為取消権の発生事由である「債権者を害することを知って」という要件事実（民法424条1項）について、詐害行為取消訴訟の請求原因の記載例[27]は、①不動産を売却して代金を取得したこと、②債務者が弁済期を経過して原告から何度も催告を受けながら弁済をせず、まもなく自己の居住する建物とその底地を売却したこと、③被告が債務者の兄であり、かつ、不動産を取得後も債務者に引き続き居住を許していること、以上の事実を主張している。これは、①財産を隠匿・費消しやすい金銭に変えるのは債権者を害する行為である可能性が高い、②自己が債務不履行にあることを知りながら所有不動産を隠匿・費消しやすい金銭に変えるのは、債権者を害することを知ってした可能性が高い、③自己の親族に自宅を譲渡し[28]、引き続き居住しているのは、債権者の追及を一時的に免れる意図でした可能性が高い、以上の経験則によるものである。

B　補助事実

　補助事実とは、証拠の証明力に影響を与える事実をいう。文書が作成者の意思に基づいて作成されたものである（偽造されたのではない）こと、証人が当事者のいずれとも利害関係を有しておらず、その証言は信用するに足るものであること等である。

　文書が作成者の意思に基づいて作成されたものであること（文書の成立が真正であるという言い方をすることもある）を、文書の「形式的証拠力」という。これに対し、当該文書の記載内容が要証事実を立証するに足る力（裁判官に要証事実が存在すると判断させる力）を有していることを、文書の「実質的証拠力」という。この両方がそろってはじめて文書に証拠力（証明力、証拠価値ともいう）があることになる。形式的証拠力は実質的証拠力の前提ということもできる。

　文書の形式的証拠力は、文書の成立について争いがなければそれだけで認められるが、成立に争いがあるときは、文書の成立について証明しなければなら

---

27)　58ページ参照。
28)　破産法はこの場合に債務者の隠匿の意思を推定している（破産法161条2項3号）。

ない。ただし、私文書は、本人又は代理人の署名又は押印のあるときは真正に成立したものと推定される（法228条4項）。さらに、本人又は代理人の印影がある場合には、その印影は本人又は代理人の意思に基づいて顕出されたものと事実上推定されるから、その推定の結果、法228条4項により文書の成立が推定される（最判昭和39・5・12民集18-4-597）。これは、我が国では印鑑の重要性が広く認識されており、印鑑は自分で厳格に管理し、みだりに他人に預けることはないという経験則に基づいている。

　もっとも、文書の成立に関する推定は、事実上の推定であって、立証責任を転換させるものではない[29]から、文書の真正を争う当事者において、作成者の意思に基づかないことを立証する必要はなく、成立の真正に疑いを生じさせること（反証）で足りる。反証として通常主張されるのは、印鑑の紛失、盗難、盗用、冒用、改竄等である。

　文書に形式的証拠力があっても、ただちに実質的証拠力があるとは限らない。文書が作成名義人の意思に基づいて作成されたが、内容が虚偽であることは十分あり得ることだからである。文書には処分証書と報告文書があり、実質的証拠力の有無について両者には大きな違いがある。

　処分証書とは、要件事実となる法律行為そのものが記載された文書であり、契約書、手形、遺言書等がこれに当たる。処分証書に形式的証拠力があれば、特段の事情のない限りその記載どおりの事実が認められる。

　報告文書とは、作成者の見聞、判断、感想などが記載された文書をいう。領収書、商業帳簿、日記、手紙、陳述書などがこれに当たる。報告文書に形式的証拠力があっても、ただちに実質的証拠力があるとは限らない。報告文書の実質的証拠力は、文書の作成時期や記載内容等に依拠する。例えば、紛争が生じる前（特に、問題となった行為がされた時期）に作成されていれば証拠力を認めやすく、紛争が生じてから作成された文書には証拠力を認めがたい。また、記載内容が客観的な証拠や経験則と合致していること、作成者に不利な事実が記載されていること等は、文書の証拠力を高める。

---

29)　印影による推定は事実上の推定であるが、法228条4項による推定は「法定証拠法則」と呼ばれるものである。ただし、立証責任を転換するものでない点は事実上の推定と同じである。

　要件事実の認定において文書が重要な証拠となる場合であって、その成立に
争いがあると予想されるときには、その点に関する主張を訴状に記載すること
が考えられる。

（記載例1－1－92　補助事実の主張）

　1　原告と被告らは、令和○年○月○日、亡甲野太郎の遺産につき、別紙のと
　　おり分割する旨の合意（以下「本件遺産分割」という）を成立させた（甲1）。
　2　甲第1号証には被告らの実印が押捺されている（甲2[30]）ので、被告らの意
　　思に基づき顕出されたものと推定される（最判昭和39・5・12民集18-4-
　　597）から、民訴法228条4項により、甲第1号証の成立が推定される。
　　　甲第1号証は本件遺産分割の内容が記載された処分証書であるから、同号
　　証の成立が認められれば、特段の事情のない限り、本件遺産分割が成立した
　　ことが認められるところ、本件においてそのような特段の事情は存在しない。
　　その理由は以下のとおりである。
　　　第1に、甲第1号証に押捺されたのは実印であり、いずれも被告らが保管
　　していたものである。
　　　第2に、甲第1号証は亡甲野太郎の顧問税理士が事前に印字して用意した
　　用紙に被告らの実印が押捺されたものであるところ、同税理士は、被告らに
　　事前に内容を説明の上捺印を求めたと述べている。
　　　第3に、本件遺産分割の記載は、事前に原告と被告らが話し合った内容と
　　同一であり、被告らは当然その内容を理解していたはずである。
　3　しかるに、被告らは、本件遺産分割の効力を争っている。
　4　よって、原告は、本件遺産分割が有効であることの確認を求める。

C　証拠

　訴状には立証を要する事由ごとに、証拠を記載しなければならない（規則53
条1項）。準備書面も同じである（規則79条4項）。

　証拠の記載方法は、主張事実の末尾に括弧で号証番号を付することで行うの
がふつうである。また、証拠方法という項目を立てて号証番号と証拠の標目を
掲げる（証拠説明書を提出する場合はそれを引用する）。

30）　印鑑登録証明書の写しが考えられる。

（記載例1－1－93　証拠の記載方法）

第1　請求の趣旨
　1　被告らは、原告に対し、各自金○○円及びこれに対する令和○年○月○
　　日から支払ずみまで年○％の割合による金員を支払え。
　2　訴訟費用は被告らの負担とする。
　との裁判及び仮執行の宣言を求める。
第2　請求原因
　1　原告は、被告甲野太郎に対し、弁済期を令和○年○月○日、利息を年○％、
　　遅延損害金を年○％として、金○○円を貸し渡した（甲1、甲2、以下「本
　　件消費貸借契約」という）。
　2　被告乙野次郎は、原告に対し、被告甲野太郎が本件消費貸借契約に基づ
　　き原告に対して負担する一切の債務を連帯して保証する旨約した（甲1、以
　　下「本件保証契約」という）。
　3　被告甲野太郎は、弁済期を経過しても本件消費貸借に基づく元利金（○
　　○円）を支払わない。
　4　よって、原告は、被告甲野太郎に対し消費貸借契約に基づく貸金返還請
　　求権に基づき、被告乙野次郎に対し保証債務履行請求権に基づき、各自金
　　○○円及びこれに対する弁済期の翌日である令和○年○月○日から支払ず
　　みまで年○％の約定遅延損害金の支払を求める。
第3　証拠方法
　1　甲第1号証　借用証書
　2　甲第2号証　受領書
第4　附属書類
　1　訴状副本　2通
　2　甲号証写し　各2通
　3　訴訟委任状　1通

D　予想される争点

　被告との交渉が事前に行われること等により、被告の主張があらかじめ分か
っている場合には、予想される争点を記載して裁判官の理解の助けとすること
もある。

（記載例1－1－94　予想される争点）

> 第2　請求原因
> 　1　令和○年○月○日、東京都有楽町○丁目○番○号先の交通整理の行われ
> 　　ている交差点内において、原告が運転する普通乗用車（以下「原告車」と
> 　　いう）と、被告が運転する普通乗用自動車（以下「被告車」という）とが
> 　　正面衝突する事故（以下「本件事故」という）が発生した。
> 　2　本件事故は、被告車において、右折に当たり、交差点内で一時停止する
> 　　ことを怠り、漫然と右折したことにより、直進する原告車の右前部に被告
> 　　車の右前部を衝突させたものであって、被告の過失に起因するものである。
> 　3　本件事故により原告は以下の損害を被った。
> 　（略）
> 　4　よって、原告は、被告に対し、不法行為に基づく損害賠償請求権に基づき、
> 　　金○○円及びこれに対する訴状送達の翌日から支払ずみまで年3％の割合
> 　　による遅延損害金の支払を求める。
> 第3　予想される争点
> 　1　被告は、原告にも制限速度超過と右折車の動静を十分配慮すべき注意義
> 　　務に違反した過失があると主張しており、過失相殺の有無及び程度が争点
> 　　になると思われる。
> 　2　被告は、原告の後遺障害の程度を争っており、労働能力喪失率と労働能
> 　　力喪失期間が争点になると思われる。
> 　3　被告は原告に対して反訴を提起する可能性があり、その場合は、被告に
> 　　ついても上記2が争点になると思われる。

E　事情（紛争の経緯、背景事情等）

　請求を理由づける事実（要件事実）以外の事実のうち、間接事実と補助事実を除く事実を実務上「事情」ということがある[31]。これには、紛争の背景となる当事者関係や事実経過、紛争が生じるに至った直接間接の原因、当事者間の交渉の経緯等が含まれる。

　事案が複雑な背景を有している場合には、裁判所に争点及び紛争の原因を早期に把握してもらうため、訴状において事情を記載することが有効な場合がある。

31）　間接事実や補助事実を含め、要件事実以外の事実を総称して事情ということもある。

　また、交渉による解決が重要と考えていたため、権利が発生してから訴訟の提起まで時間がかかった等、訴訟に至る経緯が特に重要と思われる場合には、それを記載することが必要な場合がある。なぜなら、そうしなければ、原告の権利主張が真摯でないと疑われるおそれがあるからである。

（記載例1－1－95　事情（紛争の経緯、背景事情等））

第2　請求原因
　1　原告は、被告に対し、弁済期を令和○年○月○日、利息を年○％、遅延損害金を年○％として、金○○円を貸し渡した（甲1、甲2、以下「本件消費貸借契約」という）。
　2　被告は、弁済期を経過しても本件消費貸借に基づく元利金（○○円）を支払わない。
　3　よって、原告は、被告に対し、消費貸借契約に基づく貸金返還請求権に基づき、金○○円及びこれに対する弁済期の翌日から支払ずみまで年○％の約定遅延損害金の支払を求める。
第3　事情
　1　原告と被告は、旧知の仲であり、かつて共同事業を営んだこともある。
　2　被告は、自ら経営する株式会社○○（以下「訴外会社」という）の新規事業を立ち上げるに当たり、原告に増資を求めてきた。原告としては、事業の将来性に疑問があったため、訴外会社に対する増資ではなく、被告個人に対する融資なら応じてもよいと答えた。その結果、原告と被告との間で本件消費貸借契約が成立したものである。
　3　ところが、被告は、弁済期を経過するも元利金の返済をせず、当初は「分割で返済させて欲しい」と述べていたにもかかわらず、やがて、本件消費貸借契約書への署名は形式的なものにすぎず、原告による金銭の提供は貸付ではなく出資であると主張するようになった。
　4　原告としては、被告とのこれまでの有効的な関係を維持したいと考え、法的手続を避けて円満に交渉によって解決すべく努めてきたが、解決の目処が立たないまま1年以上が経過してしまったことから、やむを得ず本件訴訟の提起に至ったものである。

第2　準備書面

1　記載事項

　準備書面には、①攻撃又は防御の方法、②相手方の請求及び攻撃又は防御の方法に対する陳述、以上のものを記載する（法161条2項）。そのほか、①当事者の表示、②代理人の表示、③事件の表示、④附属書類の表示、⑤年月日、⑥裁判所の表示、以上のものを記載しなければならないのは訴状と同様である（規則2条1項）。

　訴状の実質的記載事項は攻撃方法の記載であり、この限りで訴状は準備書面を兼ねていることになる（規則53条3項）。これに対し、答弁書においては、請求に対する陳述（これを「請求の趣旨に対する答弁」という）及び攻撃方法に対する陳述（これを「請求原因に対する認否」という）を記載する。

　その後、原告と被告は、いずれも準備書面において、相手方の攻撃又は防御方法に対する陳述（これを「原告（被告）の主張に対する認否」という）及び自己の攻撃又は防御方法（これを「原告（被告）の主張」という）を記載する。争点整理が完了するまでこのような準備書面の応酬が続くことになる。

（記載例1－2－1　答弁書）

東京地方裁判所令和○年(ワ)第○○号　貸金返還請求事件[32]

原　告　甲　野　太　郎

被　告　乙　野　次　郎

答　弁　書

令和○年○月○日

東京地方裁判所　民事○部○係[33]　御中

---

32)　事件は事件番号と事件名で特定する。

33)　事件の配点を受けた裁判所は被告に対する口頭弁論期日呼出状に記載されるので、それを転記する。答弁書の記載から原告もそれを知ることになるので、その後の準備書面には答弁書と同様の記載をする。

　　　　　〒100-0006　東京都千代田区有楽町○丁目○番○号
　　　　　丙野法律事務所（送達場所）
　　　　　電話：○○（○○○○）○○○○
　　　　　ＦＡＸ：○○（○○○○）○○○○[34]
　　　　　被告訴訟代理人弁護士　丙　野　三　郎　㊞

　　頭書事件につき、被告は、以下のとおり請求の趣旨に対する答弁及び請求の
　原因に対する認否を行うとともに、被告の主張を提出する。
　第1　請求の趣旨に対する答弁
　　（略）
　第2　請求原因に対する認否
　　（略）
　第3　被告の主張
　　（略）
　第4　附属書類
　　　　訴訟委任状

（記載例1－2－2　準備書面）

東京地方裁判所令和○年(ワ)第○○号　貸金返還請求事件
原　告　甲　野　太　郎
被　告　乙　野　次　郎

準　備　書　面

　　　　　　　　　　　　　　　　　　令和○年○月○日
東京地方裁判所民事○部○係　御中
　　　　　　　　　　原告訴訟代理人弁護士　丙　野　三　郎　㊞

　　頭書事件につき、原告は、以下のとおり弁論を準備する。なお、略語等は本
　書面で定義するもののほかは、従前どおりとする[35]。

34）　答弁書には訴状と同様に代理人弁護士の住所等を記載するが、その後の準備書面には、
　　単に「原告（被告）訴訟代理人」とだけ記載する。
35）　訴状等で「本件不動産」「本件契約」「訴外○○」等の定義づけをした場合に、同一

第1 被告の主張に対する認否
（略）
第2 原告の主張
（略）

【コラム4 準備書面の提出時期】
　裁判長は準備書面の提出をすべき期間を定めることができます（法162条）。次回期日の1週間前までに提出するよう指示されることが多いように思います。最近は提出期限の管理がやかましく、予定日までに提出しないと直ちに書記官から連絡が入るようになりました。
　期日前に提出させるのは、裁判官が事前に準備書面を読み、内容の確認や求釈明を行うかどうかを検討したうえで期日に臨むことができるようにするためです。当日に提出されたのでは、準備書面を陳述させることができず、期日が空転してしまうからです。かつてはそのようなことが公然と繰り返され、期日は書面の交換のためだけにあったも同然で、裁判の遅延の原因のひとつでした。提出期限の遵守にうるさくなったのも、もちろん裁判の迅速化の一環です。
　書面の交換なら期日に出頭するまでもない、裁判外で書面を交換し、主張が揃った時点で期日を指定すればよいではないかと思えなくもないのですが、期日に出頭して裁判官を交えて面談することにはそれなりの意味があります。締め切りを過ぎたまま手ぶらで期日に出頭する気まずさから、期日前提出を励行しようという気になるのです。
　裁判官も1週間前に準備書面を読むかというと必ずしもそうではないので、前日までに提出されれば対応可能という人が多いと思います（実際にそのように明言する裁判官もいます）。指定された期限を過ぎても、できるだけ早めに提出すれば期日は何事もなかったかのように進行するでしょう。ただし、裁判官からはコメントがなくとも、相手方代理人から嫌みを言われるのは覚悟すべきでしょう。
　準備書面の提出ができない理由が当事者の非協力にある場合、それが多忙ないし怠惰によるのではなく時間稼ぎであるときは、代理人としては苦しい立場に置かれます。弁護士は依頼者の正当な利益を実現する（弁護士職務基本規程21条）のであって、不当な時間稼ぎは許されません。かつてはいざ知らず、今時の裁判官は、度重なる約束違反に対して時機に後れた攻撃防御方法の却下

の定義を繰り返す煩を避けるために、このような記載をすることがある。

（法157条）という伝家の宝刀を抜くことに躊躇はないと思われます。依頼者には時間稼ぎの危険性を十分説明すべきでしょう。

2　請求の趣旨に対する答弁

　請求の趣旨に対する答弁には、本案前の答弁と本案の答弁とがある。本案前の答弁とは本案の審理に入ることなく訴訟を終結させること、または他の裁判所へ移送することを求めるものである。本案の答弁とは原告の訴えに対する応答である。

　請求の趣旨には、訴訟費用に関するものと仮執行宣言に関するものもあるので、それらに対する答弁も併せて行う。

⑴　本案前の答弁

A　訴えの却下を求める場合

　被告において、原告の訴えが訴訟要件を欠くので、本案の審理に入ることなく退けるべきであると主張する場合には、請求の趣旨に対する答弁の項に「本案前の答弁」と題して「本件訴え[36]を却下する」と記載する。

　訴訟要件とは、裁判所が訴えを適法として取り上げるための要件であり、裁判所を訴訟の洪水から守り、真に紛争解決に必要な事件に限って審理判断をするための要件である。訴訟要件が不備である場合、裁判所は補正を命じ、補正に応じなければ、判決をもって訴えを却下する。訴訟要件の不備があるか否かの判断は、訴えの提起時にとどまらず、口頭弁論終結まで随時行うことができる（訴訟要件を欠くと判断した時点で、裁判所は、口頭弁論を終結して訴え却下の判決をすることになる）。

　裁判所は、訴訟要件の有無については、当事者の主張を待つまでもなく職権で判断するものであるが、被告としても、訴訟要件が不備であると考えればその旨主張し、訴えの却下を求めるべきである。この場合には「本案前の主張」という表題の下で主張を記載するのがふつうである。

---

36)　「原告の訴えを却下する」とはしないのがふつうである。

　訴訟要件となる主な事項としては、①事件について国際裁判管轄があること、②訴え提起及び訴状送達の有効なこと、③当事者が実在し、当事者能力を有することと、④被告及び事件が我が国の裁判権に服すること、⑤裁判所が事件について管轄権を有すること、⑥原告に訴権（当事者適格、訴えの利益）があること、以上のようなものがある。これらを欠くと認められる場合には、訴えは却下されるので、被告は本案前の主張として、それらの訴訟要件の欠缺を主張することになる。

（記載例1－2－3　訴えの却下を求める場合）

第1　請求の趣旨に対する答弁
　1　本件訴えを却下する。
　2　訴訟費用は原告の負担とする。
　　との裁判を求める。
第2　本案前の主張
　1　本件訴えは、日本法人である原告が米国法人である被告に対し、本件機械の欠陥に基づく損害賠償債務を負担しないことの確認を求めるものである。
　2　しかし、本件訴えは訴訟要件を欠く不適法なものであるから、却下されなければならない。その理由は以下のとおりである。
　(1)　国際裁判管轄の欠如
　　　本件機械は米国で販売されたものであり、その欠陥による事故は米国で発生しているので、本件訴えの国際裁判管轄は米国にあり、日本の裁判所は国際裁判管轄を有しないというべきである。
　(2)　国際的訴訟競合
　　　被告から原告に対し、本件機械の欠陥に起因する製造物責任訴訟が米国で提起されているところ、本件訴えは同訴訟提起後に提起されたものであり、実質的な重複起訴である。しかも、米国における上記訴訟の判決は我が国において承認される可能性が高い。したがって、本件訴えは信義則上許されないというべきである。

B　訴訟の移送を求める場合

a　管轄違いによる移送

　裁判所は、訴訟の全部又は一部がその管轄に属しないと認めるときは、申立により又は職権で、これを管轄裁判所に移送する（法16条1項）。

　被告としては、訴えが管轄違いであり、管轄裁判所に移送すべきだと考えるときは、答弁書において移送の申立をしなければならない。被告が管轄違いの抗弁を提出しないで本案について弁論をすれば、その裁判所は管轄を有するからである（法12条）。これを「応訴管轄」という。

（記載例1－2－4　管轄違いによる移送を求める場合）

第1　請求の趣旨に対する答弁
　　　本件を東京地方裁判所に移送する。
　　との裁判を求める。
第2　本案前の主張
　1　本件は、被告が原告にした販売代理店契約の解約申入れが無効であるとして、原告が被告に対して債務不履行に基づく損害賠償を請求する事案である。
　2　しかしながら、上記販売代理店契約には、同契約に基づく一切の紛争の第一審の専属管轄裁判所を東京地方裁判所とする旨の定めがある（乙1）。
　3　よって、本件訴訟は当裁判所の管轄に属しないから、民事訴訟法16条に基づき、本件を東京地方裁判所に移送することを求める。

---

b　裁量移送

　第一審裁判所は、訴訟がその管轄に属する場合においても、当事者及び尋問を受けるべき証人の住所、使用すべき検証物の所在地その他の事情を考慮して、訴訟の著しい遅滞を避け、又は当事者間の衡平を図るため必要があると認められるときは、申立により又は職権で、訴訟の全部又は一部を他の管轄裁判所に移行することができる（法17条）。これを「裁量移送」という。

　そこで、裁量移送を求める被告は、訴訟の著しい遅滞を避け、又は当事者間の衡平を図るために必要があると認められる具体的な事実を主張しなければならない。

（記載例1－2－5　裁量移送を求める場合）

第1　請求の趣旨に対する答弁
　　　本件を東京地方裁判所に移送する。
　　との裁判を求める。
第2　本案前の主張
　1　本件は、本件機械の技術上の情報についての営業秘密の不正開示、不正

取得を理由とする不正競争防止法に基づく差止等の請求事件であり、技術
内容の理解、秘密性を含む営業秘密の要件の認定判断、知的財産事件に特
有な訴訟進行に関する指揮が的確に行われることが必要である。

2　したがって、本件は、知的財産権事件の処理についての専門部で処理す
るのが適切な種類の事件と認められるところ、東京地方裁判所には不正競
争防止法に基づく請求を含む知的財産権事件処理の専門部が設けられてい
るので、地方裁判所の支部である当裁判所よりも、東京地方裁判所で本件
を処理する方が、訴訟の著しい遅滞を避けることができるというべきである。

3　よって、民事訴訟法 17 条に基づき、本件を東京地方裁判所に移送すると
の裁判を求める。

⑵　本案の答弁

被告が本案について答弁する際は「原告の請求を棄却する。訴訟費用は原告
の負担とする」と記載する。

原告の請求又は当事者が複数である場合には「原告の請求をいずれも棄却す
る。訴訟費用は原告の負担とする」「原告らの請求をいずれも棄却する。訴訟
費用は原告らの負担とする」などと記載する。

⑶　仮執行宣言の申立に対する答弁

仮執行宣言の申立に対して特に答弁をしないのがふつうである。ただし、裁
判所は、申立又は職権で、担保を立てて仮執行を免れることができることを宣
言することができる（法 259 条 3 項）ので、その旨の申立てをすることがある。

（記載例 1 － 2 － 6　仮執行宣言の申立に対する答弁）

第 1　請求の趣旨に対する答弁
1　原告の請求を棄却する。
2　訴訟費用は原告の負担とする。
3　仮執行の宣言は相当でないが、仮に仮執行の宣言を付する場合には、担
保を条件とする仮執行免脱宣言、または、その執行開始時期を「判決が被
告に送達された日から 14 日を経過したとき」とするよう求める。

3　相手方の主張に対する認否

(1)　認否の必要性

　弁論主義により、要件事実は当事者の主張がなければ裁判所は判断の基礎とすることができず、また、当事者間に争いのない要件事実については、証拠によって認定する必要がないばかりか、これに反する認定ができない（法179条）。したがって、裁判所としては、当事者の主張する要件事実に対する相手方の認否が明らかになることを期待するので、当事者は、適切な認否によって争点整理に寄与することが求められる。

　認否は要件事実に対して行うものであり、権利又は法律効果に対して行うものではないが、例外的に所有権については権利自白が認められているので、例えば「原告が本件土地を所有していることは認める」と答弁することは可能である。

　また、実務上、要件事実に対する認否だけでなく、要件事実から発生する権利又は法律効果に対して答弁することもある。この場合は、例えば「原告が本件建物を使用する必要があることは否認し、本件建物賃貸借契約の更新拒絶に正当事由があることは争う」などとすることがある。原告の主張に事実と法律効果の両方が混在しているような場合には、例えば「請求原因2は否認ないし争う」などとすることもある。

　間接事実については、自白は成立せず、認否は不要であるが、裁判所に争点を早期に把握させること、また、間接事実を明らかに争わないことが弁論の全趣旨とされる可能性もあるので、重要な間接事実に対しては認否をするのが適当である。

(2)　認否の態様

　認否には、自白、否認、不知、沈黙、の四通りがある。

　自白は、相手方の主張する要件事実を認めることである。これにより、証拠がなくとも当該要件事実の存在が認められる。

　相手方の主張する要件事実を否認する場合には、その理由を記載しなければ

ならない（規則79条3項）。これを積極否認又は理由付き否認という。相手方の主張を否認する以上、何らかの理由があるはずであり、それを明らかにすることによって、争点を明確にするためである。

　相手方の主張する事実を知らない旨の陳述（不知の答弁）をした者は、その事実を争ったものと推定される（法159条2項）。

　当事者が相手方の主張した事実を争うことを明らかにしない場合には、弁論の全趣旨から対象事実を争ったものと認められない限り、自白したものとみなされる（法159条1項）。沈黙は原則として自白となるので注意が必要である。

　以上のような認否の態様による効果に鑑みると、認否を行う当事者としては、相手方の主張する事実のうち認める部分を明確にし、それ以外の事実については、不知か否認することにした方が無難である。なお、事実の成立からして、被告が当然知っているはずのものを不知とすることはできないので、その場合は自白か否認のいずれかである。

（記載例1－2－7　請求原因に対する認否）

第2　請求原因に対する認否
　1　請求原因1のうち、原告が本件土地を所有していること、被告が本件建物を所有して本件土地を占有していることは認めるが、その余は否認ないし争う。原告の先代は被告の先代に本件土地の無償使用を認めており、被告の先代がその権原に基づき本件建物を建築したものである。
　2　同2のうち、原告が被告に平成○年○月ころ本件土地の明渡を求めたことは認めるが、その余は否認する。原告は、被告の本件土地使用権を認めたうえで、賃貸借契約への変更を求めたものである。

【コラム5　認否の方法】

　答弁書や準備書面で相手方の主張に対して行う認否について本文で説明していますが、認否の方法については法律や規則に定めがないので、各自が適当と思うやり方で認否をして構いません。要件事実について自白が成立するか否か、つまり立証の必要性があるかどうか（法179条）が決定できればよいのです。

　間接事実については自白の拘束力がないので、ほんらい認否の要はないのですが、間接事実を争わないことを弁論の全趣旨として斟酌すること（明らかに

争わないことを理由に当該間接事実が存在するものと認定すること）は許されます。そのため、相手方の主張する間接事実が要件事実の認定にとって重要であり、それに沿う的確な証拠がないような場合には、間接事実であってもきちんと否認することが重要になります。

不知と回答すれば、争ったものとみなされます（法159条2項）が、ここでも弁論の全趣旨によって当該事実が認定されることもあります。重要な要件事実であり、それに反する証拠があれば、自分が知らないことだからといって安易に不知と回答するのではなく、否認することも必要です。

否認には理由が必要であると規則は定めています。確かに、単に「否認する」とだけ述べて、その理由を言わないのでは説得力がないでしょう。契約書に被告の記名押印がある場合に、それが被告の印章によることが明らかなときは、契約の成立を否認するためには、誰が被告の印章を冒用したのか、また、その経緯はいかなるものかについて、可能性でも構わないので、それなりの説得力のある事実を提示すべきでしょう（85ページの記載例1－2－9はそれに沿ったものです）。

認否のやり方としては、相手方の主張を事細かに切り分けて、逐一認否をするのがふつうかとは思いますが、必ずそのようにしなければならないものではありません。裁判官からすると、あまりに詳しい認否では却って分かりづらいという面もあります。そういう観点からすれば、相手方の主張と矛盾する主張をして、事実上相手方の主張を否認するやり方も有効だと思われます。この場合、一定の主張をしたうえで「原告（被告）の主張のうち、以上の主張に反する部分は否認ないし争う」と書くこともありでしょう。

もっとも、裁判官によっては、個々の事実に対する的確な認否を求められる場合もあるでしょう。その場合は裁判官の要望する方法で認否すればよいので、その程度の柔軟性はもちろん必要です。

4 相手方の主張に対する反論

(1) 相手の主張を争うこと

A 直接証拠による認定を争う方法

相手方の主張が直接証拠を根拠にするものであれば、その直接証拠の証明力を攻撃しなければならない。

人証（証人、当事者）の証言に依拠するものであれば、それが信用できないことを主張することになる。その場合には、①証人の信用性・誠実性の欠如を指摘すること、②確定した事実（動かしがたい事実）との不整合を指摘すること、③経験則に反する供述を指摘すること、④自己矛盾を指摘すること、以上のような方法が考えられる[37]。

(記載例1－2－8　証言・供述を争う方法)

1　被告は、被告の先代が原告の先代から本件土地の無償使用権の設定を受けたと主張しているところ、それに沿う証拠は甲野太郎の供述のみである。

2　しかしながら、甲野太郎の供述は直ちに採用することができない。その理由は以下のとおりである。

　　第1に、甲野太郎は被告の先代の古くからの友人であり、被告と利害関係を有しているうえ、高齢で記憶力に衰えが目立っている。

　　第2に、被告先代から原告の先代宛に提出された手紙（甲○）によれば、被告の先代は、当時原告の先代が経営していた会社の従業員であり、本件土地上で原告の先代のために自動車の修理業務に従事していた者であることが明らかとなっている。しかるに、甲野太郎は、被告の先代が自ら自動車修理業を経営していたと供述しており、事実誤認であることが明らかである。

　　第3に、甲野太郎の供述によれば、被告の先代は本件土地で自動車修理業を長年にわたって経営し、収益を上げていながら、その間原告の先代に地代を支払っていないことになるが、経験則に反しているというほかない。

相手方の主張を裏付ける証拠が処分証書である場合には、その成立が真正であれば、特段の事情のない限り、処分証書に記載された事実の存在が認められる。そこで、この場合は、当該処分証書の成立が真正でないこと、あるいは、その記載事実が真実でないことを基礎づける特段の事情を主張しなければならない。

(記載例1－2－9　処分証書を争う方法)

1　原告は、本件遺産分割が成立したことの証拠として本件遺産分割協議書（甲○）を提出する。そして、原告は、本件遺産分割協議書には被告名義の印影

---

37)　この点の詳細は反対尋問のポイントと同じであるので、詳細は尋問技術のところで述べる（202ページ）。

があるから、真正に成立したものと推定できると主張する。

2　しかしながら、本件遺産分割協議書は被告の意思に基づいて作成されたものではない。その理由は以下のとおりである。

　　第1に、本件遺産分割協議書に押印された印鑑は被告の実印ではない。実印でない場合には、成立の推定は働かないというべきである。少なくとも、実印と同等の推定力は有しないというべきである。

　　第2に、上記印鑑は確かに被告のものであるが、令和○年○月ころ、原告から「相続税の申告に必要」と言われて預けたものである。原告又は原告の指示を受けた者が、被告の意思に反して本件遺産分割協議書に捺印したものと思われる。

　　第3に、本件遺産分割協議書は、遺産のほとんどを原告に相続させる内容となっており、そもそも被告が捺印するはずのないものである。

3　なお、被告は、原告から「相続に必要だから」と言われ、指示されるままに多数の書面に捺印したことがあり、本件遺産分割協議書もそのうちのひとつである可能性もある。仮にそうだとすれば、被告は書面の内容を確認することなく捺印したものであり、本件遺産分割協議書に拘束される意思を欠くので、原告主張の遺産分割は無効というというべきである。あるいは、表示に対応する意思を欠く錯誤が成立するので、民法95条1項1号に基づき、本書面をもって本件遺産分割協議書にかかる合意を取り消す。

B　間接事実による推認を争う方法

　相手方の主張の根拠が間接事実である場合には、それを争う当事者は、当該間接事実が真実でないこと、あるいは、当該間接事実から要件事実を推認することができない（そのような推認は経験則に合致しない）ことを主張することになる。

（記載例1－2－10　間接事実による推認を争う）

1　原告は、①被告と主債務者が数十年来の友人関係にあり、これまでも被告が主債務者の保証人となったことがあること、②被告が金融業者でない原告を主債務者に紹介したこと、③被告が原告に自宅の権利証を原告に預けたこと、④被告が原告に「保証したことは間違いない」と述べたこと、以上の事実をもって、本件保証契約が成立したことが推認できると主張する。

2　しかし、原告の主張は、前提となる事実に誤りがあり、かつ、経験則にも反するものであって、失当というべきである。その理由は以下のとおりである。

第1に、被告と主債務者が友人であることは事実であるが、それだけで本件のような高額な借入の保証人になることはあり得ない。

第2に、被告が積極的に原告を主債務者に紹介したものではない。主債務者は原告と知己であり、主債務者が積極的に原告を被告に引き合わせたのにすぎない。

第3に、被告が原告に自宅の権利証を預けたことは事実であるが、これは、原告から強く返済を迫られた主債務者からの懇請を受け、一時的なものだと言われてしたことにすぎない。原告はその後被告に権利書を返還している。

第4に、被告は原告に「保証したことは間違いない」と述べたことはない。被告は、原告から根拠のない保証債務の履行を求められたが、拒否している。

⑵　抗弁・再抗弁の提出

相手方の主張を認めたうえで、それに対する抗弁又は再抗弁を主張することがある。なお、相手の主張を否認したうえで抗弁（再抗弁）を主張することも可能であり、これを「予備的抗弁（再抗弁）」又は「仮定抗弁（再抗弁）」と呼ぶ。

抗弁としては、請求原因事実の効果の発生を障害する事由（障害事由）、いったん発生した法律効果を消滅させる事由（消滅事由）、権利行使を阻止する事由（阻止事由）を主張する。錯誤（民法95条）、占有正権原（民法601条）、登記保持権原（民法369条）、同時履行（民法533条）、留置権（民法295条）、対抗要件（民法177条）、弁済（民法473条）、代物弁済（民法482条）、供託（民法494条）、消滅時効（民法166条）等がある。

再抗弁としては、請求原因と抗弁との関係と同様に、抗弁事実に基づく法律効果の障害事由、消滅事由、阻止事由を主張することになる。

例えば、原告が被告に対して土地の売買契約に基づく代金の請求をするのに対し、被告は、錯誤により売買契約を取り消すこと（民法95条1項2号）を抗弁として主張することができる。これに対し、原告は、錯誤が重大な過失によるものであることを再抗弁として主張することができる（同条3項）。さらに、被告は、原告が被告の錯誤を知り又は重大な過失により知らなかったこと、又は、原告も同一の錯誤に陥っていたこと、以上の事実を再々抗弁として主張することができる（同条3項1号・2号）。

　ここで「重大な過失」は規範的要件であり、それを根拠づける評価根拠事実が要件事実となる。以下の記載例は抗弁、再抗弁、再々抗弁として順次記載しているが、実際には、相手方の主張を先取りして、抗弁（再抗弁）の先行否認ないし再抗弁（再々抗弁）の先行主張をすることになろう。

（記載例1－2－11　抗弁、再抗弁、再々抗弁）

　（抗弁）
1　被告は、本件土地の南方50メートルの地点に○○電鉄株式会社の駅が設置される計画（以下「本件計画」という）があると信じて原告と本件売買契約を締結したが、そのような計画は存在しなかった。
2　被告は、本件売買契約の締結に当たり、本件計画が存在するので本件土地を買い受けることを原告に告げていた。
3　よって、被告は、原告に対し、民法95条1項2号に基づき、本書面をもって本件売買契約を取り消す旨の意思表示をする。

　（再抗弁）
1　被告は、本件売買契約締結当時、不動産取引業務に従事しており、本件土地周辺の不動産情報に通暁していた。
2　本件売買契約締結当時、○○電鉄株式会社は、本件計画とは異なり、本件土地の北方5キロメートルの地点に駅を設置する計画を公表していた。
3　被告は、不動産業者でありながら、同社に問い合わせをするなど、本件計画の有無について調査をしなかった。
4　したがって、被告に錯誤があるとしても、それは被告の重大な過失によるものであるから、民法95条3項により、被告は本件売買契約の取り消しを主張することができない。

　（再々抗弁）
1　仮に、被告に重大な過失があるとしても、被告は本件売買契約の取り消しを主張することができる。その理由は以下のとおりである。
　　第1に、原告も不動産業者であり、本件土地周辺の情報に通暁していたはずであるのに、本件計画の有無について調査をしなかった。これは、被告が錯誤に陥っていたことを重大な過失により知らなかったものというべきである。
　　第2に、原告自身も本件計画の存在を信じていたのであるから、被告と同一の錯誤に陥っていたというべきである。
2　したがって、被告は、民法95条3項1号・2号に基づき、本件売買契約の取消権を失わないというべきである。

5　求釈明の申立

　裁判所は、口頭弁論の期日又は期日外において、訴訟関係を明瞭にするため、事実上及び法律上の事項に関し、当事者に対し問いを発し、又は立証を促すことができる（法 149 条 1 項・2 項）。当事者は、裁判所に対して、そのような発問を求めることができる（同条 3 項）。裁判所が行う発問を求釈明といい、当事者が求める場合を求釈明の申立という。

　相手方の主張自体が不明確であって、答弁に窮する場合は、求釈明の申立をして、主張の明確化を求めるべきである。そのほか、相手方の主張が根拠に乏しいことを指摘する趣旨で求釈明の申立をすることもある。

　もっとも、本人訴訟でもない限り、裁判官は当事者に釈明を求める必要をあまり感じていない。一見曖昧な主張であっても、法律的に構成できるものであれば、そのような主張だと解釈することがある[38]。それゆえ、当事者が求釈明を申し立てるのも、それが必要だと裁判所が理解できるものでなければならない。相手方の主張が理解できないものではないのに、いたずらに求釈明を連発すれば、時間かせぎをしているのか、それとも理解力が乏しいのかと思われるおそれもあるので、留意する必要があろう。

　求釈明は独立の申立書を提出して行うことができるが、準備書面の中でそのための項を立てて行うこともある。

（記載例 1 − 2 − 12　求釈明申立書）

東京地方裁判所(ワ)第○○号　○○請求事件
原　告　甲　野　太　郎
被　告　乙　野　次　郎

求釈明申立書

令和○年○月○日

東京地方裁判所民事○部○係　御中

---

[38]　これを「善解」という。当事者の主張を善解して判決を書くことを「判決釈明」ということもある。

　　　　　　　　被告訴訟代理人弁護士　丁　野　四　郎　㊞

　頭書事件につき、被告は以下のとおり求釈明の申立てをする。
第1　求釈明事項
　（略）
第2　求釈明の理由
　（略）

（記載例1－2－13　準備書面での求釈明）

東京地方裁判所(ワ)第〇〇号　〇〇請求事件
原　告　甲　野　太　郎
被　告　乙　野　次　郎

準備書面

　　　　　　　　　　　　　　　　　　令和〇年〇月〇日

東京地方裁判所民事〇部〇係　御中
　　　　　　　　被告訴訟代理人弁護士　丁　野　四　郎　㊞

第1　原告の主張に対する認否
　（略）
第2　被告の主張
　（略）
第3　求釈明の申立
　1　原告の請求原因のうち、以下の事項について釈明権の行使を求める。
　　（略）
　2　上記の事項に関する認否反論は、釈明事項が明瞭になった後に行う。

第 3　その他の文書

1　訴訟主体の変更

⑴　訴訟手続の受継

　訴訟の当事者である自然人が死亡し、又は法人が吸収合併すること等により、当事者が消滅した場合には、当事者の実体法上の権利義務を承継する者（相続人、存続会社）が訴訟手続も承継することになる。ただし、承継人が知らないうちに判決の効力を受けることのないよう、訴訟手続は承継人が受継するまで中断することにしている（法124条1項）。

　受継の申立は書面でしなければならず、申立人が受継者であることを証明する資料を添付しなければならない（規則51条）。

　規則2条1項は当事者が裁判所に提出すべき書面の記載事項を定めているので、訴状や準備書面以外の文書にも、①当事者の氏名又は名称及び住所並びに代理人の氏名、②事件の表示、③附属書類の表示、④年月日、⑤裁判所の表示、以上の事項を記載しなければならない。ただし、住所については、既にそれを記載した書面を提出している場合は、その後は記載を省略することができる（規則2条2項）。

（記載例1－3－1　訴訟手続受継の申立書）

東京地方裁判所令和○年㈦第○○号　　○○請求事件
原　告　甲　野　太　郎
被　告　乙　野　次　郎

訴訟手続受継の申立書

令和○年○月○日

東京地方裁判所民事○部○係　御中
　　　　〒100-0013　東京都千代田区霞が関○丁目○番○号

申立人　甲　野　花　子

　　　　　　　　　前同所
　　　　　　　　　　　　申立人　甲　野　次　郎
　　　　〒100-0006　東京都千代田区有楽町○丁目○番○号
　　　　　　　　　丁野法律事務所（送達場所）
　　　　　　　　　　　電話：○○（○○○○）○○○○
　　　　　　　　　　　ＦＡＸ：○○（○○○○）○○○○
　　　　　　　　　申立人ら訴訟代理人弁護士　丁　野　四　郎　㊞

　　頭書事件につき、申立人らは以下のとおり訴訟手続の受継を申し立てる。
第1　申立の趣旨
　　　頭書事件につき申立人らが訴訟手続を受継する。
第2　申立の理由
　1　原告は平成○年○月○日死亡し、訴訟手続が中断した。
　2　申立人らは原告の妻及び子であり、原告の地位を相続により承継した。
　3　よって、申立人らによる訴訟手続の承継を認められたく申し立てる。
第3　附属書類
　1　戸籍謄本　1通
　2　訴訟委任状　2通

　訴訟手続の受継申立は、相手方からもすることができる（法126条）。

（記載例1－3－2　相手方がする訴訟手続受継の申立書）

東京地方裁判所令和○年(ワ)第○○号　　○○請求事件
原　告　甲　野　太　郎
被　告　乙　野　次　郎

訴訟手続受継の申立書

　　　　　　　　　　　　　　　　　　　　令和○年○月○日

東京地方裁判所民事○部○係　御中
　　　　　申立人（被告）訴訟代理人弁護士　戊　野　五　郎　㊞

　　頭書事件につき、申立人は以下のとおり訴訟手続の受継を申し立てる。
第1　申立の趣旨
　　　頭書事件につき下記の者に訴訟手続を受継させる。

```
                            記
        〒100-0013
        東京都千代田区霞が関○丁目○番○号
        相手方　甲　野　花　子
        前同所
        相手方　甲　野　次　郎
第2　申立の理由
  1　原告は平成○年○月○日死亡し、訴訟手続が中断した。
  2　相手方らは原告の妻及び子であり、原告の地位を相続により承継した。
  3　よって、相手方らによる訴訟手続の承継を認められたく申し立てる。
第3　附属書類
  1　戸籍謄本　1通
```

　上記はいずれも受継の対象となる当事者に訴訟代理人がいない本人訴訟の場合であるが、対象となる当事者に訴訟代理人がある場合には、訴訟手続の中断と受継は生じない（法124条2項）。訴訟代理人は、旧当事者の代理人として訴訟追行が可能であり、旧当事者の名前で受けた判決の効力は当然に承継人に及ぶ。このように、訴訟代理人がある場合には受継という概念の適用はないのであるが、実体上の承継人が確定した段階で、訴訟代理人が承継人から訴訟委任状を入手し、形式的にも訴訟当事者の変更を行うのがふつうである。

⑵　独立当事者参加

　訴訟の結果によって権利が害されることを主張する第三者又は訴訟の目的の全部又は一部が自己の権利であることを主張する第三者は、その訴訟の当事者の双方又は一方を相手方として当事者としてその訴訟に参加することができる（法47条1項）。このような場合には、第三者は、当該訴訟の原告と被告を共同被告として別訴を提起することも可能であるが、それでは自己に不利な判決が出されることを防止できないので、このような訴訟参加を認めて、当事者間の訴訟に干渉できるようにしたのである。

　独立当事者参加の申出は書面によってしなければならず、申立書は当事者双方に送達される（法47条2項・3項）。送達は申立人が提出した副本によって行

う（規則 20 条）。

（記載例1－3－3　独立当事者参加の申立書）

東京地方裁判所令和○年(ワ)第○○号　建物明渡請求事件

原　告　甲　野　太　郎

被　告　乙　野　次　郎

独立当事者参加の申立書

令和○年○月○日

東京地方裁判所　民事○部○係　御中

　　　〒100-0013　東京都千代田区霞が関○丁目○番○号

　　　　　　　参加人　丙　野　三　郎

　　　〒100-0006　東京都千代田区有楽町○丁目○番○号　丁野法律事務所（送達場所）

　　　　　　　　　電話：○○（○○○○）○○○○

　　　　　　　　　ＦＡＸ：○○（○○○○）○○○○

　　　　　　　　　参加人訴訟代理人弁護士　丁　野　四　郎　㊞

　頭書事件につき、参加人は、民事訴訟法 47 条に基づき、独立当事者参加をするため、本申立をする。

第1　参加の趣旨

　1　原告と参加人との間で、別紙物件記載の建物（以下「本件建物」という）が参加人の所有であることを確認する。

　2　原告は、参加人に対し、真正な登記名義の回復を原因として本件建物につき所有権移転登記手続をせよ。

　3　被告は、参加人に対し、本件建物を明け渡し、本書面送達の翌日から明渡ずみまで1か月金○円の割合による金員を支払え。

　4　参加費用は原告及び被告の負担とする。

第2　参加の理由

　1　被告はもと本件土地建物を所有していた。

　2　参加人は、被告から昭和○年○月○日本件土地建物を金○○円で買い受け、被告に対し、期限の定めなく無償で貸し渡した。

　3　被告は、原告に対し、平成○年○月○日、本件建物を売り渡したとしてその旨の登記を経由した。

4　しかし、上記3の売買契約は存在しないか、仮に存在するとしても、原告は背信的悪意者であり、参加人は対抗要件なく本件建物の所有権を原告に対抗できる。その理由は以下のとおりである。

(1) 参加人は、本件建物を被告から譲り受けてから長年にわたり被告に無償使用を許していたところ、原告はその事実を知っていた。原告は、親族である被告が自己の経営する会社が経営破綻した際に、被告の資金繰りのために本件土地建物を購入するよう参加人に懇請した。参加人はそれに応じて本件建物を購入し、引き続き被告にその使用を許諾したものである。

(2) 原告は、上記(1)の事実を知りながら、参加人が登記を経由していないことを奇貨として、第三者に転売する目的で被告から本件土地を買い受けたとして本件登記を経由した。

5　被告の上記3の行為は借主としての債務不履行であるから、参加人は被告に対し、本書面をもって上記使用貸借契約を解除する。本件建物の賃料相当額は1か月金〇〇円である。

6　よって、参加人は、所有権に基づき、原告との間で本件土地建物の所有権の確認を求めるとともに、原告に対し真正な所有名義の回復を原因とする所有権移転登記手続を求め、被告に対し本件建物の明渡及び本書面送達の翌日から明渡ずみまで1か月金〇〇円の割合による賃料相当損害金の支払を求める。

第3　附属書類

1　参加申出書副本　2通

2　訴訟委任状　1通

(3) 参加承継・引受承継

訴訟の係属中に、第三者がその訴訟の目的である権利の全部又は一部を譲り受けたときは、独立当事者参加の方法によって訴訟に参加することができる（法49条）。これを参加承継という。

訴訟の係属中に、第三者がその訴訟の目的である義務の全部又は一部を引き受けたときは、裁判所は、当事者の申立により、決定で、その第三者に訴訟を引き受けさせることができる（法50条1項）。これを引受承継という。

受継は当然に訴訟の承継が生じるものであるが、参加承継・引受承継は、上記のような申立又はそれに基づく決定によって訴訟の承継が生じるものである。

　参加承継は書面によってしなければならず（法48条、47条2項）、それらの副本が当事者双方に送達される（法49条、47条3項、規則20条2項・3項）。

　引受承継の申立は、期日でする場合を除き、書面でしなければならない（規則21条）。

（記載例1−3−4　参加承継申立書）

東京地方裁判所令和○年(ワ)第○○号　建物明渡請求事件
原　告　甲　野　太　郎
被　告　乙　野　次　郎

参加承継申立書

令和○年○月○日

東京地方裁判所　民事○部○係　御中
　　　　　〒100-0013　東京都千代田区霞が関○丁目○番○号
　　　　　　　　　　参加人　丙　野　三　郎
　　　　　〒100-0006　東京都千代田区有楽町○丁目○番○号　丁野法律事務
　　　　　　　　　　所（送達場所）
　　　　　　　　　　　電話：○○（○○○○）○○○○
　　　　　　　　　　　ＦＡＸ：○○（○○○○）○○○○
　　　　　　　　　　参加人訴訟代理人弁護士　丁　野　四　郎　㊞

　頭書事件につき、参加人は、民事訴訟法49条に基づき、原告と被告を相手方として訴訟に参加する。
第1　参加の趣旨
　1　原告と参加人との間で、別紙物件記載の建物（以下「本件建物」という）
　　が参加人の所有であることを確認する。
　2　被告は、参加人に対し、本件建物を明け渡し、本書面送達の翌日から明
　　渡ずみまで1か月金○円の割合による金員を支払え。
　3　参加費用は原告及び被告の負担とする。
　　との裁判を求める。
第2　参加の理由
　1　原告は、被告に対し、本件建物について所有権に基づく明渡請求訴訟を
　　提起し、頭書事件として御庁に係属中である。

　2　参加人は、平成○年○月○日、原告から本件建物を買い受け、同日その
　　旨の所有権移転登記を経由した。
　3　原告は参加人が本件建物を所有していることを争っている。
　4　被告は本件建物を何らの権原なく占有している。本件建物の賃料相当損
　　害金は1か月金○○円である。
　5　よって、参加人は、原告との間で本件建物の所有権の確認を求めるとと
　　もに、被告に対して本件建物の明渡及び本書面送達の翌日から明渡ずみま
　　で1か月金○○円の割合による損害金の支払を求める。
第3　附属書類
　1　参加申出書副本　2通
　2　訴訟委任状　1通

（記載例1-3-5　引受承継申立書）

東京地方裁判所令和○年(ワ)第○○号　建物収去土地明渡請求事件
原　告　甲　野　太　郎
被　告　乙　野　次　郎

引受承継申立書

　　　　　　　　　　　　　　　　　令和○年○月○日

東京地方裁判所　民事○部○係　御中
　　　　　申立人訴訟代理人弁護士　丁　野　四　郎　㊞

　　　　〒100-0013　東京都千代田区霞が関○丁目○番○号
　　　　　　　　　　　被申立人　丙　野　三　郎

　頭書事件につき、申立人は、民事訴訟法50条1項に基づき、以下のとおり申
し立てる。
第1　申立の趣旨
　　被申立人に被告の地位を引き受けさせる。
　　との決定を求める。
第2　申立の理由
　1　申立人（原告）は、被告に対し、別紙目録記載の建物（以下「本件建物」
　　という）を収去し、同目録記載の土地（以下「本件土地」という）を明け

> 渡すよう求める訴訟を提起し、頭書事件として御庁に係属中である。
> 　2　被申立人は、平成○年○月○日、被告から本件建物を買い受け、同日その旨の所有権移転登記を経由した。
> 　3　よって、申立人は、被申立人に本件訴訟を引き受けさせるよう求める。
> 第3　附属書類
> 　1　引受承継申立書副本　2通
> 　2　訴訟委任状　1通

　参加承継又は引受承継があった場合において、原告又は被告は、相手方の承諾を得て訴訟を脱退することができる（法48条、49条、50条3項）。原告又は被告が、参加人又は引受人の権利義務を認める場合には、自己の立場を訴訟上主張する意味がなく、参加人又は引受人と相手方との訴訟に委ねるのが適当だからである。

　脱退により原告又は被告と相手方との訴訟は終了するが、参加人又は引受人と相手方との訴訟の判決の効力は脱退者に及ぶ（法48条）。

　脱退の手続については特段の定めがないので、書面又は口頭ですることができる（規則1条1項）。口頭での申述は裁判所書記官の面前で行わなければならない（同条2項）。したがって、脱退の意思表示をするには、口頭弁論期日で脱退の申述をするか、脱退届を提出することになる。相手方の同意が得られている場合には、脱退届に同意書を添付することが考えられる。

（記載例1－3－6　訴訟脱退届）

> 東京地方裁判所令和○年(ワ)第○○号　建物収去土地明渡請求事件
> 原　告　甲　野　太　郎
> 被　告　乙　野　次　郎
> 参加人　丙　野　三　郎
>
> # 訴訟脱退届
>
> 令和○年○月○日
> 東京地方裁判所　民事○部○係　御中
> 　　　　　原告訴訟代理人弁護士　丁　野　四　郎　㊞

　頭書事件につき、原告は、被告の同意を得て本訴訟より脱退する。

　令和○年○月○日

　　　上記脱退を承諾する。

　　　　　　　　被告訴訟代理人　戊　野　五　郎　㊞

⑷　共同訴訟参加

　共同訴訟はふつう訴え提起時に成立するものであるが、訴訟の係属中に第三者が原告又は被告の共同訴訟人となることを認める場合があり、これを共同訴訟参加という（法 52 条）。他人間の訴訟の判決の効力を受ける第三者が、自ら別訴を提起する代わりに、自己の請求をこれと併合して、共同訴訟人となることを許す趣旨である。

　例えば、会社の組織に関する訴えに係る請求を認容する確定判決は、第三者に対してもその効力を有する（会社法 838 条）。それゆえ、それらの訴訟の当事者適格を有する者（株主等）は、共同訴訟人として訴えることはもちろん、訴訟係属中に当事者として参加することもできる。原告と被告が馴れ合って訴訟を終結させることを防止するために訴訟係属後に参加するのである。共同訴訟参加の申出は、参加の趣旨及び理由を明らかにする書面でしなければならない（法 52 条 2 項、43 条 1 項、47 条 2 項）。共同訴訟参加の申出書の副本が当事者双方に送達される（規則 20 条）。

（記載例 1 － 3 － 7　共同訴訟参加申立書）

東京地方裁判所令和○年㈦第○○号　株主総会決議取消請求事件

原　告　甲　野　太　郎

被　告　株式会社乙野商事

共同訴訟参加申立書

　　　　　　　　　　　　　　　　　　　　令和○年○月○日

東京地方裁判所民事○部○係　御中

　　　〒 100-0013　東京都千代田区霞が関○丁目○番○号

　　　　　　　　　参加人　丙　野　三　郎

〒100-0006　東京都千代田区有楽町○丁目○番○号
丁野法律事務所（送達場所）
電話：○○（○○○○）○○○○
ＦＡＸ：○○（○○○○）○○○○
参加人訴訟代理人弁護士　丁　野　四　郎　㊞

　頭書事件につき、参加人は、民事訴訟法52条に基づき、原告の共同訴訟人として上記訴訟に参加するため、本申立をする。

第1　参加の趣旨
　1　被告会社の平成○年○月○日付株主総会でされた乙野次郎その他5名を取締役に選任する旨の決議を取り消す。
　2　訴訟費用及び参加費用は被告の負担とする。

第2　参加の理由
　1　参加人は被告の株主である。
　2　参加人は、被告の株主であるにもかかわらず、請求の趣旨記載の株主総会（以下「本件総会」という）の招集通知を受け取っておらず、本件総会に出席できなかった。参加人以外の株主についても同様である。
　3　本件総会は適法な招集手続を経ておらず違法なものである。
　4　その他、原告の主張する違法事由を援用する。
　5　よって、本件株主総会の決議を取り消す。

第3　附属書類
　1　参加申出書副本　2通
　2　訴訟委任状　1通

⑸　補助参加

　訴訟の結果について利害関係を有する第三者は、当事者の一方を補助するため、その訴訟に参加することができる（法42条）。これを補助参加という。訴訟当事者ではないが、当事者の依頼を受けず、また、当事者の意思に反してでも訴訟に関与する地位を得るという点で、準当事者と呼ばれる。それゆえ、補助参加に係る訴訟の裁判は、原則として補助参加人に対してもその効力を有する（法46条）。
　補助参加の申出は、参加の趣旨及び理由を明らかにして、補助参加すべき裁判所にしなければならない（法43条1項）。補助参加申出書は、参加人が提出

した副本によって当事者双方に送達しなければならない（規則 20 条 1 項・2 項）。

　株主代表訴訟につき会社が中立を維持するか被告側に補助参加するかは、経営判断であるとして、会社が被告を補助するためにする訴訟参加を有効とするのが判例である（最決平成 13・1・30 民集 55-1-30）。以下の記載例はそれによっている。

（記載例 1 － 3 － 8　補助参加の申出書）

東京地方裁判所(ワ)第○○号　損害賠償請求株主代表訴訟事件

原　告　甲　野　太　郎

被　告　乙　野　次　郎　ほか○名

補助参加の申出書

令和○年○月○日

東京地方裁判所　民事○部○係　御中

　　　　　〒 100-0013　東京都千代田区霞が関○丁目○番○号

　　　　　　　　　　参加人　丙野商事株式会社

　　　　　　　　　　上記代表者代表取締役　丙　野　三　郎

　　　　　〒 100-0006　東京都千代田区有楽町○丁目○番○号　丁野法律事務

　　　　　　　　　　所（送達場所）

　　　　　　　　　　電話：○○（○○○○）○○○○

　　　　　　　　　　ＦＡＸ：○○（○○○○）○○○○

　　　　　　　　　　参加人訴訟代理人弁護士　丁　野　四　郎　㊞

　頭書事件につき、参加人は、民事訴訟法 42 条に基づき、以下のとおり訴訟参加の申出をする。

第 1　参加の趣旨

　　　頭書事件につき、参加人は被告らを補助するために訴訟に参加する。

第 2　参加の理由

　1　原告は、被告らに対し、会社法 423 条に基づく損害賠償請求に係る株主代表訴訟を提起し、頭書事件として貴庁に係属中である。

　2　参加人は、被告らが取締役を務める株式会社である。

　3　本件では、被告らの個人的な権限逸脱行為が請求原因となっているのではなく、取締役会の意思決定が違法だと主張されている。それゆえ、本件

において原告勝訴の判決が言い渡されれば、当該意思決定により形成された参加人の公法上又は私法上の法的な地位又は利益に影響が生じるので、参加人は本件訴訟の結果に利害関係があるというべきである。

4　よって、参加の趣旨記載のとおり申し出る。

第3　附属書類

1　参加申出書副本　2通

2　訴訟委任状　1通

⑹　訴訟告知

　当事者は、訴訟の係属中、参加することができる第三者にはその訴訟の告知をすることができる（法53条1項）。告知を受けた当事者は訴訟に補助参加することができるが、参加しなかった場合でも、補助参加人に対するのと同じく、参加にかかる裁判の効力を受ける（同条4項）。これを参加的効力という。訴訟告知をする者にとって、訴訟告知の主たる目的は、被告知者に対し参加的効力を及ぼすことにある。これにより、当事者が敗訴した場合に、第三者から損害賠償等を請求されるおそれのある場合や、第三者に損害賠償等を請求できる可能性がある場合に、それらの訴訟において前の判決における認定判断と矛盾する判断がされないようにするためである。

　訴訟告知は、その理由及び訴訟の程度を記載した書面を裁判所に提出してしなければならない（法53条3項）。訴訟告知書の副本は、訴訟告知を受けるべき者に送達され、相手方に送付される（規則22条）。

（記載例1－3－9　訴訟告知書）

東京地方裁判所令和○年(ワ)第○○号　損害賠償請求株主代表訴訟事件

原　告　甲　野　太　郎

被　告　乙　野　次　郎

訴訟告知書

　　　　　　　　　　　　　　　　　　　　　　令和○年○月○日

東京地方裁判所　民事○部○係　御中

　　　〒100-0013　東京都千代田区霞が関○丁目○番○号

　　　　告知人（被告）　乙　野　次　郎

　　　　上記訴訟代理人弁護士　丙　野　三　郎

　　　　〒 100-0006　東京都千代田区有楽町○丁目○番○号

　　　　被告知人　　　　　丁　野　四　郎

　頭書事件につき、告知人（被告）は、被告知人に対し、民事訴訟法 53 条に基づき訴訟告知する。

第 1　告知の理由

　1　頭書事件において、原告は、被告に対し、民法 715 条の使用者責任に基づく損害賠償を請求している。

　2　被告知人は、被告の従業員であり、頭書事件において、原告に対する不法行為の実行者と主張されている者である。

　3　よって、被告が頭書事件において敗訴すれば、被告は被告知人に対し民法 715 条 3 項に基づき求償権を行使することができるので、民事訴訟法 53 条に基づく訴訟告知をする。

第 2　訴訟の程度

　頭書事件については、平成○年○月○日午前○時○分、第○回口頭弁論期日が指定されている。

第 3　附属書類

　1　訴訟告知書副本　2 通

⑺　弁論の併合

　裁判所は、口頭弁論の併合を命ずることができる（法 152 条）。訴訟参加のように第三者に訴訟に関与する権利が認められる場合でなくとも、弁論を併合することで同じ目的を達することができる。そのため、別事件への関与を希望する第三者は口頭弁論の併合を上申するための書面を提出する。

　裁判所の職権発動を促すためのものであり、併合するか否かは裁判所の裁量に委ねられるが、共同訴訟の要件（法 38 条）を満たすような事案であれば、併合が認められる可能性がある。

　弁論併合の上申書[39]は、併合されるべき両方の事件の担当裁判所に提出する。

---

39)　申立権があるわけでないので「上申書」という表現を使うことが多いと思われる。

（記載例1－3－10　弁論併合の上申書）

東京地方裁判所令和○年(ワ)第○○号　損害賠償請求事件
原　告　甲　野　太　郎
被　告　乙　野　次　郎

弁論併合の上申書

令和○年○月○日

東京地方裁判所民事○部○係　御中
　　　　　原告訴訟代理人弁護士　丁　野　四　郎　㊞

　　頭書事件のほか、御庁民事第○部○係に原告と丙野三郎間の損害賠償請求事件（御庁令和○年(ワ)第○○号）が係属中であるが、両事件は、訴訟の目的である権利が同種であり、法律上同種の原因に基づくものであって、口頭弁論を併合して審理するのが適当と思料するので、その旨上申する。

東京地方裁判所令和○年(ワ)第○○号　損害賠償請求事件
原　告　甲　野　太　郎
被　告　丙　野　三　郎

弁論併合の上申書

令和○年○月○日

東京地方裁判所民事○部○係　御中
　　　　　原告訴訟代理人弁護士　丁　野　四　郎　㊞

　　頭書事件のほか、御庁民事第○部○係に原告と乙野次郎間の損害賠償請求事件（御庁令和○年(ワ)第○○号）が係属中であるが、両事件は、訴訟の目的である権利が同種であり、法律上同種の原因に基づくものであって、口頭弁論を併合して審理するのが適当と思料するので、その旨上申する。

2　訴訟客体の変更

⑴　訴えの変更

　訴訟係属中に訴訟物を追加することを訴えの変更という。これにより、訴えの客観的併合が生じるが、従前の訴訟物に関する訴えを取り下げることにより、新訴訟物のみを審判の対象とすることもできる。これを「訴えの交換的変更」といい、これとの対比で、通常の場合を「訴えの追加的変更」ということもある。

　訴えの変更は、口頭弁論の終結に至るまで適宜行うことができる（法143条）。したがって、控訴審での訴えの変更も可能である。

　訴えの併合を伴うので、同種の訴訟手続によるものでなければならない（法136条）。

　請求原因の追加のみで、請求の趣旨に変更がない場合には、準備書面でその旨主張すれば足りるが、請求の趣旨にも変更が生じる場合には、別途「訴えの変更申立書」を提出するのがふつうである。

　訴えの変更は書面で行い、相手方に送達しなければならない（法143条2項・3項）。送達は原告が提出する副本による（規則58条2項）。

　原告が被告に対し、動産の返還請求訴訟を提起した後に、強制執行ができなかった場合に備えて、代償請求[40]としての損害賠償請求訴訟を追加する場合は、以下のような記載例になろう。この場合には、変更後の訴えで主張する経済的利益と変更前のそれとは共通であるから、申立手数料を追加すること（印紙の追納）は要しない（法9条1項ただし書、民訴費用法4条1項）。

（記載例1－3－11　訴えの変更申立書）

東京地方裁判所令和○年(ワ)第○○号　動産引渡請求事件 原　告　甲　野　太　郎 被　告　乙　野　次　郎

---

40)　執行不能を条件とする将来の訴えである。履行請求が認容される以上、損害賠償請求権の基礎は確定しているので、将来請求の適格性があるとされている（大判昭和15・3・13民集19-530）。

訴えの変更申立書

令和○年○月○日

東京地方裁判所　民事○部○係　御中

原告訴訟代理人弁護士　丙　野　三　郎　㊞

　頭書事件につき、原告は、以下のとおり請求の趣旨及び原因を追加する。

第1　請求の趣旨

　1　被告は、原告に対し、別紙物件目録記載の物件（以下「本件物件」という）の引渡にかかる強制執行が奏功しない場合には、金○○円を支払え。

　2　前項の判決は仮に執行することができる。

第2　請求原因

　1　原告は本件物件を所有している。

　2　原告は、被告に対し、令和○年○月○日、本件物件を賃料月額○○円で貸し渡した（以下「本件賃貸借契約」という）。

　3　被告は、令和○年○月以降の賃料を支払わないので、原告は被告に対し、令和○年○月○日付の内容証明郵便にて、未払賃料合計○○円を○日以内に支払うよう催告し、当該期間内に支払のないときは本件消費貸借契約を解除する旨の意思表示をした。

　4　上記3の期間内に支払はなかったので、本件消費貸借契約は解除された。

　5　原告は、被告に対し、所有権に基づき本件物件の引渡を求める訴訟（頭書事件）を提起したところ、本件物件の所在を確認できないので、強制執行不能に備えて本件物件の価額に代わる損害賠償請求をする必要がある。

　6　本件物件の価額は金○○円である。

　7　よって、原告は、被告に対し、不法行為に基づく損害賠償請求権に基づき、本件物件の引渡執行の不能を条件として、金○○円を支払うよう求める。

第3　附属書類

　　訴えの変更申立書副本　1通

⑵　反訴

　被告は、本訴の目的である請求又は防御の方法と関連する請求を目的とする場合には、口頭弁論の終結に至るまで、本訴の係属する裁判所に反訴を提起するこ

とができる（法146条1項）。反訴には訴えに関する規定が準用される（同条4項）。

　原告が被告に対し、動産の売買代金請求訴訟を提起したのに対し、被告が債務不履行に基づく損害賠償請求の反訴を提起した場合の記載例は以下のとおりである。

（記載例1－3－12　反訴状）

東京地方裁判所令和○年(ワ)第○○号　売買代金請求事件
原告（反訴被告）　甲　野　太　郎
被告（反訴原告）　乙　野　次　郎

<h1 style="text-align:center">反訴状</h1>

令和○年○月○日

東京地方裁判所民事○部○係　御中

　　　　　　　　　反訴原告訴訟代理人弁護士　丙　野　三　郎　㊞

損害賠償反訴請求事件

　　　　訴訟物の価格　　金○○円

　　　　貼用印紙の額　　金○○円

　頭書事件につき、反訴原告は、反訴被告に対し、以下のとおり反訴を提起する。なお、略語等は訴状記載のとおりとする。

第1　請求の趣旨

　1　反訴被告は、反訴原告に対し、金○○円及びこれに対する訴状送達の翌日から支払ずみまで年3％の割合による金員を支払え。

　2　訴訟費用は反訴被告の負担とする。

　3　仮執行宣言

第2　請求原因

　1　反訴被告は、反訴原告に対し、令和○年○月○日、別紙物件目録記載の機械（以下「本件機械」という）を代金○○円で売渡す旨の契約（以下「本件契約」という）を締結し、同日本件機械を引き渡した。

　2　本件物件には、以下のとおりの欠陥があり、これは目的物の品質に関して本件契約の目的に適合しないものである。

　(1)　本件機械は○○の製造を目的とする機械であり、反訴被告が提示した仕様書には1時間当たり○○個の製造が可能であるとされていたのに、

実際には最大で○○個の製造しかできない。
 (2) 本件機械は、連続○○時間の連続稼働が可能と仕様書に記載されている
　　のに、実際には最大○○時間の連続稼働にしか耐えられない。
3　本件物件の瑕疵により、反訴原告は以下の損害を被った。
 (1) 修理費用（○○円）
　　　反訴原告は、本件機械の性能を回復させるため、専門家に原因の確定
　　と復旧を依頼し、そのため頭書金額を要した。
 (2) 得べかりし利益（○○円）
　　　反訴原告は、上記（1）の修理期間中本件機械による製造を行うことが
　　できず、それによって得べかりし利益を失ったが、それは頭書金額を下
　　らない（詳細は別紙損害計算書のとおりである）。
4　よって、反訴原告は、反訴被告に対し、債務不履行に基づく損害賠償請
　　求権に基づき、金○○円及びこれに対する反訴状送達の翌日から支払ずみ
　　まで民法所定の年3％の割合による遅延損害金の支払を求める。
第3　附属書類
　　　反訴状副本　1通

⑶　中間確認の訴え

　裁判が訴訟の進行中に争いとなっている法律関係の成立又は不成立に係ると
きは、当事者は、請求を拡張して、その法律関係の確認の判決を求めることが
できる（法145条1項）。

　中間確認の訴えは書面でしなければならず、当該書面は相手方に送達しなけ
ればならない（法145条4項、143条2項・3項）。送達は中間確認の訴えを提起
した当事者が提出した副本による（規則58条2項）。

　訴訟物の前提問題となる権利関係は、判決の理由中で判断されるだけで、既
判力を生じないので、それについて既判力を生じさせるために認められた訴え
である。性質上は、原告がする場合は訴えの変更であり、被告がする場合は反
訴であるが、特別の訴えとして規定されている。

　原告が被告に対し、所有権に基づく妨害排除請求権[41]に基づき所有権移転

---

41)　所有権に基づく妨害排除請求権の訴訟物とする訴訟の判決は、前提となる所有権の
　　帰属を確定するものではない。

登記の抹消登記手続を求めた訴訟において、被告が原告の所有権自体を争っている場合には、その確認を求めることが考えられる。

（記載例1－3－13　訴状（中間確認の訴え））

東京地方裁判所(7)第○○号　建物収去土地明渡請求事件

原　告　甲　野　太　郎

被　告　乙　野　次　郎

訴状（中間確認の訴え）

令和○年○月○日

東京地方裁判所民事○部○係　御中

原告訴訟代理人弁護士　丙　野　三　郎　㊞

所有権確認中間確認請求事件

訴訟物の価格　金○○円

貼用印紙の額　金○○円

　頭書事件につき、原告は、以下のとおり中間確認の訴えを提起する。

第1　請求の趣旨

1　原告と被告との間で、別紙物件目録記載の土地（以下「本件土地」という）が原告の所有であることを確認する。

2　訴訟費用は被告の負担とする。

第2　請求原因

1　原告は、令和○年○月○日、本件土地を所有者丁野四郎から買い受け、その旨の登記を経由した。

2　被告は、本件土地上に別紙物件目録記載の建物（以下「本件建物」という）を建築し、本件土地を占有している。

3　原告は、被告に対し、本件建物の収去及び本件土地の明渡を求める訴訟（頭書事件）を提起したが、被告は、自らも丁野四郎から本件土地を売買により取得したところ、原告は背信的悪意者であり、登記なく本件土地の所有権を対抗できるとして、原告が本件土地を所有していることを争っている。

4　よって、原告は、被告に対し、原告が本件土地の所有権を有することの確認を求める。

第3　附属書類

訴状（中間確認の訴え）副本　1通

【コラム6 裁判所への相談】

　我が国の民事訴訟は弁護士強制制度を採用せず、本人訴訟が可能となっています。訴訟手続の中断・受継に関する条文（法124条2項）など、むしろ本人訴訟が原則であるかのような体裁となっています。本人訴訟の場合においては、裁判所が後見的な役割を果たすことが期待されているので、本人からの照会に応じて書面の書き方等を指導することを裁判所（書記官）は日常的にしています。

　弁護士であっても書記官に聞いた方が適当な場合は堂々と質問して構いません。貼用印紙代、予納郵券の額、添付書類の通数などは、弁護士職務便覧を見れば書いてはありますが、必ずしも明確でない場合もあり、直接書記官に聞いた方が間違いないし、時間の節約にもなるでしょう。有能な事務員がいれば、弁護士から指示されるまでもなく裁判所に照会してくれるかも知れません。

　しかし、弁護士である以上、請求の趣旨・原因について事前に裁判所に相談して書き方の指南を受けるのはどうかと思われます。最近若手の弁護士から訴状の書き方を質問されるケースが増えたという話を受付担当の書記官から聞いたことがあります。修習期間が短縮されているうえに、イソ弁を経験していない弁護士であれば、訴状を提出するに当たって不安を感じることは理解できなくもないのですが、訴状や準備書面は自分の力で作成していただきたいと思います。それに対して裁判所から指摘を受けて訂正や補正をすることはあるでしょう（筆者にももちろんあります）が、それはそれで勉強になることであって、最初から裁判所に聞くというのではスキルの向上は望めないと思います。

　マニュアルや文例集のみで訴状を作成できると考えるのも間違いです。それでは、適当な文例が見当たらないような事案に当たるとどうすることもできなくなります。文例に当たるのは意味のあることですが、大事なのは文例の基礎にある考え方です。当該事案に適当な訴訟物と請求原因は何かを把握すること、そしてそれを当該事案に合わせて具体化するという作業が必要です。その過程で文例を参考にすることはあるでしょうが、まずは自分で書き下ろす心構えが大事ではないかと思います。

第 4　上訴審における書面

1　はじめに

　上訴とは、下級審の敗訴当事者が上級審に対して不服申立をする手続である。上訴に基づき、上級審裁判所は下級審裁判所（これを「原審」という）の判断の当否を審理することになる。第一審裁判所の判決に対する上訴を控訴といい、第二審裁判所（高等裁判所が第一審の場合を含む）の判決に対する上訴を上告という。

　控訴は、地方裁判所が第一審としてした終局判決又は簡易裁判所の終局判決に対してすることができる（法 281 条 1 項）。控訴は、控訴人が判決書の送達を受けた日から 2 週間の不変期間内に提起しなければならない（法 285 条）。控訴の提起は、控訴状を第一審裁判所に対して提出しなければならない（法 286 条 1 項）。控訴裁判所は、地方裁判所の判決の場合は管轄高等裁判所であり、簡易裁判所の判決の場合は管轄地方裁判所である（裁判所法 16 条 1 号、24 条 3 号）。

　上告は、高等裁判所が第二審又は第一審としてした終局判決に対しては最高裁判所に、地方裁判所が第二審としてした終局判決に対しては高等裁判所にすることができる（法 311 条 1 項）。上告期間は、上告人が判決書の送達を受けた日から 2 週間の不変期間である（法 313 条、285 条）。上告の提起は、上告状を原裁判所に提出してしなければならない（法 314 条 1 項）。

　控訴の理由に制限はないが、上告は、法の定める上告理由がある場合に限りすることができる（法 312 条）。上告状に上告の理由の記載がないときは、上告人は、上告提起通知書の送達を受けた日から 50 日間以内に、上告理由書を原裁判所に提出しなければならず、期間内に上告理由書を提出しない場合は、原裁判所は、決定で、上告を却下しなければならない（法 315 条 1 項、316 条 1 項 2 号、規則 194 条）。

　最高裁判所は、原判決に最高裁判所の判例と相反する判断がある事件その他の法令の解釈に関する重要な事項を含むものと認められる事件について、申立てにより、決定で、上告審として事件を受理することができる（法 318 条 1 項）。この申立てを「上告受理の申立て」といい、上告に関する規定が準用される

（法318条2項、5項）。

2 控訴審

(1) 控訴状

　控訴状には、①当事者及び法定代理人、②第一審判決の表示[42] 及びその判決に対して控訴をする旨、以上を記載しなければならない（法286条2項）。訴状や準備書面と同様に、①当事者の氏名又は名称及び住所並びに代理人の氏名及び住所、②事件の表示、③附属書類の表示、④年月日、⑤裁判所の表示、以上の事項を記載し、当事者又は代理人が記名押印しなければならない（規則2条1項）。また、訴状に貼用すべき印紙額の1.5倍の印紙を貼用しなければならない（民訴費用法3条、別表1の2項）。

　控訴の趣旨とその理由は必要的記載事項ではないが、これを記載するのがふつうであり、その場合は控訴状が準備書面を兼ねることになる（規則175条）。控訴の趣旨は控訴状において記載されるが、控訴理由は別途控訴理由書又は準備書面で記載するのがふつうである。控訴期間が短いためである。

　控訴状の送達は、控訴人から提出された副本によってする（規則179条、58条1項）ので、控訴状副本を附属書類とする。また、訴訟代理権は書面で証明しなければならない（規則23条1項）ので、訴訟委任状の原本を附属書類とするのも訴状と同様である。

（記載例1−4−1　控訴状）

控 訴 状

令和○年○月○日

東京高等裁判所民事部　御中

　　　　　控訴人訴訟代理人弁護士　　甲　　野　　太　　郎　㊞

　〒100-0013　東京都千代田区霞が関○丁目○番○号

---

42)　事件番号と主文によって特定する。

```
　　　　　　　　　　控　訴　人　　　乙　野　次　郎
　　　　〒 100-0006　東京都千代田区有楽町○丁目○番○号
　　　　　　　　　　○○ビルディング○階　○○法律事務所（送達場所）
　　　　　　　　　　電　話　○○（○○○○）○○○○
　　　　　　　　　　ＦＡＸ　○○（○○○○）○○○○
　　　　　　　　　　控訴人訴訟代理人弁護士　甲　野　太　郎
　　　　〒 150-0012　東京都渋谷区広尾○丁目○番○号
　　　　　　　　　　被 控 訴 人　　　丙　野　三　郎
　○○請求控訴事件
　　　　訴訟物の価格　金○○○○円
　　　　貼用印紙の額　金○○○○円


　　上記当事者間の東京地方裁判所令和○年(ﾜ)第○○号○○請求事件について、
　令和○年○月○日言い渡された下記の判決は不服であるから控訴する。
　第 1　原判決（主文）の表示
　（略）
　第 2　控訴の趣旨
　（略）
　第 3　控訴の理由
　　　　追って控訴理由書を提出する。
　第 4　附属書類
　　1　控訴状副本　1 通
　　2　訴訟委任状　1 通
```

　控訴裁判所は、第一審判決を不当とするときは、これを取り消さなければならない（法 305 条）。第一審判決が取り消されれば、訴えに対する応答がなくなるので、控訴の趣旨において、控訴審が訴えに対していかなる判決をすべきかを求めることになる。

　原告の請求が全部認容されたのに対し、被告が控訴する場合の控訴の趣旨は、以下のとおりとなる。

（記載例 1 － 4 － 2　全部認容判決に対する被告の控訴の趣旨）

```
　1　原判決を取消す。
　2　被控訴人の請求を棄却する。
```

> 3 訴訟費用は、第一、二審を通じ被控訴人の負担とする。
> との裁判を求める。

　原告の請求が全部棄却されたのに対し、原告が控訴する場合の控訴の趣旨は、以下のとおりとなる。

（記載例1－4－3　全部棄却判決に対する原告の控訴の趣旨）

> 1 原判決を取消す。
> 2 被控訴人は、控訴人に対し、金○○円及びこれに対する平成○年○月○日から支払いずみまで年3％の割合による金員を支払え。
> 3 訴訟費用は、第一、二審を通じ被控訴人の負担とする。
> との裁判及び仮執行の宣言を求める。

　原告の請求が一部認容・一部棄却とされた場合に、被告が控訴するときの控訴の趣旨は、以下のとおりとなる。

（記載例1－4－4　一部認容・一部棄却判決に対する被告の控訴の趣旨）

> 1 原判決のうち控訴人敗訴部分を取消す。
> 2 上記取消部分にかかる被控訴人の請求を棄却する。
> 3 訴訟費用は、第一、二審を通じ被控訴人の負担とする。
> との裁判を求める。

　上記の場合において、原告が控訴するときの控訴の趣旨は、以下のとおりとなる。

（記載例1－4－5　一部認容・一部棄却判決に対する原告の控訴の趣旨）

> 1 原判決を以下のとおり変更する。
> 　被控訴人は、控訴人に対し、金○○円及びこれに対する平成○年○月○日から支払いずみまで年3％の割合による金員を支払え。
> 2 訴訟費用は、第一、二審を通じ被控訴人の負担とする。
> との裁判及び仮執行の宣言を求める。

　仮執行宣言付支払督促に対する異議後の通常訴訟では支払督促におけると同一の請求の当否を審判すべきであるが、通常訴訟の判決で仮執行宣言付支払督促の取消し・変更又は認可を宣言すべきであるとされる（最判昭和36・6・16民集15-6-1584）。そこで、原審が支払督促にかかる請求を全部認容した場合に

おいて、被告が控訴したときの控訴の趣旨は、以下のとおりとなる。

（記載例1－4－6　支払督促にかかる全部認容判決に対する被告の控訴の趣旨）

1　原判決を取り消す。
2　東京簡易裁判所平成○年(ロ)第○○号貸金返還請求事件の仮執行宣言付支払
　督促を取り消す。
3　被控訴人の請求を棄却する。
4　訴訟費用は、第一、二審を通じて被控訴人の負担とする。
　との裁判を求める。

⑵　答弁書

控訴状に対し、被控訴人は答弁書を提出して控訴の趣旨に対する答弁を行う。
記載例は以下のとおりである。

（記載例1－4－7　控訴状に対する答弁書）

東京高等裁判所令和○年(ネ)第○○号　　○○請求控訴事件
控　訴　人　乙　野　次　郎
被控訴人　丙　野　三　郎

答　弁　書

令和○年○月○日

東京高等裁判所第○民事部○係　御中
　　〒100-0006　東京都千代田区有楽町○丁目○番○号
　　　　　　　　　○○ビルディング○階　○○法律事務所（送達場所）
　　　　　　　　　電　話　○○（○○○○）○○○○
　　　　　　　　　ＦＡＸ　○○（○○○○）○○○○
　　　　　　　　　被控訴人訴訟代理人弁護士　甲　野　太　郎　㊞

第1　控訴の趣旨に対する答弁
　1　本件控訴を棄却する。
　2　控訴費用は控訴人の負担とする。
　　との裁判を求める。
第2　控訴の理由に対する反論

```
（略）
第3　附属書類
　　　訴訟委任状　1通
```

⑶　附帯控訴状

　被控訴人は、控訴権が消滅した後であっても、口頭弁論の終結に至るまで、附帯控訴をすることができる（法293条1項）。

　第一審判決の取消し及び変更は、不服申立ての限度においてのみ、これをすることができる（法304条）。したがって、被控訴人の主張に理由があるとしても、原判決を控訴人に不利に変更することはできない（これを「不利益変更の禁止」という）。しかし、附帯控訴があれば、被控訴人の主張を容れて控訴人に不利な判決も許される。附帯控訴は、不利益変更の禁止を解除し、被控訴人のために控訴審の審判対象を拡張するための手続である。

　附帯控訴は、控訴に依拠してされる手続であるから、控訴が取下げられればその効力を失う（法293条2項）。

　第一審判決によって請求の一部を棄却された原告が附帯控訴を提起する場合の記載例は、以下のとおりである。

（記載例1－4－8　一部棄却判決に対する原告の附帯控訴状）

```
令和○年(ネ)第○○号　○○請求控訴事件
控 訴 人　乙 野 次 郎
被控訴人　丙 野 三 郎


                    附帯控訴状


                                  令和○年○月○日

東京高等裁判所第○民事部○係　御中

              被控訴人訴訟代理人弁護士　甲 野 太 郎　㊞


　頭書事件につき、被控訴人は上記控訴に附帯して、原判決（東京地方裁判所
平成○年(ワ)第○○号○○請求事件）に対し、以下のとおり控訴する。
　貸金返還請求附帯控訴事件
```

```
　　　訴訟物の価額　　○○円
　　　貼用印紙額　　　○○円
第1　附帯控訴の趣旨
　1　原判決を以下のとおり変更する。
　　控訴人は、被控訴人に対し金○○円及びこれに対する令和○年○月○日か
　　ら支払いずみまで年3％の割合による金員を支払え。
　2　訴訟費用は、第一、二審を通じて控訴人の負担とする。
　　との裁判及び仮執行の宣言を求める。
第2　附帯控訴の理由
（略）
第3　附属書類[43]
　　附帯控訴状副本　1通
```

　第一審において全部勝訴の判決を得た当事者（原告）も、相手方が当該判決に対して控訴した場合、附帯控訴の方式による請求の拡張をなしうる（最判昭和32・12・12民集11-13-2143）。このような場合の附帯控訴状の記載は、以下のとおりとなる。

（記載例1－4－9　全部勝訴判決に対する原告の附帯控訴状）

```
東京高等裁判所令和○年(ネ)第○○号　○○請求控訴事件
控　訴　人　乙　野　次　郎
被控訴人　丙　野　三　郎


　　　　　　　附帯控訴状兼訴えの変更申立書


　　　　　　　　　　　　　　　　　　　　令和○年○月○日
東京高等裁判所第○民事部○係　御中
　　　　　　　　被控訴人訴訟代理人弁護士　甲　野　太　郎　㊞


　頭書事件につき、被控訴人は、上記控訴に附帯して、原判決（東京地方裁判所平成○年(ワ)第○○号○○請求事件）に対し、以下のとおり控訴し、訴えを変更する。
```

---

43)　附帯控訴は答弁書を提出する際の委任状に特別授権事項（法55条2項）として記載されているはずであるから、改めて訴訟委任状を提出することはない。

貸金返還請求附帯控訴事件

　訴訟物の価額　○○円

　貼用印紙額　　○○円

第1　附帯控訴の趣旨

　1　本件附帯控訴に基づき、請求の趣旨を以下のとおり変更する。

　　　控訴人は、被控訴人に対し、金○○円及びこれに対する平成○年○月○

　　日から支払いずみまで年3％の割合による金員を支払え。

　2　訴訟費用は、第一、二審を通じて控訴人の負担とする。

　　との裁判及び仮執行の宣言を求める。

第2　附帯控訴の理由（変更後の請求原因）

　（略）

⑷　控訴理由書

　第一審判決の取消し又は変更を求める事由（控訴理由）を具体的に記載した
ものを控訴理由書といい、控訴状に控訴理由の記載がない場合には、控訴人は、
控訴の提起後50日以内に控訴理由書を控訴裁判所に提出しなければならない
（規則182条）。ただし、これは訓示規定であり、上告の場合（法316条1項2
号）と異なり、当該期間内に提出がなくとも控訴が却下されることはない。

　控訴理由に制限はなく、法令違反のみならず、事実誤認も控訴理由となる。
控訴理由書の記載事項は、裁判所に提出すべき書面の必要的記載事項（規則2
条1項）のほかは特段の定めがない。

　控訴理由書には、事案の概要（争点）を明らかにするとともに、原判決の判
断とそれに対する控訴人の主張（反論）を記載するのがふつうである。

（記載例1－4－10　控訴理由書）

東京高等裁判所令和○年㈅第○○号　婚姻無効請求控訴事件

控訴人　乙　野　次　郎

被控訴人　乙　野　花　子

控訴理由書

令和○年○月○日

東京高等裁判所第○民事部○係　御中

　　　　　　控訴人訴訟代理人弁護士　甲　野　太　郎　㊞

　頭書事件につき、控訴人は、以下のとおり控訴理由を述べる。なお、略語等は、本書面において特に定義しない限り、原判決記載のものと同一とする[44]。

1　本件は、極めて高齢で、かつ重篤な疾患により入院中の亡乙野太郎が、死亡の約二か月前に、家政婦である被控訴人との間でした婚姻届出につき、亡乙野太郎の子である控訴人がその無効確認を求めた事案であり、本件婚姻当時、亡乙野太郎に婚姻意思があったか否かが争点である。

2　原判決は、亡乙野太郎に婚姻意思があったとしたが、その理由の要旨は、(1) 亡乙野太郎の主治医と看護師は、当時の亡乙野太郎の精神状態につき、事理を弁識する能力はあったと判断している、(2) 被控訴人は亡乙野太郎が妻に先立たれた後、長年にわたって同じ敷地内に住み、亡乙野太郎の身の回りの世話をしてきた、(3) 婚姻届出にあたっては、事前に公証人が亡乙野太郎の意思を確認している、以上のようなものである。

3　しかしながら、原判決の認定判断は、証拠の評価を誤り、かつ経験則に反したものであって、不当というべきである。その理由は以下のとおりである。

　第1に、主治医や看護師の判断は、精神科の専門医でない以上、素人の判断の域を出ておらず、それを重視することはできない。却って、亡乙野太郎の入院中の言動は、原審における控訴人の令和○年○月○日付準備書面に記載したとおり、せん妄状態にあったというべきであり、意思能力を欠いていたというほかない。婚姻という重大な身分行為を行うのに必要な意思能力は、相当高度なものでなければならないのであって、上記のような亡乙野太郎の精神状態は、婚姻に必要な意思能力を備えたものではなかったというべきである。

　第2に、被控訴人が亡乙野太郎の面倒を見てきたのは、あくまで家政婦としての職務であり、そのために対価も得ていたのであって、夫婦としての実体があったとはなしえない。却って、控訴人は、被控訴人から亡乙野太郎が自分を粗略に扱う等の苦情を繰り返し聞かされている（この点は、原審における控訴人の令和○年○月○日付準備書面に記載のとおりである）。

　第3に、公証人と亡乙野太郎のやりとりの詳細は、原審における控訴人の令和○年○月○日付準備書面に記載したとおり、きわめて簡易なものであり、

---

44)　用語を定義する煩を避けるのと、原判決との対応を明らかにするためである。

亡乙野太郎に対する誘導すら見られるのであって、公証人が関与したからといって、亡乙野太郎の意思能力を安易に認めることは許されないというべきである。

第4に、高齢かつ重篤な疾患により入院中の者が死亡の直前に婚姻届出をするというのは、著しく不自然である。精神能力が著しく減退した高齢者の財産保護という観点からしても、原判決の認定判断は不当というほかない。

4 以上のとおり、本件婚姻は亡乙野太郎が婚姻意思を欠くことにより無効であるから、控訴人の請求は理由がある。よって、控訴人の請求を棄却した原判決は不当であるから、これを取り消し、控訴人の請求を認容すべきである。

事実関係が複雑であり、争点が多岐にわたる場合には、適宜表題を付けるとともに、要点を先に述べて詳細な議論を後回しにする等、読みやすくするための工夫をこらすことも必要であろう。

（記載例1－4－11　控訴理由書の構成）

第1　事案の概要
（略）
第2　原判決の要旨
（略）
第3　控訴理由の要旨
　1（略）
　2（略）
第4　控訴理由1について
　1　原判決の認定判断
（略）
　2　控訴人の主張
（略）
第5　控訴理由2について
　1　原判決の認定判断
（略）
　2　控訴人の主張
第6　結語

> （略）

3　上告審

⑴　上告状

　上告には控訴の規定が準用される（法 313 条）ので、上告状の記載も控訴状の記載事項に準ずることになる。それゆえ、①当事者及び法定代理人、②原判決の表示及びその判決に対して上告をする旨、以上が必要的記載事項である（法 286 条 2 項）が、それに加えて、控訴状の場合と同様に、上告の趣旨を記載するのがふつうである。貼用印紙額は訴状の二倍である（民訴費用法 3 条、別表 1 の 3 項）。

　上告審裁判所は、上告理由があるときは、原判決を破棄し、事件を原裁判所に差し戻さなければならない（法 325 条 1 項）。上告理由がない場合であっても、判決に影響を及ぼすことが明らかな法令違反[45] があるときは、最高裁判所は破棄差戻しをすることができる（法 325 条 1 項、2 項）。

　ただし、確定した事実に基づき裁判をするのに熟しているとき、事件が裁判所の権限に属しないときは、上告審裁判所は事件を差し戻すことなく、自ら裁判をしなければならない（これを「自判」という）。

　上告状に記載する上告の趣旨としては、原判決の破棄を求めることは当然であるが、その後、差し戻すか自判するかについては、特に求めることはせず、相当な裁判を求めることに留めるのがふつうである。

（記載例 1 - 4 - 12　上告状）

上告状

令和○年○月○日

---

45)　高等裁判所が上告審の場合は、判決に影響を及ぼすことが明らかな法令違反も上告の理由となる（法 312 条 3 項）。

最高裁判所　御中

　　　　　　　上告人訴訟代理人弁護士　　甲　　野　　太　　郎　㊞
　　　　〒 100-0013　東京都千代田区霞が関○丁目○番○号
　　　　　　　　　上　告　人　　　乙　野　次　郎
　　　　〒 100-0006　東京都千代田区有楽町○丁目○番○号
　　　　　　　　　○○ビルディング○階　○○法律事務所（送達場所）
　　　　　　　　　電　話　○○（○○○○）○○○○
　　　　　　　　　ＦＡＸ　○○（○○○○）○○○○
　　　　　　　　　上告人訴訟代理人弁護士　甲　野　太　郎
　　　　〒 150-0012　東京都渋谷区広尾○丁目○番○号
　　　　　　　　　被上告人　　　丙　野　三　郎
○○請求上告事件
　　　　訴訟物の価格　金○○○○円
　　　　貼用印紙の額　金○○○○円

　　上記当事者間の東京高等裁判所平成○年(ネ)第○○号○○請求控訴事件について、平成○年○月○日言い渡された下記の判決には民事訴訟法 312 条所定の事由があるので、上告する。
第1　原判決（主文）の表示
　（略）
第2　上告の趣旨
　　　原判決を破棄し、さらに相当な裁判を求める。
第3　上告の理由
　　　追って上告理由書を提出する。
第4　附属書類
　1　上告状副本　1通
　2　訴訟委任状　1通

　　上記の記載例では、原判決に上告理由があることを上告状に記載したが、上告理由がない場合でも、判決に影響を与えることが明らかな法令違反があれば、最高裁判所は原判決を破棄することができる（法 325 条2項）ので、上告状において、単に「原判決は不服であるから上告する」という記載をするだけでも構わない。

⑵　上告受理の申立書

　最高裁判所が上告審である場合には、原判決に最高裁判所の判例（これがない場合にあっては、大審院又は上告裁判所若しくは控訴裁判所である高等裁判所の判例）と相反する判断がある事件その他法令の解釈に関する重要な事項を含むものと認められる事件について、申立により、決定で、上告審として事件を受理することができる（法 318 条 1 項）。これを上告の受理といい、上告の受理を申し立てることを上告受理の申立という。上告の理由がない場合において、最高裁判所の判断を示す必要があると認める場合があることを前提とした制度であるから、上告の理由を上告受理の申立の理由とすることはできない（法 318 条 2 項）。

　上告受理の申立ができるのは上告審が最高裁判所である場合に限定される（法 318 条 1 項）。高等裁判所が上告審の場合には、判決に影響を及ぼすことが明らかな法令違反が上告の理由とされている（法 312 条 3 項）からである。

　最高裁判所は上告の受理を決定で行うので、申立の趣旨において「本件上告を受理する」という裁判を求めることになる。

（記載例 1 － 4 － 13　上告受理の申立書）

上告受理の申立書

令和○年○月○日

最高裁判所　御中

　　　　　　　　　　　申立人訴訟代理人
　　　　　　　　　　　　　弁護士　甲　　野　　太　　郎　㊞
　　　　〒 100-0013　東京都千代田区霞が関○丁目○番○号
　　　　　　　　申立人　乙　野　次　郎
　　　　〒 100-0006　東京都千代田区有楽町○丁目○番○号
　　　　　　　　○○ビルディング○階　○○法律事務所（送達場所）
　　　　　　　　電　話　○○（○○○○）○○○○
　　　　　　　　ＦＡＸ　○○（○○○○）○○○○
　　　　　　　　上記訴訟代理人弁護士　甲　野　太　郎
　　　　〒 150-0012　東京都渋谷区広尾○丁目○番○号

　　　　　　　　相手方　丙　野　三　郎
○○請求上告受理申立事件
　　　　訴訟物の価格　　金○○○○円
　　　　貼用印紙の額　　金○○○○円

　上記当事者間の東京高等裁判所平成○年(ネ)第○○号○○請求控訴事件について、平成○年○月○日言い渡された下記の判決には民事訴訟法318条所定の事由があるので、上告受理の申立をする。
第1　原判決（主文）の表示
　（略）
第2　上告受理の申立の趣旨
　　　本件上告を受理する。
　　　原判決を破棄し、さらに相当な裁判を求める。
第3　上告受理の申立の理由
　　　追って上告受理申立理由書を提出する。
第4　附属書類
　1　上告受理申立書副本　1通
　2　訴訟委任状　1通

⑶　上告と上告受理の申立

　上告の提起と上告受理の申立てを一通の書面でするときは、その書面が上告状と上告受理申立書を兼ねるものであることを明らかにしなければならず、この場合において、上告の理由及び上告受理の申立ての理由をその書面に記載するときは、これらを区別して記載しなければならない（規則188条）。

　判決に影響を与えることが明らかな法令違反については、上告受理申立の理由になるとともに、任意的破棄事由にもなるので、法令違反を主張する場合には、上告と上告受理の申立を同時にするのがふつうである。

　申立手数料は上告と上告受理の申立のそれぞれについて必要であるが、これらをともに申し立てる場合には、主張する利益が共通である限度において、一方について納付した手数料は他方についても納めたものとみなされる（民訴費用法3条1項、3項）。

この場合の記載例は以下のとおりである。

（記載例1－4－14　上告状兼上告受理の申立書）

上告状兼上告受理の申立書

令和○年○月○日

最高裁判所　御中

上告人及び上告受理申立人訴訟代理人

弁護士　甲　野　太　郎　㊞

　〒 100-0013　東京都千代田区霞が関○丁目○番○号
　　　　　　　上告人兼申立人　乙　野　次　郎
　〒 100-0006　東京都千代田区有楽町○丁目○番○号
　　　　　　　○○ビルディング○階　○○法律事務所（送達場所）
　　　　　　　電　話　○○（○○○○）○○○○
　　　　　　　ＦＡＸ　○○（○○○○）○○○○
　　　　　　　上記訴訟代理人弁護士　甲　野　太　郎
　〒 150-0012　東京都渋谷区広尾○丁目○番○号
　　　　　　　被上告人兼相手方　丙　野　三　郎
○○請求上告事件・同上告受理申立事件
　　　　訴訟物の価格　金○○○○円
　　　　貼用印紙の額　金○○○○円

　上記当事者間の東京高等裁判所平成○年(ネ)第○○号○○請求控訴事件について、平成○年○月○日言い渡された下記の判決には民事訴訟法312条、318条1項所定の事由があるので、上告の提起及び上告受理の申立てをする。
第1　原判決（主文）の表示
　（略）
第2　上告の趣旨
　　　原判決を破棄し、さらに相当な裁判を求める。
第3　上告受理の申立ての趣旨
　　　本件上告を受理する。
　　　原判決を破棄し、さらに相当な裁判を求める。
第4　上告の理由

```
　　　　　　追って上告理由書を提出する。
　　第5　　上告受理の申立ての理由
　　　　　　追って上告受理申立理由書を提出する。
　　第6　　附属書類
　　　1　　上告状副本　1通
　　　2　　上告受理申立書副本　1通
　　　3　　訴訟委任状　1通
```

⑷　上告理由書

　上告理由書には、上告裁判所が最高裁判所であるときは被上告人の数に6を加えた数の副本、上告裁判所が高等裁判所であるときは被上告人の数に4を加えた数の副本を添付しなければならない（規則195条）。副本の通数は、被上告人に送達する数に、裁判官（最高裁判所は5名、高等裁判所は3名）に配布する数と判決原本の草稿に用いるべき数を加えた数である。

　上告理由書の記載事項については、裁判所に提出する書面の必要的記載事項（規則2条）のほかは特段の定めはない。

　上告理由書の記載方法に関する規則の定めは、以下のとおりである。

　憲法違反を上告の理由とするときは、憲法の条項及び憲法に違反する事由を示してしなければならず、この場合において、その事由が訴訟手続に関するものであるときは、憲法に違反する事実を掲記しなければならない（規則190条1項）。

　法312条2項各号に掲げる事由を上告の理由とするときは、その条項及びこれに該当する事実を示してしなければならない（規則190条2項）。

　判決に影響を及ぼすことが明らかな法令違反を上告の理由とするときは、法令及びこれに違反する事由を示してしなければならず、この場合において、法令を示すには、その法令の条項又は内容（成文法以外の法令については、その趣旨）を掲記しなければならず、法令違反が訴訟手続に関するものであるときは、これに違反する事実を掲記しなければならない（規則191条）。高等裁判所が上告審である場合には、判決に影響を及ぼすことが明らかな法令違反は上告の理由となるが、最高裁判所に上告する場合でも、これがあれば原判決破棄の理由になり得るので、上告理由書に記載すべきである。

　判例違反を上告の理由とするときは、その判例を具体的に示さなければならない（規則192条）。

　上告の理由は具体的に記載しなければならない（規則193条）。

（記載例1－4－15　上告理由書）

令和○年(ネ)第○○号　○○請求上告事件
上　告　人　乙　野　次　郎
被上告人　丙　野　三　郎

上告理由書

令和○年○月○日

最高裁判所　御中
　　　　　上告人訴訟代理人弁護士　　　甲　野　太　郎　㊞

　頭書事件につき、上告人は、以下のとおり上告の理由を主張する。なお、略語等は、本書面で特に定義しないもののほかは、原判決記載のとおりとする。
第1　事案の概要
　（略）
第2　原判決の判断
　（略）
第3　上告の理由
　1　民事訴訟法312条1項所定の事由
　（略）
　2　民事訴訟法312条2項所定の事由
　（略）
第4　判決に影響を及ぼすことが明らかな法令違反
　（略）
第5　結語
　　　よって、原判決には民事訴訟法312条に定める上告理由があり、また、判決に影響を及ぼすことが明らかな法令違反があるから、原判決を破棄し、さらに相当な裁判をすることを求める。
第6　附属書類
　　　上告理由書副本　6通

　ところで、原判決において適法に確定した事実は上告裁判所を拘束する（法321条1項）ので、上告人は原判決の事実誤認を争うことはできない。しかし、経験則は「法令」に含まれるとされているので、事実認定が経験則に違反しており、それが判決の基礎となっている場合には、判決に影響を及ぼすことが明らかな法令違反があるものとして、原判決の破棄事由となり得る（法325条1項、2項）。したがって、この限度では上告審でも事実誤認を争う余地があるということができる。

　なお、上告受理申立の制度が導入される前においては、上告理由である理由不備・理由齟齬[46] の事由として経験則違反が主張されることがあった（最高裁もそのような趣旨の判示をしていた）。しかし、判決に影響を及ぼすことが明らかな法令違反は上告受理の申立の理由になる[47] ので、上告受理の申立が上告とは別個の制度としてある以上、上告理由としての理由不備・理由齟齬は、単なる経験則違反ではなく、およそ理由とはなり得ないような著しい過誤を指すものと考えるのが相当と思われる。

　いずれにせよ、経験則違反は判決に影響を及ぼすことが明らかな法令違反であるので、上告理由書でもそれを指摘して破棄を求めるのが相当である。

（記載例1－4－16　上告理由の例）

令和〇年(ネ)第〇〇号　建物所有権移転登記抹消登記請求上告事件
上　告　人　乙　野　次　郎
被上告人　丙　野　三　郎

上告理由書

令和〇年〇月〇日

最高裁判所　御中

---

46)　最高裁はこれを「審理不尽」ということがある。原審の判断は経験則に反しており、それを正当化するべき特段の事由について審理を尽くしていないために理由不備となったという趣旨である。原審に差し戻して再審理をさせるための話法でもある。

47)　上告受理の申立の理由となるのは「法令の解釈に関する重要な事項を含む」と認められることであるが、「判決に影響を及ぼすことが明らかな法令違反」は当然それに含まれるであろう。

上告人訴訟代理人弁護士　　甲　野　太　郎　㊞

　頭書事件につき、上告人は、以下のとおり上告の理由を主張する。なお、略語等は、本書面で特に定義しないもののほかは、原判決記載のとおりとする。

第1　事案の概要

　　　本件は、本件建物をもと所有していた上告人（一審原告）が、被上告人（一審被告）に対し、所有権に基づき、被上告人がした令和○年○月○日売買を原因とする所有権移転登記の抹消登記手続を求めた事案である。これに対し、被上告人は、同日ころ上告人から本件建物を100万円で買い受けたと主張し、上告人は、本件売買は仮装であると主張している。

　　　上告人と被上告人間の本件建物の売買契約の存否が争点である。

第2　原判決の判断

　　　原判決は、①被上告人と上告人とは三十数年来の知合で、被上告人が本件家屋の所有者となっても直に上告人にその明渡を請求する意思はなく、かえって、本件家屋はひとまず上告人に賃貸しておき、相当の期間内であればこれが買戻にも応ずる意向であって、現に本件売買後も時々当事者間に買戻の話が持ち上っていたこと、②本件売買当時本件家屋は税金の滞納により差押中であり、これに対する相当額の加算税が賦課されていたこと、などの事情を総合すると、本件家屋の売買代金が一段と安く定められたことは取引の通念に従い当然であると判示した。

第3　上告人の主張（原判決を破棄すべき理由）

　　　原判決の認定判断は経験則に反しているというべきである。その理由は以下のとおりである。

　　　原審が確定した事実によれば、本件契約がなされた当時の滞納税額は300万円であったというのであるから、本件家屋の時価から当該滞納税額を控除しても、なお本件建物の実質的な価値は1000万円を超えている。それにもかかわらず、本件建物がわずか100万円で売買されたというのであるが、このように時価と代金が著しく隔絶している売買は、一般取引通念上首肯できる特段の事情のない限りは経験則上是認できない事柄である。しかも、原判決が判示するような事情だけで、被上告人が上告人から本件家屋を金100万円で買受けたとするのは、一般取引通念上到底首肯することはできない。本件売買は仮装のものと認めるのが相当というべきである。

　　　したがって、原判決において、上記事情を認定しただけで、本件家屋の売買は仮装のものであるとの上告人の主張を排斥したのは、経験則に反し

　　ており、これは判決に影響を及ぼすことが明らかな法令違反であるから、
　　原判決は破棄されるべきである。
　第4　附属書類
　　　　上告理由書副本　6通

⑸　上告受理の申立理由書

　上告受理の申立については、上告に関する規定が準用される（法318条5項、
規則199条2項）ので、上告受理申立理由書の記載事項や副本の通数も上告理
由書に準ずることになる。

　上告受理の要件は、法令の解釈に関する重要な事項を含むものと認められる
ことであり、原判決に最高裁判所の判例に相反する判断があることはその例示
である（法318条1項）。したがって、上告受理の申立ての理由には、法令違反
（経験則違反を含む）、判例違反のほか、①最高裁判例のない解釈問題について
判断を示すべき場合、②最高裁判所の従前の判断を変更すべき場合、以上のよ
うな場合も含まれる。

　最高裁判所の判例に相反する判断をしたことを主張するときは、その判例を
具体的に示さなければならない（規則199条2項、192条、193条）。

（記載例1－4－17　上告受理の申立理由書）

令和○年㈹第○○号　損害賠償請求上告受理申立事件
申立人　乙　野　次　郎
相手方　丙　野　三　郎

上告受理の申立理由書

令和○年○月○日

最高裁判所　御中
　　　　　　申立人訴訟代理人弁護士　　甲　野　太　郎　㊞

　頭書事件につき、申立人は、以下のとおり上告受理の申立の理由を主張する。
なお、略語等は、本書面で特に定義しないもののほかは、原判決記載のとおり
とする。

第1　事案の概要

　　本件は、相手方が、申立人の先代との間で農地の売買契約を締結し、相手方を権利者とする条件付所有権移転仮登記を経由していたところ、申立人が確定判決により右仮登記の抹消登記を経由した上で右土地を第三者に売却して所有権移転登記を経由したとして、申立人に対し、履行不能による損害賠償を求める事案である。

第2　原審の確定した事実関係

　1　相手方は、平成○年○月○日、申立人の父乙野太郎（以下「太郎」という）との間で、当時農地であった同人所有の第一審判決添付物件目録記載の土地（以下「本件土地」という）を代金○○円で買い受ける旨の契約（以下「本件契約」という）を締結し、そのころ、右代金全額を支払うとともに、本件土地につき、同月○日受付で相手方を権利者とする条件付所有権移転仮登記（以下「本件仮登記」という）を経由した。

　2　太郎は、本件契約に基づく所有権移転義務を履行するため、本件土地を農地から転用する手続を試みたものの果たせなかった。

　3　太郎は、平成○年○月○日死亡し、相続人である申立人が本件土地及び本件契約に関する一切の権利義務を承継した。

　4　申立人は、平成○年○月、相手方を被告として、本件仮登記の抹消登記手続を求める訴訟を名古屋地方裁判所に提起し、右訴状において、本件契約に基づく本件土地についての所有権移転許可申請協力請求権の消滅時効を援用した。右訴訟においては、相手方の住居所が不明であるとして、公示送達により手続が進められ、同年○月○日、申立人勝訴の判決が言い渡されて確定した。申立人は、右確定判決に基づき、平成○年○月○日、本件仮登記の抹消登記を経由した。

　5　申立人は、平成○年○月○日、本件土地を訴外丁野四郎（以下「丁野」という）に売り渡し、同人に対する所有権移転登記を経由した。

　6　申立人は、相手方に対し、平成○年○月○日ころ、本件契約に基づく所有権移転許可申請協力請求権につき消滅時効を援用した。

第3　原審の判断

　　原審は、本件契約に基づく所有権移転許可申請義務を含む所有権移転義務は、申立人が平成○年○月○日丁野四郎に丁野に本件土地を売却してその旨の所有権移転登記を経由したことにより履行不能となったところ、申立人がした本件契約に基づく所有権移転許可申請協力請求権についての消滅時効の援用は、右売却後にされたものであるから、履行不能による損害

賠償請求権の帰すうを左右しないとして、相手方の本件請求を認容すべき
ものと判断した。

第4　判例違反

　　しかしながら、原審の判断は、最高裁判所の判例と相反するものである。
その理由は、以下のとおりである。

　　契約に基づく債務について不履行があったことによる損害賠償請求権は、
本来の履行請求権の拡張ないし内容の変更であって、本来の履行請求権と
法的に同一性を有すると見ることができるから、債務者の責めに帰すべき
債務の履行不能によって生ずる損害賠償請求権の消滅時効は、本来の債務
の履行を請求し得る時からその進行を開始するものと解するというのが最
高裁判所の判例である（大審院大正8年10月29日判決・民録25輯1854頁、
最高裁昭和35年11月1日第三小法廷判決・民集14巻13号2781頁）。

　　これを本件についてみるのに、原判決の確定した事実によれば、申立人
が本件土地を丁野に売却してその旨の所有権移転登記を経由したことによ
り、本件契約に基づく申立人の売主としての義務は、申立人の責めに帰す
べき事由に基づき履行不能となったのであるが、これによって生じた損害
賠償請求権の消滅時効は、所有権移転許可申請義務の履行を請求し得る時、
すなわち、本件契約締結時からその進行を開始するのであり、また、申立
人が平成○年○月○日ころにした消滅時効の援用は、本来の履行請求権と
これに代わる損害賠償請求権との法的同一性にかんがみれば、右損害賠償
請求権についての消滅時効を援用する趣旨のものと解し得るものである。
そうすると、右損害賠償請求権は、申立人の上記時効の援用によって消滅
したものというべきである。

　　しかるに、原審は、これと異なる見解に立って、申立人のした消滅時効
の援用が履行不能による損害賠償請求権の帰すうを左右しないとして、直
ちに相手方の本件請求を認容すべきものとしたのであり、これは上記最高
裁判所の判例に相反することは明らかである。

第5　結語

　　よって、原判決は法律の解釈に関する重要な事実を含むものと認められ
るので、本件上告を受理し、原判決を破棄すべきである。

第6　附属書類

　　上告受理の申立理由書　6通

第5 訴訟関係書類の作成における文章術

1 分かりやすさを心がける

　訴訟書類は、簡潔な文章で整然かつ明瞭に記載しなければならないと定められている（規則5条）。つまり「分かりやすく書け」ということである。冗長で雑然とした趣旨不明の文章は裁判官が最も嫌うものである。

　分かりやすく書くポイントはいくつかあると思われるが、主なものとしては以下のようなことが挙げられよう。

　第1に、文を短くすることである。

　岩渕悦太郎編著『第三版　悪文』の75ページ以下に、悪文のチャンピオンとして判決文が挙げられている。そこで紹介された判決文は、初めの「原告等は」の書き出しから、句点で終わる「と述べた」まで、じつに2851字を費やす一大長文であると、著者は驚いて見せている。今どきそのような長文を書く裁判官もいないと思われるが、短文の方が読みやすいことは確かであろう。

　同書によれば、短文化する方法は二つある。小見出しを付けること（適宜段落を設けることも含まれるであろう）と、結論を先に述べることである。

　以下に挙げる文章は、相当古い判決文の一部である。さすがに筋は通っているが、長文であるため、一気に読んで理解するのは骨が折れる。

（記載例1－5－1　長文の例）

> 　なるほど、前記認定のような、構成物の絶えず変動する在庫商品を一括して担保の目的の為に所有権を移転する契約は、所有権の移転した商品に対して担保権設定者がその処分権を留保し、担保権設定者より第三者に譲渡された商品が譲渡担保の拘束から離脱し、第三者がその所有権を完全に取得する法律関係並びに、譲渡担保契約成立後新に在庫商品として補充された商品につき譲渡担保の拘束を受ける法律関係を分析して正確な理論構成をなすことの困難を理由として、かかる契約の効力を全面的に否定し、或はまた、譲渡担保契約締結の際には、倉庫にして特定する限り、これを構成する商品の範囲は明確であるから、契約が一個だとしても当然これを構成する商品につきそれぞれ所有権移転の効果を生じ、かくして所有権の移転した商品が処分された場合には右商品の所有権

は担保権設定者に復帰するとの解除条件付に所有権が譲渡されたものであると
して、右の限度において有効としつつも新しく補充されて在庫商品も構成する
にいたつた商品については譲渡担保の効力を否定する等の見解が存在し、あな
がち被告の主張が理由のないものでないことを肯かせるものがないではないが、
前者の見解は、出来得る限りの財産を担保化して、出来る限り多額の信用を得
んとする現代の経済界の必要の前に目を蔽い、殊に法律上認められた担保方法
を利用しうる財産を有しない中小企業者をして営業用動産を利用する方法によ
る低利金融の道を塞ぎ対人的信用を基礎とする高利金融の彼岸に走らせる結果
となり、譲渡担保の社会的作用を否定し、既存の形式論理にとらわれて法律の
社会的作用を理解しないとの譏を免れないし、また後者の見解は在庫商品の譲
渡担保を認めた意義の大半を失はしめることとなり妥当なものとはなし得ない。

　そこで、上記のような短文化の方法を適用し、これを以下のとおり書き換え
てみた。かなり読みやすくなったのではないかと思われる。

（記載例1－5－2　短文化した例）

　　前記認定のような、構成物の絶えず変動する在庫商品を一括して担保の目的
の為に所有権を移転する契約の効力については、(1) これを全面的に否定する
見解（以下「全面否定論」という）、(2) 新しく補充されて在庫商品も構成する
にいたった商品については譲渡担保の効力を否定する見解（以下「部分否定論」
という）、以上の見解が存在し、これは被告の主張に沿うものである。
　　しかしながら、いずれの見解も妥当なものとはなし得ない。その理由は以下
のとおりである。
　(1) 全面否定論について
　これは、①所有権の移転した商品に対して担保権設定者がその処分権を留保し、
担保権設定者より第三者に譲渡された商品が譲渡担保の拘束から離脱し、第三
者がその所有権を完全に取得する法律関係、②譲渡担保契約成立後新に在庫商
品として補充された商品につき譲渡担保の拘束を受ける法律関係、以上の法律
関係を分析して正確な理論構成をなすことの困難を理由とするものである。
　　しかしながら、この見解は、譲渡担保の社会的作用を否定するものであり、
また、既存の形式論理にとらわれて法律の社会的作用を理解しないものという
ほかない。集合物の譲渡担保は、出来得る限りの財産を担保化して、出来る限
り多額の信用を得ようとする現代の経済界の必要から生み出されたものである。
特に、法律上認められた担保方法を利用しうる財産を有しない中小企業者をし

て営業用動産を利用する方法による低利金融の道を開くという意義があり、それを不可能とすれば、中小企業を人的信用のみに依存する高利金融に走らせる結果となる。そのような結果が不適当であることはいうまでもない。

(2) 部分否定論について

この見解が理由とするのは、①譲渡担保契約締結の際には、倉庫にして特定する限り、これを構成する商品の範囲は明確であるから契約が一個だとしても、当然これを構成する商品につきそれぞれ所有権移転の効果を生じる、②それゆえ、所有権の移転した商品が処分された場合には、右商品の所有権は担保権設定者に復帰するとの解除条件付に所有権が譲渡されたものである、③したがって、新しく補充されて在庫商品も構成するにいたった商品については譲渡担保の効力を否定すべきである、以上のとおりである。

しかしながら、この見解は、在庫商品の譲渡担保を認めた意義の大半を失わしめることとなり、妥当なものとはなし得ない。

第2に、主語と述語を対応させることである。

主語と述語が対応することで、筋の通った文となる。訴訟書類は論理的正確さを要求されるものであるから、この点は極めて重要である。もっとも、主語がなくとも文脈で理解できる場合が多いのは日本語の特徴ともいえるので、場合よっては主語を省略することは構わない[48]。しかし、述語を欠くことは避けなければならない。

例えば、以下の文では、主語である「出荷依頼書は」と、述語である「商慣習である」とが対応しておらず、一読して違和感を抱く文である。

(記載例1－5－3　主語と述語が対応していない例)

出荷依頼書は、物件の売主が買主に対しそれに記載されている物件を引渡すべき債務を約諾して発行され、一般に物件の買主からかかる依頼書の譲渡を受けた者は何らの通知等を要しないで、発行者売主に対しそれに記載された物件の引渡をもとめることができるという商慣習である。

上記の文例を正確に書くとすれば、以下のように訂正するのが適当であろう。

---

48)　主語を繰り返すことで冗長な印象を与えることもある。

（記載例1－5－4　主語と述語を対応させた例）

> 　出荷依頼書は、物件の売主が買主に対しそれに記載されている物件を引渡すべき債務を約諾して発行される書面であり、一般に物件の買主からかかる依頼書の譲渡を受けた者は何らの通知等を要しないで、発行者売主に対しそれに記載された物件の引渡をもとめることができるという商慣習に基づくものである。

> 　出荷依頼書は、物件の売主が買主に対しそれに記載されている物件を引渡すべき債務を約諾して発行される。そして、一般に物件の買主からかかる依頼書の譲渡を受けた者は何らの通知等を要しないで、発行者売主に対しそれに記載された物件の引渡をもとめることができるという商慣習がある。

　上記の例文が読みにくいのは、主語と述語の対応もさることながら、出荷依頼書の意義と商慣習の存在と内容という二つの概念を一つの文にまとめたところにもある。この程度なら問題ないかも知れないが、これがいくつも続くとさらにわかりにくくなる。

　以下のような文例はいかがであろうか。

（記載例1－5－5　長文の例）

> 　東京地方裁判所において、本件の如き服地について、国の支出の原因となる購入契約（支出負担行為）をする場合には、会計法令上、配賦された予算に基き最高裁判所長官から、支出負担行為について、委任を受けた所謂支出負担行為担当官（裁判所会計事務規程によれば、本件当時、東京地方裁判所会計課長）がこれをなし、原則としてその名義を以て契約書を作成し、これに記名、押印することを要し、その代金の支払は最高裁判所長官から支出について委任を受けた支出官（前記規定によれば本件当時東京地方裁判所長）の振出す日本銀行を支払人とする小切手を以てすることになっているところ、証人（略）の各証言と弁論の全趣旨によれば戦時中から東京刑事地方裁判所職員の間では、相互の福利厚生をはかるため、有志の者が生活必需物資を他から入手して職員に配分した上、金員を集めて仕入先に支払うことをやっていたのであるが、煩瑣なため、職員の希望により、同裁判所では比較的閑な職員をして、庶務係分室という名称のもとに、同裁判所職員のため右のような福利厚生活動に専従させることとし、その結果この福利厚生活動は、別にこれに関する規約が定められたようなことはなかったが、右専従職員によって一応組織化されて恒常的に運営されるに至り、これを誰言うとなく自然発生的に一般に「厚生部」という名称を以て呼称するようになったこと、天野徳重は昭和二十一年頃から右厚生部の

事務を担当することになったのであるが、同二十二年五月東京刑事東京民事各地方裁判所が合体して東京地方裁判所となった後も右厚生部は民事関係職員間に、以前からあった同種の組織である互助会と併立して活動を続けてきたところ、同二十三年八月下級裁判所事務処理規則の施行に伴い東京地方裁判所総務課に厚生係がおかれることになったので、同裁判所では天野等右厚生部の事業にたずさわっている職員をそのまま厚生係にあて、同裁判所の事務としての職員の福利厚生に関する事項を分掌させると共に、従前どおり厚生部の事業の担当者として、これを継続処理させ、天野は厚生係の室にあてられた同裁判所本館一階の室において東京地方裁判所厚生部という名義で、他と取引を継続してきたこと、昭和二十四年四月司法協会の設立に伴い前記互助会はこれに吸収されたが、厚生部は帳簿もなく整理ができなかつたため吸収されず、更にその後新な取引がなされた結果、結局吸収されることなく現在に至ったこと、厚生部はその取引に当り発註書や支払証明書という書面を発行交付していたこと並に右書面作成のために会計課から交付を受けた裁判用紙を使用し、又刑事訴訟廷課にあつた東京地方裁判所の印章を使用押捺したことがあったが、かかる裁判用紙や印章の使用を東京地方裁判所において黙認した事実はなく、厚生部は文書の授受にしても取引や経理においても東京地方裁判所のそれとは全く関係なく行われてきたことが認められる。

　ここでは、東京地方裁判所における物品の購入代金の原則的な支払方法を述べるとともに、東京地方裁判所厚生部の行為が東京地方裁判所と無関係である理由を、いくつかの事実を挙げて述べている。それを、「こと」「ところ」「が」などの助詞で羅列することにより、無理矢理一つの文に押し込めたので、読みにくいものになっている。

　このような場合には、まとまりをもった事実は一つの文にして、適宜、接続詞や段落・番号等を挿入することで読みやすくすることができるのではないかと思われる。試みに、以下のとおり書き直してみた。

（記載例１－５－６　短文化した例）

　東京地方裁判所において、本件の如き服地の代金の支払いについては、①国の支出の原因となる購入契約（支出負担行為）をする場合には、会計法令上、配賦された予算に基き最高裁判所長官から、支出負担行為について、委任を受けた所謂支出負担行為担当官（裁判所会計事務規程によれば、本件当時、東京地方裁判

所会計課長）がこれをなし、原則としてその名義を以て契約書を作成し、これに記名、押印することを要する、②その代金の支払は最高裁判所長官から支出について委任を受けた支出官（前記規定によれば本件当時東京地方裁判所長）の振出す日本銀行を支払人とする小切手を以てする、以上のとおりとされていた。

　他方、証人（略）の各証言と弁論の全趣旨によれば、東京刑事地方裁判所職員の間では、以下のとおりの手続が行われていたことが認められる。

1　戦時中から、職員相互の福利厚生をはかるため、有志の者が生活必需物資を他から入手して職員に配分した上、金員を集めて仕入先に支払うことをやっていたのであるが、煩瑣なため、職員の希望により、同裁判所では比較的閑な職員をして、庶務係分室という名称のもとに、同裁判所職員のため右のような福利厚生活動に専従させることとした。

2　この福利厚生活動は、別にこれに関する規約が定められたようなことはなかったが、右専従職員によって一応組織化されて恒常的に運営されるに至り、これを誰言うとなく自然発生的に一般に「厚生部」という名称を以て呼称するようになった。天野徳重は昭和二十一年頃から右厚生部の事務を担当することになった。同二十二年五月東京刑事東京民事各地方裁判所が合体して東京地方裁判所となった後も右厚生部は民事関係職員間に、以前からあった同種の組織である互助会と併立して活動を続けてきた。

3　ところが、昭和二十三年八月下級裁判所事務処理規則の施行に伴い東京地方裁判所総務課に厚生係がおかれることになったので、同裁判所では天野等右厚生部の事業にたずさわっている職員をそのまま厚生係にあて、同裁判所の事務としての職員の福利厚生に関する事項を分掌させると共に、従前どおり厚生部の事業の担当者として、これを継続処理させることとした。天野は厚生係の室にあてられた同裁判所本館一階の室において東京地方裁判所厚生部という名義で、他と取引を継続してきた。

4　昭和二十四年四月司法協会の設立に伴い前記互助会はこれに吸収されたが、厚生部は帳簿もなく整理ができなかったため吸収されず、更にその後新な取引がなされた結果、結局吸収されることなく現在に至った。

5　厚生部はその取引に当り発註書や支払証明書という書面を発行交付しており、右書面作成のために会計課から交付を受けた裁判用紙を使用し、又刑事訴訟廷課にあった東京地方裁判所の印章を使用押捺したことがあった。しかし、かかる裁判用紙や印章の使用を東京地方裁判所において黙認した事実はなく、厚生部は文書の授受にしても取引や経理においても東京地方裁判所のそれとは全く関係なく行ってきた。

【コラム 7　文章術】

　本書でいうところの「文章術」とは、訴状や準備書面をいかに分かりやすく、説得力のあるものにするかということであって、洗練された、気の利いた文章を書くためのものではありません。ただ、せっかく文章を書くのなら、分かりやすいというだけでなく、読み手になにがしかの好印象を残したいと思うのではないでしょうか。

　訴訟で提出される文は、正確性が第一ですから、読点を適宜挿入することで文意を明確にします。そのため「原告は、被告に対し、令和元年 1 月 10 日、金 100 万円を、返済期日令和 2 年 12 月末日、利息年 5 分、損害金年 1 割として、貸し渡した」などという文になることがあります。読点の打ち方に決まりはありませんから、これで問題ないのですが、ぶつ切りの文は見苦しい印象を与えるうえ、かえって読みにくくなります。丸谷才一は「(中略) 読点が多すぎる文章を書くならば、意味のまとまりをつける作業を読点に頼りがちになるため、かへつて明晰さを欠くおそれがあるやうな気がする」と述べています (同『文章読本』中公文庫 327 頁)。

　前段の文くらいの長さなら、読点抜きで「原告は被告に対し令和元年 1 月 10 日金 100 万円を返済期日令和 2 年 12 月末日利息年 5 分損害金年 1 割として貸し渡した」と書いても誤読することはないでしょうが、読みづらくはあります。このような場合、例えば「原告は被告に 100 万円を貸し渡した。貸付日は令和元年 1 月 10 日であり、条件は下記 (略) のとおりである」と二つの文に分解すればどうでしょうか。

　最初の文は「原告は……貸し渡した」と主語と述語が離れています。この程度の長さならそれでも問題はないでしょうが、さらに長くなると読みづらくなります。二番目の文は主語と述語の距離を近づけるという点でも読みやすくする工夫がされています。

　著名な作家が文章術に関する書を著していますが、そこでは文体やレトリックについても論じられています。筆者の印象に残ったフレーズは以下のようなものです。

　　(中略) ちょっと気取って書くといふこと、あるいは、気取らないふりをして気取るといふこと、それこそは文体の核心にほかならない (丸谷・上掲 223 ページ)。
　　(中略)「さて」とか「ところで」とか「実は」とか (中略) そういう言葉

を節の初めに使った文章は、如何にも説話体的な親しみを増しますが、文章の格調を失わせます（三島由紀夫「文章読本」中公文庫 184 ページ）。

2　説得力を高めるよう心がける

⑴　法的三段論法

　説得力のある文章を書くには、法的三段論法を駆使することが求められる。法的三段論法とは、三段論法を法律論に応用したものである。

　三段論法とは、(a)すべての人間は死ぬ、(b)ソクラテスは人間である、(c)ゆえにソクラテスは死ぬ、というように、ふたつの前提からひとつの結論を導き出す推論方法である。ここで、一般的な前提である(a)を大前提、具体的な命題である(b)を小前提という。

　法的三段論法の場合は、大前提は法律であり、小前提は事実であり、事実を法律に当てはめた結果が結論ということになる。さらに分析すれば、法律とは要件事実と法律効果を定めたものであるから、ある法律（判例や条理を含む）の要件事実と法律効果を大前提として定立し、証拠から小前提となる具体的事実を認定し、それを大前提に当てはめて結論を導き出すという過程を通ることになる。

　このような法的三段論法を意識して書くことが、準備書面等の説得力を高めることになるのである。

　最高裁は、宅配便の荷受人が貨物運送業者に対し運送中の荷物の紛失を理由として責任限度額を超える損害の賠償を請求することが信義則に反し許されないとした（最判平成 10・4・30 集民 188-385）。以下の記載例は、最高裁が理由として判示する部分である。下記の1と2が大前提、3が小前提と結論である。
（記載例1－5－7　法的三段論法の例）

> 1　宅配便は、低額な運賃によって大量の小口の荷物を迅速に配送することを目的とした貨物運送であって、その利用者に対し多くの利便をもたらしているものである。宅配便を取り扱う貨物運送業者に対し、安全、確実かつ迅速

に荷物を運送することが要請されることはいうまでもないが、宅配便が有する右の特質からすると、利用者がその利用について一定の制約を受けることもやむを得ないところであって、貨物運送業者が一定額以上の高価な荷物を引き受けないこととし、仮に引き受けた荷物が運送途上において滅失又は毀損したとしても、故意又は重過失がない限り、その賠償額をあらかじめ定めた責任限度額に限定することは、運賃を可能な限り低い額にとどめて宅配便を運営していく上で合理的なものであると解される。

2　右の趣旨からすれば、責任限度額の定めは、運送人の荷送人に対する債務不履行に基づく責任についてだけでなく、荷受人に対する不法行為に基づく責任についても適用されるものと解するのが当事者の合理的な意思に合致するというべきである。けだし、そのように解さないと、損害賠償の額を責任限度額の範囲内に限った趣旨が没却されることになるからであり、また、そのように解しても、運送人の故意又は重大な過失によって荷物が紛失又は毀損した場合には運送人はそれによって生じた一切の損害を賠償しなければならないのであって、荷受人に不当な不利益をもたらすことにはならないからである。そして、右の宅配便が有する特質及び責任限度額を定めた趣旨並びに約款において荷物の滅失又は毀損があったときの運送人の損害賠償の額につき荷受人に生じた事情をも考慮していることに照らせば、荷受人も、少なくとも宅配便によって荷物が運送されることを容認していたなどの事情が存するときは、信義則上、責任限度額を超えて運送人に対して損害の賠償を求めることは許されないと解するのが相当である。

3　ところで、本件の事実関係によれば、本件荷物の荷受人である上告人は、品名及び価格を正確に示すときは被上告人又はその他の貨物運送業者が取り扱っている宅配便を利用することができないことを知りながら、鈴木との間で長年にわたって頻繁に宅配便を利用して宝石類を送付し合ってきたものであって、本件荷物についても、単にこれが宅配便によって運送されることを認識していたにとどまらず、鈴木が被上告人の宅配便を利用することを容認していたというのである。このように低額な運賃により宝石類を送付し合うことによって利益を享受していた上告人が、本件荷物の紛失を理由として被上告人に対し責任限度額を超える損害の賠償を請求することは、信義則に反し、許されないというべきである。

⑵ 事実の重要性

　法律解釈が争われる事件はそれほど多くないのであって、民事訴訟で最も争点となるのは、事実認定である。事実認定については、要件事実を直接証明する証拠の証明力が問題になるだけでなく、間接事実から要件事実を推認する際に、それに使われる経験則の適否も問題となる。

　説得力のある書面を作成するには、証拠の評価を的確に行い、経験則を踏まえた推論を展開することが肝要である。

　この場合において、事実を記載するには、時系列で書くのがもっとも適当である。事実経過を明らかにすることで、事件のストーリーが明らかになり、裁判官が事件を理解するのに役立つからである。裁判官としては、両方の当事者から提示されたストーリーを読み比べ、いずれが合理的であるか、また、争いのない事実や争い難い事実（客観的な書証が存在するもの等）と整合性を有しているかを検討し、人証尋問の前に既に暫定的な心証を抱いている。早期に有利な心証を抱かせるという意味では、準備書面に事実経過を記載することは有効である。

　事実として取り上げるべきは、要件事実の主張立証のために意味のあるものでなければならない。大量の事件を処理しなければならない裁判官は、要件事実の主張立証を第一と考えており、当事者本人が事件に対して抱いている個人的な感情や思惑には余り興味がない。要件事実とは無関係な事実や、重要性を有しない些細な事実を事細かに記載することは、却って裁判官に悪印象を与えかねないので、避けるべきである。もちろん、依頼者の手前それなりに触れることは必要かも知れないが、ほどほどにするのがよい。

　もちろん、合理的なストーリーを構築することや、つじつまを合わせることに気をとられすぎて、証拠と離れることは避けなければならない。

　このような観点は、準備書面だけでなく陳述書においても必要である。陳述書の記載事項のところで再論することとしたい（191ページ）。

⑶ 相手方の主張に対する反論の技法

　相手方の主張に反論するにも法的三段論法を基礎として行うのが説得力を有

する。したがって、①法律解釈の誤りを指摘する、②事実認定の誤りを指摘する、③事実の法律への当てはめの誤りを指摘する、以上のような反論方法をとることになる。

　ここでも、事実認定がもっとも重要である。事実認定の誤りとは、特定の事実認定が誤っていることだけでなく、間接事実から要件事実を推認する過程の誤り（経験則違反）を含むものである。

　最高裁判所は、数社を介在させて順次発注された工事の最終の受注者である原告と、原告への発注者である被告との間で、被告が請負代金の支払を受けた後に原告に対して請負代金を支払う旨の合意（入金リンク条項）があったという事案において、入金リンクは、原告に対する請負代金の支払につき、被告が請負代金の支払を受けることを停止条件とする旨を定めたものではないと判示した（最判平成22・10・14集民235-21）。それを参考にして、以下のとおり原告の準備書面を作成してみる。

（記載例 1 － 5 － 8　反論の例）

　1　被告は、本件入金リンク条項は、本件代金の支払につき、被告が本件機器の製造等に係る請負代金の支払を受けることを停止条件とする旨を定めたものと解するのが相当であると主張する。その理由とするところは、①被告は、入金リンク条項につき、被告が請負代金の支払を受けなければ、原告に上告人に対して本件代金の支払をしなくてもよいという趣旨のものととらえていた、②原告も、被告を相手方として本件請負契約を締結してはいるものの、本件機器の製造等に係る打合せ、引渡しの状況等に照らせば、実質的には、下請け業者ら支払われる本件機器の製造等に係る請負代金を通過させる役割を期待していたにすぎなかった、以上のとおりである。

　2　しかしながら、被告の主張は、入金リンク条項の趣旨を誤ったものであり、かつ、経験則にも反するものであって、失当というべきである。その理由は、以下のとおりである。

　　第 1 に、本件請負契約は有償双務契約であるところ、一般に、下請負人が、自らは現実に仕事を完成させ、引渡しを完了したにもかかわらず、自らに対する注文者である元請負人が注文者から請負代金の支払を受けられない場合には、自らも請負代金の支払が受けられないなどという合意をすることは、通常は想定し難いものというほかはない。

　　第 2 に、特に、本件請負契約は、代金額が 3 億 1500 万円と高額であるところ、

地方自治体を発注者とする公共事業に係るものであって、そこからの請負代金の支払は確実であることからすれば、原告と被告との間においても、各下請負人に対する請負代金の支払も順次確実に行われることを予定して、本件請負契約が締結されたものとみるのが相当である。自らの契約上の債務を履行したにもかかわらず、被告において上記請負代金の支払を受けられない場合には、自らもまた本件代金を受領できなくなることを原告が承諾していたなどということはあり得ない。

　第3に、被告も、本件入金リンク条項につき、本件機器の製造等に係る請負代金の支払を受けなければ、原告に対して本件代金の支払をしなくてもよいという趣旨のものととらえていたとは考えられない。仮に、そのような認識を有していたとしても、それで同条項が停止条件を定めたものと認めることは到底できないというべきである。

3　上記のとおり、有償双務契約である本件請負契約の性質に即して、当事者の意思を合理的に解釈すれば、本件入金リンク条項の趣旨は、被告が請負代金の支払を受けたときは、その時点で本件代金の支払期限が到来すること、また、被告が支払を受ける見込みがなくなったときは、その時点で本件代金の支払期限が到来すること、以上のようなものであったと解するのが相当である。

4　よって、裁判所におかれては、本訴請求を速やかに認容されるよう求める。

【コラム8　反論の作法】

　相手方の主張に対する反論は、本文でも述べたとおり大前提（法律）に対する反論、小前提（事実）に対する反論、結論（当てはめ）に対する反論の三つに分けられます。それぞれについて使う表現が異なります。以下のようなものがあり得ます。

　法律論に対しては、「原告（被告）は……と主張するが、それは法の解釈を誤ったものである」「原告（被告）の主張はそれ自体失当（不当）である」などと書きます。

　事実主張に対しては、「原告（被告）は……と主張するが、そのような事実は認められない」「原告（被告）の主張する事実を認めるに足る証拠はない」「原告（被告）の主張に沿う証拠はない）」などと書きます。なお、ここでは答弁書による請求原因の認否とは違う場面での反論を想定していますが、ここでも理由を書くことは同じです。

　当てはめに対する反論は、「原告（被告）の主張する事実から……を認めることはできない」「原告（被告）の主張事実をもってしても、……という結論を導くことはできない」などと書きます。

　もちろん、これで終わりではなく、そのあとに理由を付け加えます。言いっぱなしでは説得力がありません。理由は結論の前に述べても構いませんが、本文では結論を述べた後で理由を述べる方法を採用しています。

　結論を先に述べて理由を後から述べるのは、文章を分かりやすくするひとつの工夫ですが、これは最高裁の破棄判決に倣ったという部分もあります。

　最高裁は、原判決を破棄する場合には、まず項を立てて「原審の適法に確定した事実関係の概要は、次のとおりである」とし、判断の基礎となる重要な事実を摘示したうえで、次に項を改めて「しかしながら、原審の上記判断は是認することができない。その理由は次のとおりである」として、その理由を列挙する書き方をしています。

　「原審の適法に確定した事実」を「相手方の主張」とし、「原審の上記判断は是認することができない」を「相手方の主張は失当である」に置き換えればよいのです。相手方の主張が失当である具体的な理由は引き続き項目別に述べるのですが、とりあえず、「相手方の主張は、事実誤認かつ法令の解釈適用を誤ったものであり失当である」とか「相手方の主張は、経験則に反するものであり失当である」などと、抽象的な理由を挙げることもあります。

3　良い印象を与えるよう心がける

　準備書面の読者として想定すべきは、裁判官であって、相手方でも依頼者でもない。訴訟になると、どうしても相手方が提出する準備書面に逐一反論しなければ気が済まないし、その表現振りも気になるものである。そのため、本来の争点とは無関係な議論に深入りし、また、相手を弾劾したいがために、誹謗中傷するような表現になることがある。依頼者はそのような書面を読んで満足するかも知れないが、裁判官に良い印象を与えるものではない。却って、訴訟代理人の知性や品性を疑わせるおそれもあるので、そのような記載はつとめて避けるべきである。

　準備書面による名誉毀損が問題になることもある。大概は正当な訴訟活動とされることになると思われるが、注意すべきである。実際に準備書面による名

誉毀損が問題となった事例では、損害賠償は認められなかったものの、例えば「上告人の主張は（中略）その厚顔無恥さ加減には呆れ果てるのみである」とか「明らかな虚偽の、且つ子供騙しのような、とぼけた主張、立証を行う」などといった表現が問題となっている（東京地判平成16・8・23判時1865-92）。

　また、本来の争点とは関係のない主張や、些末な議論をすることで書面が長くなることも避けなければならない。裁判所は、些末な論点まで逐一主張の応酬がされ、繰り返しや揚げ足取りがされることを好まない。ここでも、準備書面は裁判所を説得するためのものであり、相手方を弾劾するためのものでないことを肝に銘ずべきである。

　裁判官は、準備書面には事案に応じた適当な長さというものがあると考えている。議論を無理矢理引き延ばし、あるいは、同じ議論を何度も繰り返すことによって、不相当に長くなる準備書面は好まれない。依頼者向けなのか、時間で報酬を取っているのかと疑われるかも知れない。

　もちろん、事案によっては必然的にそれなりの分量となる場合もあろう。そのような場合には、項目を立て、目次を付すなどして、できる限り読みやすくする配慮が必要と思われる。

第2章　証拠関係文書

第1　はじめに

　裁判官が判決の基礎となる事実を認定する資料を取得するための手段を証拠といい、証拠として取調の対象となる有形物を証拠方法という。証拠方法には、人を尋問して供述を証拠とする人的証拠（人証）と、それ以外の方法で取り調べる物的証拠（物証）とがある。人証には証人、鑑定人、当事者本人の3種類があり、物証には文書、検証物の2種類がある。それぞれの取調の手続が法第2編第4章と規則第2編第3章に規定されている。

　証拠の申出に当って作成されるのが証拠申出書である。証拠申出書には、証明すべき事実と証拠との関係（これを「立証趣旨」という）を具体的に示さなければならない（法180条1項、規則99条1項）。証拠申出書は相手方に直送しなければならない（規則99条2項、規則83条）。

　証拠の申出に対し、裁判官が採否の決定（これを「証拠決定」という）をすることにより、証拠調べが施行され、または申出が却下される。

　文書の証拠調べを書証という。書証の申出は、文書を提出することで行うことができ（法219条）、この場合は、文書の写しと証拠説明書を提出しなければならない（規則137条1項）。このように、書証の申出は、証拠申出書を提出する代わりに、文書の写しと証拠説明書を提出することによってされる。書証の場合も裁判官による証拠決定はあるが、却下する場合を除き、明示の証拠決定はされないのがふつうである。

　書証の申出には、上記のように自ら所持する文書を提出する方法だけでなく、①文書の所持者に対してその提出を命ずることを申し立てる方法（法219条）、②文書の所持者に対して文書の送付を嘱託することを申し立てる方法（法226条）、以上の方法によってすることもできる。前者を「文書提出命令の申立」

といい、文書の所持者に文書の提出義務がある場合に行われる。後者を「文書の送付嘱託の申立」といい、文書の所持者に任意の提出を求めるものである。

　これらの場合には、文書提出命令（文書送付嘱託）申立書を作成し、裁判所に採用されることにより、文書の所持者に提出命令又は提出の嘱託がされる。所持者から裁判所に文書の写しが提出されれば、それを弁論に上程することで証拠調べは終了するというのが法の建前であるが、実務上は、申立をした当事者が送付文書を謄写し、書証番号を付して提出する[1]。

---

1) 写しを原本とするか、原本に代えて写しを提出する。この点は後述する。

第 2　証拠申出書

1　証人尋問・当事者尋問

　証人と当事者本人の尋問の申出は、できる限り、一括してしなければならない（規則 100 条）。そこで「証拠申出書」「人証申請書」「人証申出書」などの表題の下で、証人と当事者本人の尋問の申出を一括して行うのがふつうである。

　人証尋問の申出は、人証を指定し、かつ、尋問に要する見込みの時間を明らかにしなければならない（規則 106 条、規則 127 条）。また、人証尋問の申出をするときは、尋問事項書を提出しなければならず、尋問事項書は、できる限り、個別的かつ具体的に記載しなければならない（規則 107 条 1 項、2 項）。そのほか、実務上、人証について裁判所による呼出を求めるのか、同行するのかを明らかにする。

（記載例 2 － 2 － 1　証拠申出書）

東京地方裁判所令和○年㈠第○○号　貸金返還請求事件
原　告　甲　野　太　郎
被　告　乙　野　次　郎

証拠申出書

令和○年○月○日

東京地方裁判所民事○部○係　御中

　　　　　　　原告訴訟代理人弁護士　丙　野　三　郎　㊞

　頭書事件につき、原告は、以下のとおり証拠の申出をする。なお、略語等は従前のとおりとする。
第1　人証の表示
　1　東京都千代田区有楽町○丁目○番○号
　　　証　人　丁　野　四　郎　同行（30 分）
　2　東京都千代田区霞が関○丁目○番○号
　　　原告本人　甲　野　太　郎　同行（30 分）

第2　立証趣旨
　1　証人丁野四郎は、原告が被告に金○○円を貸し渡した際に証人として立ち会い、その旨契約書に署名した者である。同証人により、本件消費貸借契約[2]の成立を立証する。
　2　原告は本件消費貸借契約の当事者である。原告本人により、本件消費貸借契約が有効に成立したことを立証する。
第3　尋問事項
　　別紙尋問事項書記載のとおり。

（別紙）

尋問事項書

第1　証人丁野四郎
　1　経歴
　2　本件消費貸借契約書に署名した際の状況
　3　原告と被告との協議に立ち会った際の状況
　4　その他本件に関連する事項
第2　原告本人
　1　経歴
　2　本件消費貸借契約に至る交渉経緯
　3　本件消費貸借契約書に署名した際の状況
　4　被告に対して貸金の返還を求めた際の状況
　5　その他本件に関連する事項

【コラム9　尋問事項書】

　人証に関する証拠申出には尋問事項書を提出しなければならず、かつ、尋問事項書はできるだけ個別的かつ具体的に記載しなければなりません（規則107条、127条）。しかしながら、尋問事項書は二つの点で重要性を欠いているように思えてなりません。
　第1に、現在では交互尋問が中心であり裁判所による尋問は補充的な役割を担っているに過ぎないので、事前に裁判官が個別・具体的な尋問事項を知る必要は必ずしもありません。本人訴訟において裁判官が本人尋問をするには必要

---

2)　本件消費貸借契約の内容は訴状で特定されている。冒頭に「略語等は従前どおりとする」と記載するのは訴状の記載を引用するためである。

でしょうが、弁護士が代理人についている場合にまで詳細な尋問事項の提出を求める意味はあまりないように思います。

　第 2 に、尋問の前に陳述書が提出されます。そこには詳細な事実が記載されており、それが証拠申出にかかる尋問事項そのものです。それゆえ、証拠申出書に添付する尋問事項書に「別紙陳述書記載のとおり」としても問題はないのではないでしょうか。

　現に、尋問事項として「原告と証人の関係について」「本件消費貸借契約書作成の経緯について」などと記載されていても怪しむ者はいません。本来なら「証人は原告と何時知り合ったか……」「証人は甲第 1 号証（金銭消費貸借）を見たことがあるか……」等と書くのが「個別・具体的」なのでしょうが、そんなのはお構いなしです。

　筆者も、あるとき尋問事項書に「陳述書（追って提出予定）のとおり」と書いて提出したところ特に咎められなかったということがあります（もちろん、具体的に記載するように指示されたこともあります）。

　人証の採否の判断には証明しようとする事実と人証との関係（立証趣旨）が具体的に明示されていることが必要ですから、立証趣旨を必要的記載事項とする（規則 99 条 1 項）のは理解できます。しかし、尋問事項書については陳述書の引用で構わないのではないかと考えています。

2　鑑定

　鑑定とは、特別の学識経験を有する者に、その専門的知識又はそれに基づく判断を訴訟上報告させ、裁判官の認定判断の補助とするための証拠調べであり、その証拠方法が鑑定人である。鑑定は人証の一種であり、鑑定人が鑑定書を提出しても、それが書証として扱われるのではない[3]。

　鑑定の申出をするときは、同時に（やむを得ない事由のあるときは裁判長の定める期間内に）、鑑定を求める事項を記載した書面を提出しなければならない（規則 129 条 1 項）。当該書面は相手方に直送しなければならず、相手方はそれに対して意見を記載した書面を裁判所に提出することができる（同条 2 項・3 項）。

　医療過誤、建築紛争、知的財産等の専門分野に関する訴訟については、当該

---

　3)　訴訟外で学識経験者に鑑定書を作成させて提出すれば、その取調は書証である。

専門分野に関する学識経験者の知識を利用することが多い。アンケート方式[4]やカンファレス方式[5]による鑑定が行われることがある。

　もっとも、最近では、鑑定という形ではなく、当事者双方に対して鑑定書や意見書という表題の書面を専門家に作成させて提出する方法を指示する場合が多い[6]。

（記載例2－2－2　鑑定申出書）

東京地方裁判所令和○年(ワ)第○○号　損害賠償請求事件
原　告　甲　野　太　郎
被　告　医療法人○○会

鑑定申出書

令和○年○月○日

東京地方裁判所民事○部○係　御中

原告訴訟代理人弁護士　乙　野　次　郎　㊞

　頭書事件につき、原告は、以下のとおり鑑定の申出をする。なお、略語等は従前とおりとする。
第1　立証趣旨
　　　原告に生じた後遺障害が被告病院の○○医師の診療行為に起因するものであること、および当該診療行為に過誤があったこと。
第2　鑑定事項
　　　別紙鑑定事項書記載のとおり。

（別紙）

鑑定事項書

1　原告に生じた後遺障害（右上肢の機能障害）の原因は何か。
2　上記後遺障害の原因となる疾患の発症を防止するための措置は何か。

---

4)　複数の鑑定人にアンケート形式の鑑定事項に対する回答を求め、その回答書を鑑定意見とする鑑定方法をいう。
5)　複数の鑑定人が問題点について議論し、その議論の過程や結論を鑑定意見とする鑑定方法をいう。
6)　鑑定人の選任や鑑定書の作成による訴訟の遅延を避けるためである。

3　本件手術のいかなる時点で上記2の措置がされるべきであったか。

4　上記3の時点で上記2の措置がされたとすれば後遺障害の発生は阻止できたといえるか。

【コラム 10　専門委員】

　法92条の2第1項は「裁判所は、争点若しくは証拠の整理又は訴訟手続の進行に関し必要な事項の協議をするにあたり、訴訟関係を明瞭にし、又は訴訟手続の円滑な進行をはかるために必要があると認めるときは、当事者の意見を聴いて、決定で、専門的な知見に基づく説明を聴くために専門委員を手続に関与させることができる」と規定しています。専門的な知見を要する事件への対応強化を目的として平成15年の法改正によって導入された制度です。

　専門委員は、専門訴訟における争点整理を円滑にする目的で関与しますが、それだけでなく、証拠調期日、和解期日への立会も認められています（法92条の2第2項、第3項）。裁判所がいかに専門委員の専門的知見を重視しているかが分かります。

　ただ、多忙な裁判官は専門委員に依存しがちなので、この点は十分気をつけなければなりません。そもそも専門的知見が必ずしも必要とは思われない事件であるのに、事件の外形のみを見て専門委員の選任をしたがる裁判官がいると思います。裁判官の提案に対しても、安易に同意することなく、専門委員を選任する必要性についてきちんと議論すべきではないかと思います。

　専門委員はほんらい専門的知見を裁判官に与えることが職責であり、争点について判断する立場にはありません。そこで、専門委員が選任された場合でも、職責を超えて裁判官の判断に影響を与えることのないよう監視する必要があります。もちろん、こちらに有利な意見を持っていると思われる場合は特に異議を述べる必要はありませんが、不利な意見を裁判官に吹き込むことのないよう注意することが必要です。

　専門委員の選任は諸刃の剣です。裁判官が安易に専門委員に依存することのないようにすべきです。選任の可否、専門委員の説明の適否について異議がある場合には、適宜書面で主張するのがよいと思います。専門委員の説明に対する反論については、こちらも専門家の意見を聞いたうえで、必要とあれば意見書等を添付したうえで行うことも考えるべきでしょう。

3 書証

(1) 文書提出命令の申立

文書提出命令とは、文書の所持者が提出義務を負う場合に、所持者に対して文書の提出を命ずる裁判所の決定である。訴訟の当事者は、文書提出命令の申立をすることで書証の申出とすることができる（法219条）。

法220条によれば、文書の所持者が提出義務を負うのは、①当事者が訴訟において引用した文書を自ら所持するとき、②挙証者が文書の所持者に対しその引渡し又は閲覧を求めることができるとき、③文書が挙証者の利益のために作成され、又は挙証者と文書の所持者との間の法律関係について作成されたとき、④その他の文書で除外事由（同条4号イからホ）のいずれにも該当しないとき、以上の4つの場合である。

文書提出命令の申立ては、書面でしなければならない（規則140条1項）。文書提出命令申立書の記載事項は、文書の表示、文書の趣旨、文書の所持者、立証趣旨、文書提出義務の原因、以上とするのがふつうである。

当事者が文書提出命令に従わないときは、裁判所は、当該文書の記載に関する相手方の主張を真実と認めることができる（法224条1項）。それゆえ、文書提出命令の申立をする当事者は、文書の記載がいかなるものであるかを主張しなければ意味がない。記載例は「文書の趣旨」という項を立てて文書の記載に関する主張をしている。もちろん、準備書面で主張しても構わない。

（記載例2－2－3 文書提出命令申立書）

東京地方裁判所令和○年(ワ)第○○号 貸金返還請求事件
　原　告　甲　野　太　郎
　被　告　乙野商事株式会社

文書提出命令申立書

　　　　　　　　　　　　　　　　　　　　　令和○年○月○日

東京地方裁判所民事○部○係　御中
　　　　　　　　　原告訴訟代理人弁護士　丙　野　三　郎　㊞

　頭書事件につき、原告は、以下のとおり文書提出命令の申立をする。なお、略語等は従前とおりとする。

1　文書の表示

　　被告会社の作成保管にかかる令和○年○月○日開催の取締役会議事録

2　文書の趣旨

　　本件取締役会議事録には、被告会社の取締役であった原告の父甲野一郎が令和○年○月○日に被告会社に対して金○○円を貸し付けるについて、令和○年○月○日開催の取締役会で承認した旨の事実が記載されている。

3　文書の所持者

　　被告会社

4　立証趣旨

　　上記文書により、甲野一郎が被告会社に対して金○○円を貸し付けたこと、及びそれについて会社法356条所定の承認が得られていることを証明する。

5　文書提出義務の原因

　　民事訴訟法220条3号

⑵　文書送付嘱託の申立

　文書送付嘱託は、文書の所持者に任意にその文書の送付を依頼することである。当事者が法令により文書の正本又は謄本の交付を求めることができる場合は、文書提出命令の申立ができるので、文書送付嘱託の申立はできない（法226条）。文書送付嘱託の申立にも書証の申立の効力がある（同条）。

（記載例2－2－4　文書送付嘱託申立書）

東京地方裁判所令和○年(ワ)第○○号　不動産登記抹消登記手続請求事件

原　告　甲　野　太　郎

被　告　乙　野　次　郎

文書送付嘱託申立書

令和○年○月○日

東京地方裁判所民事○部○係　御中

原告訴訟代理人弁護士　丙　野　三　郎　㊞

　頭書事件につき、原告は、以下のとおり文書の送付嘱託を申し立てる。なお、略語等は従前とおりとする。
1　文書の表示
　　本件土地についてされた令和○年○月○日受付第○○号土地所有権移転登記申請書およびその付属書類一切
2　文書の所持者
　　東京法務局○○出張所
3　立証趣旨
　　上記文書により、本件土地の所有権移転登記申請書に添付された委任状にされた原告の署名捺印が偽造であることを証明する。

4　検証

　検証は、裁判官が五感の作用によって事物の性状・現象を感得し、その結果を証拠資料にする証拠調である。書証は文書の記載内容を証拠にするものであるのに対し、検証は検証物について感覚によって得た結果をそのまま証拠とするものである。したがって、文書であっても、紙質やインクの色等を証拠とする場合は検証となる。

　ただし、図面、写真、録音テープ、ビデオテープその他の情報を表すために作成された物件で文書でないものについては書証の規定が準用される（法231条）。

　検証の申出は、検証の目的を表示してしなければならない（規則150条）。

　土地の境界確定訴訟では、対象土地の現況について検証を実施することがある。記載例は以下のとおりである。

（記載例2－2－5　検証申出書）

東京地方裁判所令和○年(ワ)第○○号　土地境界確定請求事件
原　告　甲　野　太　郎
被　告　乙　野　次　郎

検証申出書

　　　　　　　　　　　　　　　　　　　令和○年○月○日

東京地方裁判所民事○部○係　御中

原告訴訟代理人弁護士　丙　野　三　郎　㊞

　頭書事件につき、原告は、以下のとおり検証の申出をする。なお、略語等は従前とおりとする。

1　立証趣旨

　　原告所有地と被告所有地との境界が訴状別紙図面別紙図面のア、イ、ウの各点を順次直線で結んだ線であること。

2　検証物

　　上記両土地間の境界部分およびその付近の状況

3　検証の目的

　　上記両土地間に設置された境界石及びブロック塀の位置、それらの設置状況、上記両土地の境界部分の形状と境界石及びブロック塀との位置関係を明らかにする。

5　証拠保全

　裁判所は、あらかじめ証拠調べをしておかなければその証拠を使用することが困難となる事情があると認めるときは、申立てにより、民事訴訟法の定める手続により証拠調べをすることができる（法234条）。訴訟提起の前後を問わず申し立てることができる。これを証拠保全という。

　証人が死亡するとか、検証対象物が廃棄されるおそれがある場合などに、証人尋問や検証をあらかじめ行うことがその例である。

　もっとも、医療過誤訴訟においては、改竄や隠匿のおそれがあることを理由にカルテの証拠調べが行われることがある。実質的には証拠収集を目的とするものであり、証拠保全制度の目的外使用であって、反対論も多いが、事実上容認されている。カルテの改竄等のおそれが保全の必要性を基礎づけるものであるから、証拠調べの方法は書証ではなく検証（カルテの記載内容ではなく、カルテに記載された文字とその配列を確認すること）である。

　カルテの証拠保全の記載例は以下のとおりである。

(記載例2-2-6 証拠保全申立書)

証拠保全申立書

令和○年○月○日

東京地方裁判所 民事部 御中

申立人訴訟代理人弁護士 甲 野 太 郎 ㊞

〒100-0013 東京都千代田区霞が関○丁目○番○号
申 立 人　　　乙 野 次 郎
上記法定代理人父 乙 野 太 郎
同　　　　母 乙 野 花 子
〒100-0006 東京都千代田区有楽町○丁目○番○号
○○ビルディング○階 ○○法律事務所（送達場所）
電 話　○○（○○○○）○○○○
ＦＡＸ　○○（○○○○）○○○○
申立人訴訟代理人弁護士 甲 野 太 郎
〒150-0012 東京都渋谷区広尾○丁目○番○号
相 手 方　　　医療法人○○病院
代表理事 丙 野 三 郎

第1 申立の趣旨

相手方の病院に臨み、相手方の保管する別紙記載の物件（以下「本件資料」という）について検証する。

第2 申立の理由

1 証すべき事実

申立人は、相手方病院において虫垂摘出手術を受けた際に、腰椎麻酔の際に投与された薬剤○○の副作用によって急激な血圧の低下を来し、呼吸停止・心停止となり、脳機能低下症を発症して知能低下や手足麻痺の後遺障害を負ったこと、および、相手方病院の医師には、同薬剤を使用して腰椎麻酔を行う際に生じうる副作用を防止するための措置を怠った過失があること。

2 保全の必要性

(1) 申立人は、相手方に対し、債務不履行又は不法行為に基づく損害賠償請求訴訟を提起する予定である。

(2) 本件資料は、上記訴訟における証拠書類として極めて重要なものとなることは明らかであるところ、全部相手方が所持しており、紛失や処分によって証拠として利用できなくなるおそれがある。

(3) 医療事故において、紛失や処分によって存在しないことを理由に診療記録の提出が拒否され、あるいは、診療記録に改竄が加えられることがある。本件においても、相手方は、申立人代理人による事前の面談において、相手方の責任を否定しており、自己に不都合な記載について、紛失や処分を理由に提出を拒否し、改竄を加えるおそれがないとはいえない。

(4) よって、本件資料を証拠として保全する必要性があるので、申立の趣旨記載の決定を求める。

第3　疎明方法

1　報告書　1通

2　死亡診断書　1通

3　文献　1通

第4　附属書類

1　疎明方法写し　各1通

2　資格証明書　1通

3　訴訟委任状　1通

（別紙）

申立人に関する

1　診療録

2　治療費の保険請求書控え

3　看護記録

4　X線写真

5　心電図

6　病理検査記録

7　その他診療に関して作成された関係書類及び記録の一切

第3 証拠説明書

1 意義

　証拠説明書とは、文書の標目、作成者及び立証趣旨を明らかにした書面であり、文書を提出して書証の申出をするときは、当該申出をする時までに証拠説明書を提出しなければならない（規則137条1項）。

　証拠説明書を提出することにより、裁判官において、申し出た文書の理解が容易になるという効果が期待される。それだけでなく、提出者においても、作成過程で文書と立証趣旨との関係を検討し、ベストエビデンスを提出することが可能になるという効果がある。それとともに、訴訟記録の作成義務を負う裁判所書記官の事務を軽減するという効果もあるとされている。

2 書式

　証拠説明書を提出する場合には、以下のような表形式で行うのがふつうである。

（記載例2－3－1　証拠説明書）

東京地方裁判所平成○年(ワ)第○○号　貸金返還請求事件
原　告　甲　野　太　郎
被　告　乙　野　次　郎

証拠説明書

令和○年○月○日

東京地方裁判所民事○部○係　御中
　　　　　　　原告訴訟代理人弁護士　丙　野　三　郎　㊞

　頭書事件につき、原告は、以下のとおり証拠説明書を提出する。なお、略語等は従前とおりとする。

号証	標目（原本・写し）		作成日	作成者	立証趣旨	備考
·						

3　号証

　原告は「甲第○号証」とし、被告は「乙第○号証」とする。

　原告が複数の場合には「甲A第○号証、甲B第○号証、甲C第○号証……」とし、被告が複数の場合は「乙第○号証、丙第○号証、丁第○号証……」とする。参加人（補助参加人、当事者参加人等）がある場合も、被告が複数の例による。もっとも、この点については、裁判所によって扱いが異なる可能性があるので、事前に照会するのがよい。

　提出する文書の番号は、物理的に1個の文書に1つの番号を付する。1個の文書の中に立証趣旨が異なる部分があっても、番号を区分することはしない。

　番号は提出の順序に従って付する。提出の順序に定めはない。通常は準備書面において書証を引用しつつ主張を記載することになるので、その順番に沿うことが多いと思われる。時系列や論理的な順序に沿って提出することも考えられるが、それが不可欠というわけでもない。

　関連する文書に枝番を付することがある。例えば、契約書と印鑑登録証明書、内容証明郵便と配達証明、刑事記録における個々の調書、戸籍と戸籍の附票などである。この場合には「甲第○号証の1、甲第○号証の2、甲第○号証の3……」とする。

　医療事件については、提出する文書の性質によって号証を異なるものとし、証拠説明書もそれぞれについて提出するよう求められる。裁判所によって異なる可能性があるが、通常は、診療経過や相続関係等の事実関係を証する文書（カルテ、戸籍謄本等）を「甲A第○号証・乙A第○号証」とし、医学知識を証する文書（文献、意見書等）を「甲B第○号証、乙B第○号証」とし、損害立証のための文書を「甲C第○号証、乙C第○号証」とする扱いがされている。

4 標目

　文書に表題が記載されている場合、その表題を正確に記載する。ただし、表題があっても、文書の内容に相応していない場合、題名らしくない場合、当事者以外は理解できない特殊な題名の場合は「『○○○』と題する書面」などと記載する。

　表題が同じ文書が複数ある場合は、作成日・作成者などを付加して記載することで特定する。例えば「被告作成の平成○年○月○日付メモ」などとする。

　文書に表題が記載されていない場合には、文書の形状や内容に応じて記載する（例えば「手紙」「封筒」「名刺」）ほか、書き出しの文言によって特定する（例えば「○○○で始まる文書」）。

　インターネットのウェブサイトをダウンロードした文書を提出する場合には、表題があればその表題を、表題がない場合は「○○○で始まる文書」と記載したうえで、それがウェブサイトの文書であることを付記する。

　写真や録音テープ等を証拠として提出する場合には、撮影又は録画対象やその日時を特定事項として付記する。

5 原本・写しの別

　「原本」は文書そのものであり、「写し」とは原本を複写したものである。写しには原本の全部を複写した「謄本」と、一部のみを複写した「抄本」とがある。謄本のうち認証のあるもの（登記簿謄本等）を「認証謄本」という。謄本のうち原本と同じ効力を有するものを「正本」という（判決正本等）。

　書証の申出は原本を提出する方法による。手元に原本がなく、写ししかない場合（文書提出命令又は文書送付嘱託で取り寄せた文書を提出する場合等）には、写しを原本として提出する方法と、原本に代えて写しを提出する方法とがある。

　相手方に異議がなく、原本の存在及び成立[7]に争いがないときは、原本に代えて写しを提出することができ、原本が提出されたのと同じ扱いになる。写し

---

7)　文書が作成者の意思に基づいて作成されたことをいう。「文書の成立が真正である」「文書が真正に成立した」とも言う。

そのものを原本として提出することもできるが、この場合は、提出者において原本の存在と成立を立証しなければならない。もっとも、文書を手書きで複製していた時代には、原本の存在と成立を問題にする必要があったが、現在では複写機で機械的に複製をするので、原本と写しの同一性は明らかであるから、実務でもこれら 2 つの方法の違いを詮索することはなくなったようである。

　文書を提出して書証の申出をするときは、文書の写し及び証拠説明書各 2 通（相手方が 2 以上であるときは、その数に 1 を加えた通数）を提出しなければならない（規則 137 条 1 項）[8]。相手方に送付すべき文書と証拠説明書は、相手方に直送することができる（規則 137 条 2 項）[9]。

6　作成日

　作成日欄には実際に文書が作成された年月日を記載する。

　文書の作成日が不明の場合でも「平成○年（○月）ころ」というように、できるだけ記載するようにするが、やむを得ない場合は「作成日不詳」とするほかない。

　文書に明記されている日付が実際の作成日と異なる場合でも、実際の作成日を記載するのがよい。この場合において、日付が異なる理由が重要であれば備考欄に記載する。

7　作成者

　文書の作成者とは、当該文書に表示された思想内容を保持し、表明した者を意味し、物理的に当該文書を筆記した者と同一である必要はない。他人が本人の意思に基づいて作成した文書の場合（署名代理）は本人が作成者となる。

　文書は作成者の意思に基づくものであることで証拠能力を有する。これを「文書の成立が真正であること」といい、そのような文書が「形式的証拠力」

---

8)　ここで提出される写しのうち、裁判所提出用のものを正本といい、相手方に直送するものを副本ということがある。

9)　実務上は直送が原則である。

を有するという。相手方が文書の成立を争う場合、文書の提出者においてその文書が真正であることを証明しなければならない（法 228 条）。その意味で作成者を主張する必要性がある。

　作成者の記載のある文書が提出された場合、当該作成名義人が作成者であると主張されたものと解される。この場合、作成者欄に名義人以外の者を記載するときは、文書成立の経緯（署名代理であること、偽造文書[10]であること等）を記載する。

　1 通の文書でも作成者が複数の場合（連名の書簡、著者複数の文献、売買契約書等）には、全部の作成者を記載するのが望ましいが、多過ぎで難しい場合は「○○ほか」と記載して構わない。

8　立証趣旨

　立証趣旨とは、当該文書によって証明すべき事実（要証事実）に関する説明をいう。証拠の申出は証明すべき事実を特定してしなければならず（法 180 条 1 項）、証明すべき事実及びこれと証拠との関係を具体的に明示しなければならない（規則 99 条 1 項）ので、要証事実と文書との関係を具体的に説明することが求められる。

　要証事実は要件事実に限定されるものではなく、却って、間接事実まで踏み込んで記載する方が分かりやすい場合もある。借用証書を提出するのであれば、立証趣旨は「金銭消費貸借契約を締結したこと」とすればよいが、借用証書がないので、その代わりに貸金調達の証拠として預金通帳を提出するのであれば、立証趣旨は「金銭を貸し付けるために預金を引き出したこと」と記載するほうが分かりやすい。

---

10)　偽造文書については後記**第 3** の **10**（172 ページ）参照。

9　備考

(1)　標目に記載しない情報

　既に述べたとおり、文書を提出して書証の申出をするときは、原本を提出することが原則であるが、①文書提出命令を申し立てること、②文書送付嘱託を申し立てること、以上の方法によることもできる（法219条、226条）。もっとも、①②によって裁判所が取得した文書は、そのまま証拠にするのではなく、当事者が謄写して写しを提出することが行われる。このような文書の入手経過は、標目に記載されることが多いが、備考に記載しても構わない。

　上記**5**にあるような「写しを原本として提出すること」や「原本に代えて写しを提出すること」も備考に記載する。

(2)　その他

　他事件で取り調べられた証人調書の写しを当事件において文書として提出することがある。その場合、当該証人調書で引用された文書の書証番号と当事件で提出した文書の書証番号との対応関係を明らかにすることが必要になるので、それを備考欄に記載することが考えられる。

　弁論準備手続終了後に新たな文書を提出する場合、相手方の求めがあるときは、終了前にこれを提出できなかった理由を説明しなければならない（法174条、167条）ので、そのような理由を備考欄に記載することが考えられる。

10　各種文書の記載例

(1)　登記簿謄本

　登記簿が帳簿として作成されていた時代には、登記簿に記載された事項の写しを作り、登記官が「これは登記簿謄本である」という認証文言を付して写しを交付していたので、それを「登記簿謄本」と呼んでいた。これに対し、現在では登記簿が登記情報を電磁的に保存したものとなっているので、登記官は

「これは登記簿に記載された事項の全部を証明した書面である」という認証文言を付するようになった。そこで、文書の標目として、前者を「登記簿謄本」とし、後者を「全部事項証明書」とするようになった。もっとも、後者についても「登記簿謄本」と記載することがある。

　不動産の場合は「不動産登記簿謄本」と「全部事項証明書」であり、法人の場合は「商業登記簿謄本」と「履歴事項全部証明書」である。

（記載例 2 − 3 − 2　登記簿謄本）

号証	標目（原本・写し）		作成日	作成者	立証趣旨	備考
甲 1	全部事項証明書（土地[11]）	原本[12]	R1.7.1	○○法務局登記官	原告が本件土地を相続により取得したこと。	
甲 2	履歴事項全部証明書（株式会社[13]）	原本	R1.7.1	同上	原告が○○株式会社の取締役であること。	

⑵　内容証明郵便

　内容証明郵便とは「誰が、誰宛てに、いつ、どんな内容の手紙を出したのか」ということを郵便局（日本郵便株式会社）が公的に証明してくれる郵便（手紙）である。内容証明郵便が相手に何月何日に配達したのかを、手紙の差出人に証明してくれるものを配達証明書という。

　内容証明郵便は確定日付ある証書となり、債権譲渡の対抗要件になるなど法的な効力を有するので、当該文書が内容証明郵便であることを証拠説明書に記載することが適当である。記載場所は「標目」が多いが、「備考」でも構わない。

（記載例 2 − 3 − 3　内容証明郵便）

号証	標目（原本・写し）		作成日	作成者	立証趣旨	備考
甲 1-1	催告書（内容証明郵便）	原本	R1.7.1	原告代理人郵便認証司[14]	原告が被告に対し、本訴請求にかかる債権の支払を催告したこと。	
甲 1-2	郵便物配達証明書	原本	R1.7.2	郵便認証司	甲第 1 号証の 1 が被告に到達したこと。	

---

11)　全部事項証明書の場合、記載例のように土地と建物を区別する。

12)　登記簿・全部事項証明書の場合、認証謄本それ自体が原本である。

13)　履歴事項全部証明書の場合は「株式会社」「合名会社」「合資会社」「合同会社」等法人の区別を記載する。

⑶ 写真等

　図面、写真、録音テープ、ビデオテープその他の情報を表すために作成され
た物件で文書でないものには、書証に関する規定が準用される（法231条）。
これらの証拠を準文書という。

　写真について書証の申出をするには、文書に準じて、複製物（書証の写しに
相当するもの）を裁判所と相手方に提出しなければならない。

　証拠説明書においては、文書の「標目」「作成日」「作成者」を記載する代わ
りに「撮影対象」「撮影日時」「撮影場所」「撮影者」で特定する（規則148条）。
なお、複製物を提出する際、詳細な撮影方向等を図示した図面を添付すること
がある。

（記載例2－3－4　写真）

号証	標目（原本・写し）	作成日	作成者	立証趣旨	備考
甲1	写真 　撮影対象　原告所有車両 　撮影日時　R1.5.1 　撮影場所　本件事故現場 　撮影者　　原告			本件事故による原告車両の 損傷状況。	

　録音テープやビデオテープ等も準文書であるが、写真と異なるのは、裁判所
又は相手方の求めがあるときは、反訳書面等録音テープの内容を説明する書面
を提出しなければならず、相手方は説明の内容について意見を述べる権利があ
る（規則149条）ことである。また、写真と異なり、裁判所はテープを再生し
て内容を認識する必要があるが、実務上、法廷でテープを再生することは省略
されている。

　録音（ビデオ）テープそのものを準文書として提出する場合には、証拠説明
書では「録音（撮影）対象」「録音（撮影）日時」「録音（撮影）場所」「録音
（撮影）者」で特定する（規則148条）。

　ＩＣレコーダー、デジタルビデオカメラ、メモリーカード、ＵＳＢメモリ、

---

14)　郵便認証司は内容証明・特別送達とする書留郵便物の認証業務を行うために必要と
　　なる国家資格である。甲第1号証の1の認証部分は公文書であり、私文書と公文書が
　　混在した文書であって、作成者は2名である。

ＣＤ、ＤＶＤ等のデジタル媒体に記録された音声や映像の取り扱いも同じである。

（記載例2－3－5 録音テープ・ビデオテープ）

号証	標目（原本・写し）	作成日	作成者	立証趣旨	備考
甲1	録音テープ 　録音対象　原告と被告の会話 　録音日時　R1.12.21 　録音場所　原告宅 　録音者　　原告			本件事故について被告が自らの過失を認めていること。	
甲2	ビデオテープ 　影対象　　原告と被告の会話 　撮影日時　R1.12.21 　撮影場所　原告宅 　撮影者　　原告代理人			同上	

　録音の場合、実務上は、録音媒体そのものを準文書として書証の申出をするのではなく、録音媒体の反訳文書を証拠として提出し、反訳文書の正確性の確認のため、相手方に録音媒体の複製物を提出する（規則144条）ことが多い。

（記載例2－3－6 録音テープ反訳書）

号証	標目（原本・写し）		作成日	作成者	立証趣旨	備考
甲1	録音テープ反訳書	原本	R2.1.15	原告代理人	本件事故について被告が自らの過失を認めていること。	

⑷ カルテ等

　カルテは医療訴訟においては診療経過を立証する証拠として甲Ａ第〇号証あるいは乙Ａ第〇号証という扱いにするのが通常である。

　カルテの写しを送付嘱託によって取得した場合、原本は病院にあるので、写しを原本として提出するか、相手方に異議がなければ原本に代えて写しを提出することになる。その経過は備考に記載する。

　カルテに外国語が記載されている場合、その訳文を添付しなければならない（規則138条）。これ自体は証拠ではないので、証拠説明書に記載することはないが、独立した書証番号を付して提出することもある。外国語が一部にすぎないときは、裁判所に提出する写しの当該部分にマーカーを付し、その近くに翻訳を記載することもある。

　レントゲン写真は、通常の写真と同様に「撮影対象」「撮影日時」「撮影場所」「撮影者」で特定する。

(記載例 2 － 3 － 7　カルテ等)

号証	標目（原本・写し）		作成日	作成者	立証趣旨	備考
乙A1	入院診療録	写し	R1.7.1	○○病院	原告の入院時の診療状況。	写しを原本として提出[15]
乙A2	外来診療録 （送付嘱託）	原本	R1.1.1 ～ R1.4.4	○○病院△△医師外	原告の外来による診療状況。	原本に代えて写しを提出[16]
乙A3	レントゲン写真 　撮影対象　原告 　撮影日時　R1.1.10 　撮影場所　○○病院 　撮影者　○○病院レントゲン科△△技師				本件事故によって他覚的に確認できる受傷は生じていないこと。	原本に代えて写しを提出

⑸　刑事記録

　刑事記録（実況見分調書・供述書等）を文書送付嘱託等によって入手した場合も、カルテ等の場合と同様に、原本に代えて写しを提出するか、写しを原本として提出することになる。

(記載例 2 － 3 － 8　刑事記録)

号証	標目（原本・写し）		作成日	作成者	立証趣旨	備考
甲1	○○地裁平成○年（わ）第○○号事件実況見分調書	原本	R1.3.4	○○警察署司法警察員△△△△	本件事故状況。	原本に代えて写しを提出

　記録が膨大になり、記録に含まれる各文書に逐一号証番号を振って提出することが煩瑣である場合、文書を一体のものとして同一号証にまとめ、通しでページ番号を付し、ページ番号で特定する方法を採ることもある。

---

15)　乙Ａ第1号証は、被告が病院から入手したカルテの写しを原本として提出した場合を想定している。この場合、写しの作成者と作成日を記載する。

16)　乙Ａ第2号証は、被告が送付嘱託によって入手したカルテの写しを原本に代えて提出した場合を想定している。この場合、原本が提出されたことになるから、原本の作成者と作成日を記載する。

（記載例2－3－9 記録一式）

号証	標目（原本・写し）		作成日	作成者	立証趣旨	備考
甲1	○○地裁平成○年（わ）第○○号事件記録一式	写し	R1.7.1	原告代理人	本件事故状況。	写しを原本として提出

(6) 証人調書

　他事件の証人調書を謄写したものを証拠として提出することがある。この場合、証人調書で証人に示された書証が何かを指摘することが必要である。もちろん、準備書面で主張してもよいし、別途報告書を提出する方法もあるが、ここでは証拠説明書に記載する例を挙げる。

（記載例2－3－10 証人調書）

号証	標目（原本・写し）		作成日	作成者	立証趣旨	備考
甲1	○○地裁平成○年(7)第○○号事件証人調書（証人○○）	写し	R2.7.1	原告代理人	本件事故状況。	写しを原本として提出
甲2	事故報告書	原本	R1.12.13	○○保険株式会社△△	本件事故状況。	甲第1号証で示された甲第○号証と同じ

(7) 文献

　文献を証拠として提出することもある。事実を証明するものではないから、裁判官によっては、参考資料として提出するよう指示することもあり得る。文献そのものではなく、コピーを入手して提出する場合、相手方に異議がなければ「原本に代えて写しを提出」とする。

（記載例2－3－11 文献）

号証	標目（原本・写し）		作成日	作成者	立証趣旨	備考
甲1	判例タイムズ○号の抜粋[17]（△△について）	原本	H20.3.5[18]	○○大学教授□□□□[19]	原告の主張に沿う論文があること及びその内容。	原本に代えて写しを提出

| 甲2 | ○○地裁令和○年○月○日判決（判例時報○号○頁） | 写し | R1.7.1 | 原告代理人 | 原告の主張に沿う判例があること及びその内容。 | 写しを原本として提出 |

⑻ ファックス、電子メール、ウェブページ

　ファックスで送信された文書は、見読可能な文書がそのまま受信側の機械に送信され、送信書面と同一の受信書面が出力されるので、送信文書が原本であり、受信画面が写しである。

　電子メールやウェブページの場合、送信者（アップロード者）の思想内容が記録媒体に記録されるので、そのままでは見読不可能であって、受信者（ダウンロード者）がプリントアウトして初めて見読可能となる。それゆえ、受信文書の作成者はプリントアウトした者であり、プリントアウトした文書が原本になる。もっとも、実務的には、送信者（アップロード者）作成の文書を原本とし、ダウンロードしたものを写しとする取扱いも多いと思われる。

（記載例2－3－12　ファックス、電子メール、ウェブページ）

号証	標目（原本・写し）		作成日	作成者	立証趣旨	備考
甲1	ファクシミリ受信画面（令和1年12月12日受信分）	写し	R1.12.1	被告（送信者）	被告が原告に対して100万円の借入を申し入れたこと。	
甲2	受信電子メールプリントアウト書面（令和2年1月3日受信）	原本	R2.7.1	原告代理人	同上。	送信者は被告
甲3	株式会社○○○○のウェブページのプリントアウト画面	原本	R1.7.1	原告代理人	被告が勤務する会社の概要。	ウェブページの作成者は株式会社○○○○

---

17)　文献の一部を提出する場合は「抜粋」と表示する。その場合、文献の表紙と末尾の出版社・発行日が記載された部分の写しを添付する。
18)　出版日を作成日とする。
19)　著者を作成者とするが、著者が不明な場合は出版社を作成者とする。

⑼　偽造文書

　偽造文書とは、文書の作成名義を偽ることである。偽造文書の作成者を作成
名義人だとすれば、真正に成立したものではなく、形式的証拠力が否定される。
しかし、偽造者を作成者とすれば形式的証拠力がある。

　債権者（原告）が連帯保証人（被告）に対して保証債務の履行請求をする事
案において、原告が連帯保証契約書を被告作成文書として提出し、被告がその
文書の成立を否定する（主債務者が偽造したと主張する）というのが普通のパタ
ーンである。

　しかし、連帯保証契約書が偽造されたとして、連帯保証人（原告）が債権者
（被告）に対して保証債務不存在確認請求をし、あるいは、連帯保証人（原告）
が主債務者（被告）に対して損害賠償を請求する場合には、原告が連帯保証契
約書を主債務者作成の偽造文書として提出することになる。このような場合に
は、証拠説明書においてもその趣旨を明示する必要がある。

（記載例 2 － 3 － 13　偽造文書）

号証	標目（原本・写し）		作成日	作成者	立証趣旨	備考
甲1	連帯保証契約書 （原告作成名義部 分は偽造文書とし て提出）	原本	R1.12.12	被告	被告が原告の印鑑を 利用して原告名義部 分を偽造したこと。	

⑽　陳述書

　人証尋問（証人尋問、当事者尋問）において、主尋問の代用として陳述書を
提出するのが最近のやり方である。

　証人の陳述書の場合、立証趣旨には証人が証言すべき内容の概要を記載する
ことになる。当事者の陳述書の場合も同じであるが、一般に証人の証言が個別
の争点に関連するものであるのに対し、当事者の供述は事実経過の全般にわた
るものとなる。それゆえ、当事者の陳述書において、事実経過の全部にわたっ
て記載することが煩瑣であると思われる場合には、立証趣旨を「原告主張事実
全般」という形で記載することもある。

(記載例2-3-14 陳述書)

号証	標目（原本・写し）		作成日	作成者	立証趣旨	備考
甲1	陳述書	原本	R1.12.12	○○○○	被告が原告に対して金銭の貸付けを申し込んだこと。	
甲2	陳述書	原本	R1.12.12	原告	原告の主張事実全般	

第 4　陳述書

　既に述べたとおり、最近では人証尋問に当って主尋問の代用として陳述書の作成が求められる。その意味で陳述書も証拠関係の文書であるが、この点は尋問技術との関連で説明した方が適当と考えられるので、そちらに譲ることとする（191 ページ）。

第3章　尋問技術

第1　はじめに

　文書の証拠調べ（書証）は、裁判官が対象文書を閲読することで終了するが、人証（証人と当事者本人）の証拠調べは、人証尋問という形で行われる。それゆえ、人証尋問の技術というものが問題になってくる。

　人証尋問は、交互尋問によって行われ（法202条1項、210条）、かつ、集中して行わなければならない（法182条）。そして、現在の実務では、集中証拠調べを有効に行うために陳述書が活用されている。尋問技術を検討するについては、これら「交互尋問」「集中証拠調べ」「陳述書」という基本的な概念を踏まえたうえで、人証尋問の意義と機能について理解する必要がある。そこで、以下において、それらの基本的概念を中心に説明したうえで、効果的な尋問技術の基本となる考え方と、実際の尋問に当たっての注意事項を説明する。

第 2　人証尋問の意義と機能

1　人証尋問と書証

　法は、人証尋問と書証とを区別している。人証尋問と書証は、民事訴訟における立証活動のうち最も重要な二本柱である。人証尋問は、それ自体で要証事実の立証に利用されることはもちろんであるが、それに加えて、書証の対象となる文書の証明力の補充として利用されることがある。

(1)　形式的証拠力の補充

　文書の形式的証拠力については署名又は捺印による推定（法 228 条 4 項）と印影による二段階の推定があるが、これらは事実上の推定にすぎないので、反証によってそれを破ることができる。このような反証に人証尋問が利用される。

(2)　実質的証拠力の補充

　文書には処分証書と報告文書がある。処分証書とは、要証事実そのものが記載された文書（契約書や手形等）であり、処分証書の形式的証拠力が認められれば、原則として実質的証拠力がある。報告文書とは、作成者の見聞を記載した文書（手紙、領収書等）であり、報告文書については、形式的証拠力があるからといって、ただちに実質的証拠力があるとはいえない。

　そこで、処分証書については、形式的証拠力の補充として、また、形式的証拠力が認められた処分証書に実質的証拠力がない特段の事情を基礎づける事実の立証として、人証尋問が利用されることになる。これに対し、報告文書については、形式的証拠力及び実質的証拠力の双方の点において、人証尋問による補充が必要ということになる。

(3)　点と線

　人証尋問と書証の関連でよく言われるのは「書証は点であり、人証尋問は線である」ということである。書証は訴訟における重要な事実を明らかにするも

のであるが、全体のストーリーの中ではある一点を指し示すだけのものにすぎない。書証によって明らかとなったいくつかの点を結びつけることによって全体的なストーリーを構築する必要があり、そのため人証尋問が利用される。裁判官は、そのようなストーリーが自然でかつ合理的であるかどうかを重要な判断材料とするのである。

⑷　書証の重要性

　人証尋問と書証との関連でもうひとつ指摘できるのは、裁判官は、人証尋問よりも書証を重要視するということである。人証尋問は、紛争が生じた時点から一定の時間が経過した後に行われるものであるから、記憶違いや思い違いが生じる可能性があるうえ、当事者との関係から、悪意や偏見に基づく歪曲が生じやすい。その点、証明の対象となる事実が生じたころに作成された文書は、記憶違いや思い違いが生ずるおそれが少なく、また、紛争が生じる前であれば、悪意や偏見が入り込む余地も少ない。裁判官が書証を重要視するのは当然というべきである。

　裁判官は、提出された文書とそれに基づく当事者の主張を見て、暫定的ではあるが一応の心証を抱いており、それを検証するために人証尋問に臨むといっても過言ではない。人証尋問に当たっては、そのような裁判官の意識を十分に理解する必要がある。

2　交互尋問

　法202条1項は「証人の尋問は、その尋問の申出をした当事者、他の当事者、裁判長の順序でする」と定めている。ここで、尋問の申出をした当事者の尋問を主尋問、他の当事者の尋問を反対尋問、裁判長の尋問を補充尋問という。当事者尋問も同様である（法210条）。かつて、人証尋問は裁判長が行うものとされていたが、昭和23年の民事訴訟法改正により尋問の主体が当事者に変更された。これを交互尋問といい、我が国の法制が大陸法から英米法に変更されたひとつの例といえる。

　主尋問は立証すべき事項及びこれに関連する事項、反対尋問は主尋問に現れ

た事項及びこれに関連する事項並びに証言の信用性に関する事項、再主尋問は反対尋問に現れた事項及びこれに関連する事項について行うものである（規則114条1項）。

　規則は、再主尋問を当事者の権利として認めるとともに、裁判長の許可を得れば更に尋問することができると定めている（規則113条1項・2項）。裁判所（裁判長又は陪席裁判官）の補充尋問（規則113条3項・4項）は、その時点における裁判所の心証をうかがわせるものになるので、補充尋問によって裁判所が自己に不利な心証を有していると感じられる場合、それを是正するため、裁判長の許可を得て追加の尋問をする必要がある。

【コラム11　補充尋問】

　双方代理人の尋問が終わった後に裁判官が補充尋問をすることがあります。裁判官の心証を垣間見ることができる機会でもありますから、代理人にとって気になるものです。裁判官が不利な心証を抱いていると感じたなら、裁判長の許可をもらって再度尋問することが必要になる場合もあるでしょう。また、裁判官が何に注目しているかが分かり、最終準備書面を作成するのに参考にすることもできると思います。

　ただ、裁判官（特に陪席裁判官）の中には、必ず補充尋問をしようと決めてかかっている人もおりますし、事柄の軽重にかかわらず気になったことを聞いているだけという場合もあります。もともと裁判官は人証自体に重きをおいていないこともあり、それほど気にすることもないようにも思います。

　代理人が聞き漏らした重要事項を裁判官に補充尋問で聞かれるのは格好の良いものではありません。もっとも、重要な事実をあえて聞かずにおいて、裁判官に補充尋問で聞かせる（もし聞かないなら、許可を得て追加の尋問をする）というベテラン弁護士もいると聞いたことがあります。裁判官に重要事項を確認させることが目的ですが、同時に裁判官がどれだけ記録を読んでいるか試すことになります。なかなかの名人芸というべきですが、そのような技巧を凝らすよりは、陳述書で網をかけて重要な事実を漏らさぬことの方が大事だと思います。

3 集中証拠調べ

　法 182 条は「証人及び当事者本人の尋問は、できる限り、争点及び証拠の整理が終了した後に集中して行わなければならない」と定めている。これを集中証拠調べという。具体的には、人証尋問を 1 回または近接した複数の期日に集中して行うことである。

　かつては、1 人の人証を 1 期日あるいは複数期日にわたって尋問することが行われており、これを批判的に「五月雨式証拠調べ」と呼んでいた。五月雨式証拠調べに対する批判の要点は、①人証尋問の途中で裁判官が交代することがあり、適正な心証が得られない、②裁判官も当事者も、尋問のたびに記録を読み直す必要があり負担が大きい、③いつ事件を終結できるのか予想がつかない、以上のようなものであった。これらの問題点を克服するために集中証拠調べが導入されたのである。

　集中証拠調べにより、審理の促進を図ることができるほか、裁判官が法廷で直接心証を得ることができ、尋問期日と同一又は近接した期日に適正な心証開示に基づく和解勧告をすることで、事件の早期解決が図れるというメリットがあるとされている。

　当事者の負担が増加すること、人証の出頭確保ができない場合に期日が無駄になること等のデメリットはあるが、現在の実務においては、集中証拠調べを行うことが当然と理解されている。したがって、尋問技術を検討するについても、集中証拠調べに対応したものでなければならない。

4 陳述書[1]

　陳述書とは、人証となるべき者が要証事実に関する見聞を記した文書であり、文書としての性質は、処分証書ではなく報告文書である。したがって、その実質的証拠力は、記載内容それ自体の合理性や他の文書との整合性、人証尋問による補完等によって判断されることになる。

---

　1)　陳述書については、重要であるので後で項を改めて再度論ずることとする（191 ページ）。

　集中証拠調べは、限られた時間内に複数の人証の尋問を行うことを予定しているので、主尋問の相当部分を陳述書で代用し、口頭での主尋問は重要な部分に限定し、主として反対尋問に時間を割り当てることが効果的である。

　また、陳述書によって主尋問の内容が事前に明らかになるので、相手方は反対尋問の準備ができ、尋問期日において充実した反対尋問が可能になるというメリットもある。かつては、主尋問終了後に尋問調書が出来上がってから反対尋問をするという例もあり、訴訟遅延の原因ともなっていたが、そのような弊害を防止できるという点も、陳述書のひとつの効用といえる。

　以上のような主尋問の代用・反対尋問の準備という機能が有効であると考えられるため、現在の実務では、集中証拠調べと陳述書は一体のものとして扱われている。かつては、直接主義・口頭主義の観点から陳述書の利用に対して批判的な議論もあったが、現在ではそのような反対論を聞くことはほとんどない。集中証拠調べに当たって、陳述書の提出を求めない裁判官はいないものと言って差し支えないと思われる。

　陳述書は、人証に関する証拠申出が採用された後、尋問期日前に提出されるのが通常である。人証申出の採否の判断資料とするため、証拠申出と同時に提出することが求められる場合もある。いずれにせよ、当事者双方が同時期に提出することにより、後出しによる不公平をなくす必要がある。尋問期日直前又は当日に陳述書が提出されたのでは、反対尋問の準備という陳述書の機能が発揮できないからである。代理人としては、陳述書を提出するための期日を別途設けるよう裁判所に求めるのが適当であろう。

5　集中証拠調べにおける人証尋問

(1)　陳述書の利用

　既に説明したとおり、集中証拠調べにおいては、主尋問の代用と反対尋問の準備のために陳述書が利用されるので、陳述書は集中証拠調べを施行するための前提条件といえる。それゆえ、尋問も陳述書を前提としたものでなければ意味がない。

そこで、主尋問では、陳述書に示された事実を補強する事実や、既に提出された書証との関連性を明らかにすることが中心になり、反対尋問においても、陳述書に現れた事実に対し、その不合理性や、他の客観的証拠との不整合を追及することになる。

⑵　集中的心証形成への対応

集中証拠調べでは、裁判官は既に提出ずみの書証と陳述書に加え、目の前で行われる人証尋問の結果をもとに心証形成を行う。五月雨式の人証尋問の場合のように尋問調書を読み返して心証形成をするよりも、人証尋問が心証形成に対して持つ力は新鮮で強力といえるであろう。

そこで、代理人としては、そのような裁判官の心証形成過程を意識した尋問を心がける必要があるといえよう。特に、五月雨式尋問の場合は、人証尋問における矛盾や不合理性を後日準備書面で指摘するやり方があったが、集中証拠調べの場合、裁判官が人証の矛盾や不合理性に気づかないまま心証形成してしまうおそれもある。それにより、不本意な和解案を提示されることにもなりかねない。そのような危険を避けるには、矛盾点や不合理な点を即時に指摘し弾劾する反対尋問が有効となる。

そのような尋問を適時に行うことが容易でないのはいうまでもない。代理人としては、相手方の陳述書を事前によく検討しておくことはいうまでもないが、訴訟記録をよく読み込み、尋問当日に初めて聞く事実であっても、矛盾点や不合理な点を直ちに察知できるよう準備することが重要である。

尋問当日には気づかなかった矛盾点や不合理な点を後で発見する場合もあり得る。そのような場合には、最終準備書面[2]で指摘するほかないが、そのような指摘も無益ではない。最近は、最終準備書面の提出を待たず、集中証拠調べ後に直ちに結審する例も散見されるが、結審後でも裁判官の判決起案の参考としての最終準備書面を提出することを拒否する裁判官はいないと思われるので、必要とあれば結審後でも最終準備書面を提出すべきであろう。

---

2)　証拠調べの結果を踏まえて当事者の主張を整理した準備書面をいう。新たな主張をするのではなく、裁判官の判断を自己に有利に導くために作成されるものであり、最終の口頭弁論期日に陳述されることが多いので、最終準備書面と呼ばれる。

第3 効果的な尋問技術の視点

主尋問であると反対尋問であるとを問わず、効果的な尋問を行うには、人証自身の信用性と供述内容の信用性を検討することが必要である。主尋問であれば、人証自身及び人証の供述内容に信用性があることを明示しなければならないし、反対尋問はそのような信用性を否定するものでなければならない。

1 人証自身の信用性

人証自身の信用性の要素としては、①人証の認識力・記憶力・表現力が確かなものであること、②人証が誠実であること、以上の二点が挙げられる。

(1) 認識力・記憶力・表現力

人証がある事実を認識してから供述するまでの過程は、観察・記憶・表現の各段階に分けられる。これらが全て正確に行われれば、人証の信用性は高いといえる。しかし、いずれの段階でも誤りや偏りが混入する可能性があることは避けられないので、それが反対尋問における弾劾のポイントとなる。

陳述書に記載された内容や主尋問で供述した内容に明らかな記憶違いや思い違いが含まれていれば、人証が対象となる事象をきちんと認識し記憶する能力に欠けることを示すことになり、供述全体の信用性を減殺する理由となる。

人証の表現がきわめて曖昧であり、物事を説明するのに通常の用法とは異なる表現を用いているような場合、人証は認識した事実を的確に伝えることができない可能性がある。これも供述全体の信用性を減殺する事由といえる。

供述時の体調や精神状態に問題があれば、供述内容が認識した事実を的確に反映していない可能性がある。法廷での供述態度にそのような異常が認められる場合だけでなく、陳述書作成時点で、加齢、精神疾患、認知症等により認識・記憶・表現に問題があると認められる事情があれば、供述全体の信用性にかかわるものといえる。

⑵　誠実性

　誠実な人間であれば、ことさら虚偽の事実を供述することはないであろうし、曖昧な記憶をさもさも確かなものであるかのように供述することもないであろうから、誠実な人間の供述には信用性があるといえる。もっとも、誠実とは何かが問われなければならない。

　当事者と利害関係がある場合、当事者のためにことさら事実を粉飾し、歪曲する可能性があるから、誠実性に欠ける要素と考えられる。ただ、利害関係があるだけに、当事者の行動をよく把握しており、当事者の細かな行動をよく知っている可能性もあるので、利害関係があるから常に供述に信用性がないということはできない。

　人証の供述態度で誠実性を判断することがある。しかし、普通の人間なら法廷に立って緊張するのは当たり前であるから、おどおどしているからといって嘘を吐いているとも言い難い。また、世の中には臆面もなく嘘を吐く人もいるので、自信満々で供述しているから信用できるとはいえない。あまり供述態度を重視することはできないというべきであろう。特に、人証予定者は代理人と打合せをしているうえ、陳述書も提出しているので、供述態度が人証の信用性を左右することはないように思われる。

　人証の人柄を問題にすることもある。例えば、地方の人間は都会の人間よりも純朴で嘘を吐かないなどという意見もありうる。一般論としてはそうかも知れないが、いかなる事案についてもそうだとは限らない。

⑶　信用性評価の限界

　人証自身の信用性についていろいろと議論があるが、民事訴訟で人証自身の信用性がことさら問題とされることはあまりないように思われる。却って、供述の心理学的な評価を過大視することは危険であるとさえ言われている。

　実際のところ、裁判官が判決を起案する際には、尋問調書を読むのであるが、よほど当日の印象が強かった場合でなければ、調書によって供述態度に関する記憶が蘇ることはまずない[3]。反対尋問で人証を追い詰め、しどろもどろにさせたと感じていても、文字にしてみると、必ずしも当時の印象どおりではない

という経験をした弁護士は少なくないのではなかろうか。

　やはり、供述内容の信用性がもっとも重要であり、尋問の重要性はそれにか
かっているというべきであろう。

2　供述内容の信用性

　供述内容の信用性については、①それが合理的であるかどうか、②他の供述
と矛盾していないかどうか、③他の証拠との整合性があるかどうか、以上の点
が重要である。

⑴　合理的であること

　供述の合理性については、自然であること、経験則に合致していること、弁
論の全趣旨に照らして合理的であること、以上のような点が問題になる。

A　自然であること

　不自然な供述に信用性がないのは当然である。不自然な供述をする者は、そ
の供述部分のみならず、その者の供述が全体的に信用性のないものと疑われる
ことになる。

　例えば、使用貸借契約の終了に基づく建物の明渡請求事件において、被告が、
建物をもと所有していた原告の父から贈与を受けたと主張したとした場合に、
贈与を受けた理由を問われて「むかし原告の父を自分の両親が可愛がっていた
ので、是非もらってくれと言われた」と供述したとしても、他にそれを裏付け
る的確な証拠のない限り、そのような供述を信用する裁判官はいないと思われ
る。

B　経験則に合致していること

　経験則に合致した供述でなければ信用性はない。経験則とは、実際に経験さ
れた事柄から見いだされる法則（ある事実から別の事実が生じる蓋然性があるこ
と）であり、日常生活の常識に属するものもあれば、職業上の技術や専門科学

---

3)　裁判官は尋問によって一定の心証を形成するが、記録を精査して判決を書き上げる
　　までは暫定的心証に留まる。時代とともに意識は変わっていくであろうが、精密司法
　　の伝統は今のところ維持されているように思われる。

上の法則も含まれる。

　供述の不自然性についても、経験則に照らして判断されることが多い。例えば、上記の事例では「子供の頃に可愛がられたくらいで、可愛がってくれた夫婦の子に家を贈与する者はふつう存在しない」という経験則が働いている。

　経験則として「金を借りてもいないのに借用書を差し入れることはない」「借金を返済したら領収書を受け取るか借用書を返還してもらう」「お金が必要ないのに借金する者はいない」「商人は利益の出ない取引はしない」等は、日常生活上の常識といえる。これに対し「血中アルコール濃度が 1.5 ％を超えれば運転手は正常な運転能力を失う」「血液型がＡＢ型の男からＯ型の子は生まれない」というのは専門科学上の法則である。

　経験則は供述の信用性を判断するのに最も重要なポイントであり、民事裁判における事実認定では、徹頭徹尾経験則がモノを言う。代理人としては、経験則に基づく主張を準備書面で展開することは当然であるが、反対尋問でも経験則に基づき人証の信用性を弾劾することが必要である。そのためには、経験則を幅広く蒐集し、反対尋問において適切に使用することが求められる。

　経験則違反は、上告受理の申立ての理由である「法令の解釈に関する重要な事項」に当たり、著しいものであれば上告の理由である「理由不備・理由齟齬」に当たる（法 312 条 2 項 6 号、318 条 1 項）。そこで、経験則について判断した最高裁判例[4] が参考になる。

C　弁論の全趣旨

　法 247 条は「裁判所は、判決をするに当たり、口頭弁論の全趣旨及び証拠調べの結果を斟酌して、自由な心証により、事実についての主張を真実と認めるべきか否かを判断する」と定めている。口頭弁論の全趣旨は、単に「弁論の全趣旨」ということが多いが、ここにいう弁論の全趣旨とは、口頭弁論に現れた一切の資料から証拠調べの結果を除いたものを指し、例えば、当事者や代理人の弁論内容・態度、攻撃防御方法の提出時期等がそれに当たる。裁判官は、これらの点を考慮して、自由な心証によって事実認定をすることができるので、証拠以外の事実にも注目すべき理由がある。

---

4)　66 〜 67 ページ参照。

当事者が最初に準備書面で主張していたことと異なる事実を供述し、それについて合理的な説明ができていない場合、それは供述の信用性を減殺させる事情となり得る。これは、代理人に対する説明が時間とともに変遷したことを示しており、人証の記憶が曖昧であるのか、あるいは、ことさら嘘を吐いたかのいずれかだからである。

反対尋問で不利な事実を指摘された場合において、そのような事実を知っていたはずであると認められるときは、再主尋問でそれについて弁解する供述をしたとしても信用性は低いというほかないであろう。

(2) 前後に矛盾のないこと

人証尋問において、ある部分で供述した内容と別の部分で供述した内容が矛盾する場合、そのいずれかが間違いということになるが、故意に偽証した場合はもちろん、故意に偽証したのではない場合であっても、供述の信用性を減殺する事情となる。この場合には、矛盾する供述部分だけでなく、供述全体の信用性にかかわる。なぜなら、故意であれば、平気で嘘を吐く人間だということになるし、故意でないとしても、記憶や表現にあやふやなところがある人間だとは最低限言えるからである。

ただし、誰しも思い違いや言い間違いはあるもので、供述の全てが完璧に正確であることの方が稀有であるから、供述に矛盾点があっても直ちに人証の供述全体の信用性がなくなるとはいえない。供述の信用性にかかわるのは、供述の本質的部分・中心的部分の矛盾だけである。したがって、供述の枝葉末節部分での小さな矛盾点をことさらあげつらうことは、却って裁判官に悪い印象を与えるので、得策ではない。

(3) 整合性

民事訴訟においては「動かしがたい事実」「証拠により確実に認められる事実」というものがある。当事者の意思に基づいて作成されたことが明らかな契約書、公共機関が作成した記録・データ等がそれである。

このほか、法179条「裁判所において当事者が自白した事実及び顕著な事実は、証明することを要しない」と定めている。顕著な事実には、公知の事実と

裁判所に顕著な事実とがある。公知の事実とは、通常の知識経験を持った一般人が疑わない程度に知れ渡っている事実をいい、歴史的事件や大災害などがこれに当たる。裁判所に顕著な事実とは、裁判所が職務を行うにあたって知った事実で、客観的に明白な事実をいい、当事者が準備書面で特定の事実や権利を主張したことなどがこれに当たる。これらの事実も、当事者間に争いがない事実とともに「動かしがたい事実」として扱われる。

このような「動かしがたい事実」と整合しない供述は信用性を欠くものというほかないであろう。例えば、当事者がある時間に特定の場所に行ったかどうかが争点となっている事件において、当事者が「その時間にはA電鉄の電車でP駅からQ駅まで行った」と供述したとする。これに対し、弁護士会を通じてA電鉄に照会した結果、当日のその時間にはA電鉄は事故のために運休していたという回答が得られれば、先ほどの供述の信用性は否定される。その結果、重要な争点について客観的証拠と矛盾する供述をする人証の供述全体の信用性も否定されざるを得ないであろう。

3　裁判官の理解

尋問は裁判官に有利な心証を与えるために行われるものであるから、裁判官の理解を助けるために分かりやすい尋問を心がける必要がある。また、裁判官は尋問調書を読んで判決を書くので、尋問当時のやりとりが調書に正確に残るよう心がけるべきである。控訴が提起されれば、控訴審では尋問調書のみが判断材料になることにも留意すべきである。

⑴　分かりやすい尋問

裁判官が理解しやすく、記録に録取しやすいよう、質問はよく聞き取れる声で明確に行うべきである。早口は避けなければならないし、質問の内容自体も、曖昧さを避け、明確なものにしなければならない。

もちろん、これは質問に対する人証側の回答にも言えることで、事前の打合せでそのことを意識させることも必要である。人証の回答が不明確だと思われる場合は、もう一度確認すべきである。打合せでは大丈夫だと思っていても、

法廷では緊張してうまく話せないことは十分あり得ることである。

　質問と答えが重ならないよう注意する必要がある。事前に裁判官から人証に対してその点の注意がされることもあるが、代理人の方でも事前に念押しすべきであろう。

　逆に、代理人が人証の発言が終わらないうちに発言することもよくあり、この点は注意が必要である。反対尋問で、人証が事実に反することや無関係の事実を長々と話していると、我慢できなくて途中で介入する代理人をよく見かけるが、我慢して切りの良いところまでは聞くのがよい。話が冗長になったときは、途中で「その程度で結構です」と言って、次の質問に移った方が得策である。そのような人証の態度が裁判官の心証に良い影響を与えるとは思われないからである。

　尋問は一問一答で簡潔にすべきである。規則115条1項は「質問は、できる限り、個別的かつ具体的にしなければならない」と定めており、一問一答を原則としている。

　質問の内容に質問事項とは別の事実が含まれるような質問は適当でない。例えば「○○という事実があったようなのですが、その際あなたはどうしたのですか」という質問が適当でないのは、○○という事実が果たしてあったかどうか、それ自体が明らかでないからである。そのような事実がないのに、それを前提として聞くのは誤導尋問であり、ほんらい制限されるべきものである。この場合には、まず○○という事実があったかどうか質問すべきである。

　複数の質問を一度にするのも適当ではない。人証がどのように答えて良いか苦しむであろうし、個々の回答がどの質問に対するものか不明確になるおそれもあるからである。

　裁判官への理解という点では、人証に対して何を聞こうとしているのか、事前に尋問の趣旨を明らかにするということも時には有効である。例えば「これから○○の点について質問します」という形で、裁判官の注意を促すことは有効である。もっとも、主尋問では問題ないが、反対尋問では敵性証人に手の内を見せたくないという配慮から、質問の趣旨を明らかにしないという戦術もある。それでも、前の質問と後の質問が関連していないことを告げるくらいはしてもよいであろう。相互に関係のない質問を関連していると思って聞かれると

誤解を生む可能性があるからである。この場合には、「次に別のことを聞きます」という形で、いったん質問を区切ることも適当と思われる。

(2)　調書に記録することを意識した尋問

　質問と回答が重ならないというのは、調書を記録する書記官（速記官）に配慮したものでもあるが、供述が聞き取りにくい場合は、もう一度聞き返すことや、必要に応じて復唱して録取しやすいようにする配慮も必要である。

　そのほかにもいくつか調書に記録することを意識した尋問方法がある。

　最初に質問する代理人の氏名を明らかにする。例えば「原告（被告）代理人の○○からお聞きします」と述べる。質問者が誰かを調書に残すためである。自分の名前を述べることを失念して裁判官から注意されるのは体裁の悪いことである。

　文書を示す場合には、書証番号だけでなく、その文書のどこを指し示しているのか明確に述べるのがよい。

　地名や氏名等の固有名詞を述べる場合、それを特定する必要がある。人の名前は、名字だけでなく下の名前も確認するのがよいし、その際には「読み」だけでなく「表記」も確認するのがよいと思われる。さらに、固有名詞がいくつも出てくる場合、対照表を作成して書記官に渡すくらいの配慮はあってよいであろう。

　人証の回答をそのまま記録に残したのでは、何を述べたか明らかにならないような場合は、それを記録に明確に残るようにしなければならない。例えば、文書のある部分を指して「ここです」と言ったら、そのままにしないで「ただいま証人が『ここ』と言ったのは、甲第○号証○ページの図○とある地図のことですね」と質問して、人証がどこを示したかを調書に残す。証人が「これくらいの大きさでした」と言って手を円形に広げたときは「いま証人が言った『これくらいの大きさ』というのは、直径○センチくらいの球体ということでしょうか」と質問して、その大きさと形状を記録に残すようにする。

　尋問調書に記載されるのは供述内容のみで、供述態度は記載されない。そこで、供述態度に特別の意味があると考えれば、それを調書に残すようにする。例えば、証人が答えに窮した場合「ただいまの質問には答えられないというこ

とですね」と質問してみる。大げさに両手を広げてみたり、頭を振ったり、睨んだりした場合、それに意味があると思うときは「いま大きく両手を広げましたね」「いま頭を何度も振りましたね」「いま私を睨みつけましたね」「それはどういう意味でしょうか」「何が言いたいのですか」「何か言いたいことがあるのでしたらどうぞ」と質問してみることも考えられる。もちろん、ヤブヘビにならないように気をつける必要はあろう。

第 4　効果的な尋問技術の具体化

1　陳述書

⑴　陳述書の意義と機能

　既に述べたとおり、主尋問は陳述書で代用するというのが現在の実務である。したがって、主尋問に当たっては、詳細な陳述書を用意し、それに主尋問で聞くべき事実の全てを網羅しておく必要がある。仮に、尋問を省略したとしても、主尋問として成り立つようなものでなければならない。

　もちろん、実際には陳述書があるからといって主尋問を省略することはない。陳述書が人証の意思に基づいて作成されたことはもちろん、人証が信用できる人間であること、陳述書の記載内容が信用できるものであることを明らかにするために主尋問を行う意味があるからである。主尋問における尋問技術は、陳述書の証明力の補充をいかにすべきかという点にあるとも言えるのである（この点は主尋問についての個所で述べる）。

　ところで、陳述書で詳細な事実を開示することは、相手方に手の内を見せることになるので、概括的な事実のみを陳述書に記載し、主尋問で詳細な事実を答えさせるというやり方もあり得なくはない。

　しかしながら、裁判官は、陳述書とその他の書証で一応の心証を持ったうえで、それを検証するために尋問期日に臨むと考えるべきである。それゆえ、裁判官に有利な心証を持たせるには、陳述書それ自体で立証事項を証明できるほどのものであることが望ましい。しかも、陳述書は集中証拠調べを円滑に進めるために尋問時間の節約に資するものであるという理解が裁判官にはあるので、簡単な陳述書を提出し、主尋問で詳細に聞くというのは、集中証拠調べに対する裁判官の理解とは異なるやり方である。陳述書に記載されていない事実が尋問で初めて現れるというのは、裁判官にとって違和感があり、ひいては陳述書の信用性に疑問を抱かせるおそれもある。

　陳述書には反対尋問の準備という機能があり、陳述書に書かれていることは

反対尋問を受けるということを念頭におかなければならない。いかに自分に有利だからといって、反対尋問によって簡単に切り崩されるような事実は書くべきではない。そのようなことになれば、却って陳述書全体の信用性を減殺することになる。陳述書は、記載内容自体が合理性を持ったもの（自然であること、経験則に反しないこと、弁論の全趣旨に合致していること）でなければならない。

　陳述書には作成者が確実に真実であると考える事実を書くべきであり、虚偽の事実を書くのはもちろん、作成者の推測や意見に過ぎないことをあたかも確定した事実であるかのように書くことは避けなければならない。なぜなら、訴訟当事者には真実義務・事案解明義務があるうえ、仮にそのような事実を記載すれば、反対尋問で追及され、結局は陳述書全体の信用性にかかわるからである。

⑵　陳述書作成上の留意点

A　弁護士が作成する

　陳述書は弁護士が人証から録取した事実及び書証を参考にしながら原案を作成し、人証に誤りを訂正させてから完成させるのが最も適当と思われる。当事者に作成させることもあり得るが、その場合には、争点とは関係のないこと、法的に無意味なこと、相手方への誹謗中傷などを書き連ねることがままあり、また、裁判官の読みやすさという点でも問題が多いと思われるからである。

　弁護士が陳述書の作成に関与するということは、陳述書の作成に弁護士倫理の制約があることを意味する。弁護士職務規程5条は「弁護士は、真実を尊重し、信義に従い、誠実かつ公正に職務を行うものとする」と定め、同規程75条は「弁護士は、偽証若しくは虚偽の陳述をそそのかし、又は虚偽と知りながらその証拠を提出してはならない」と定めている。弁護士が虚偽の陳述書を作成すれば、弁護士会の懲戒を受け、不法行為責任を追及されることになるのであって、弁護士が陳述書の原案を作成するに当たり、事実と異なる記載をしてはならないことは言うまでもない。

　かつては、陳述書には作為が加わるおそれがあるから、証拠として不適当という議論があったが、弁護士が弁護士倫理に基づいて関与する限りそのようなことはないと言うことができる。逆に、陳述書に基づく集中証拠調べの実務は、

弁護士が弁護士倫理に基づく訴訟活動をすることが前提条件であるということもできよう。

B　時系列・重要性・論理的順序の兼ね合いを意識する

　裁判官は、準備書面と書証によって事件の争点を把握するが、事件の背景や書証と書証を繋ぐストーリー（既に説明した「点と点を繋ぐ線」のことである）については、十分に理解できていないことがある。これらは準備書面に大筋記載されているはずであるが、早期に提出された準備書面の作成時点では代理人の理解が十分でない場合もあり、また、相手方から提出された証拠を前提とした事実経過についての主張も十分されていないことがある。そこで、陳述書によって、事件の背景となる事情、要証事実に至る経緯を時系列に沿って分かりやすく記載することが必要となるのである。

　陳述書はあくまで要証事実の立証のためのものであるから、要証事実から遠い事象については軽く、近い事象は突っ込んで書くべきである。あまり無関係な事情ばかり書くのは裁判官をいらつかせるだけである。民事の裁判官は多くの事件を抱えて四苦八苦しているので、要点を速やかに把握できるよう、簡にして要を得た記載が求められる。

　要証事実の理解のためには、時系列にこだわるよりも、論理的な関連性を持つ事象をまとめて記載することが望ましい場合もある。例えば、建物明渡の正当事由が争点となるような事案では、賃貸借契約締結から現在に至る経緯を時系列で記載するよりも、正当事由を基礎付ける具体的事実を重要性の順序で記載することの方が、裁判官に強い印象を与えるであろう。

　このように、時系列、重要性の度合い、論理的順序の兼ね合いをはかりながら陳述書を作成してゆくことになるが、これは、いかなる文書であれ、説得力のある記述をするには当然必要となる要素である。時には著名な作家の文章読本などを読んで文書作成のコツを知ることも必要であろう。

　それから、陳述書作成に当たって常に念頭に置くべきは、陳述書の読み手は裁判官だということである。裁判官を説得し、自分に有利な心証を抱かせるにはどうすればよいかを考えながら作成することが肝要である。

C　書証によって確定した事実を繋ぎ事件の全体像を明らかにする

　既に述べたとおり、書証は点であり、供述は点と点を繋ぐ線である。書証に

よって確定した「動かしがたい事実」を繋ぐ線、言葉は必ずしも適当ではないが「ストーリー」を明らかにすることが陳述書の役割である。

裁判官は、書証や当事者間に争いのない事実によって「動かしがたい」状態となった事実を巡って、当事者がいかなるストーリーを展開するかに興味がある。その線が「動かしがたい点」を通過していなかったり、通過する方法が不自然であったりしないかどうかを見ているのである。

一方で「動かしがたい点」を通過しない陳述は、客観的な根拠を欠くものとして信用できないことになるが、他方で「動かしがたい点」を無理矢理通過させる、つまり、書証とのつじつまを合わせるために不自然なストーリーを展開することも、陳述書の信用性を落とすことになる。

例えば、公正証書に当事者の署名と実印の印影があるのに、当事者が「署名も押印もした覚えがない」といっても到底信用されないであろう。また、当事者が「自分の署名押印ではあるが、別の書面にしたものを切り貼りしたのだろう」とか「白紙の用紙に署名押印したものに後から書き加えたのだろう」と言っても、これも説得力はない。

これに対し、当事者が「確かに公証役場で署名押印したが、それは、そうすれば税金がかからないと説明を受けたからで、そうでなければ署名押印するつもりはなかった」と言えば、もしもそのようなストーリーを支える客観的な証拠があれば、つまり、別の「動かしがたい点」を通過しておれば、信用のおけるものになるのである。

D　直接に体験した事実を中心とする

陳述書には作成者が直接体験した事実を書くべきで、できるだけ伝聞証言は書かないようにすべきである。自ら経験した事実でも、認識・記憶・表現の過程で誤りが混入するおそれがあるのに、その他人自身の認識や記憶に誤りが生じる可能性があることはもちろん、他人から伝達を受ける過程でさらに誤りが混入するおそれもあるからである。

規則115条2項6号は「証人が直接経験しなかった事実についての陳述を求める質問」をしてはならないと定めており、伝聞証言を求める質問に対しては異議を述べることができることになっている。陳述書でも原則は差し控えるべきであろう。

　もっとも、規則も正当な理由があれば伝聞証言を許容している（規則115条2項柱書ただし書）。伝聞証言といえども、その証拠価値は裁判官の自由な心証に基づいて判断されるのであって、民事訴訟では伝聞証言にも証拠能力は否定されない。もっとも、証拠価値は直接証言よりは低いと言わざるを得ないので、陳述書に直接経験していない伝聞証言を多く含めることは、陳述書自体の信用性を減殺する事情というべきである。

　どうしても伝聞証言を陳述書に書かなければならない場合には、それが伝聞であることを明示すべきである。それが直接経験した事実であるかのように書くと、反対尋問で伝聞であることが明らかにされることにより、陳述書全体の信用性を落とす原因になりかねないからである。前に供述の信用性を測る基準に「弁論の全趣旨」があると述べたが、これもそのひとつである。

E　事実を中心とする（意見は控える）

　陳述書はあくまで作成者が見聞した事実を書くべきであり、その法的評価まで書くのは行き過ぎである。事実をどう評価するかは裁判官の役割であり、作成者の意見を押し付けるようなやり方は得策ではない。作成者が事実を評価するときの判断基準が裁判官のそれと一致しない場合、陳述書の信用性の評価に影響する虞があるからである。

　事実に基づく推測を記載することは構わないが、その推論の過程が合理的でないと陳述書の信用性に影響するであろう。

　もちろん、陳述書に評価、意見、推測等を記載することは禁じられていないが、重要なのはそのような価値判断の根拠となる具体的事実が現れているかどうかである。具体的な事実を述べることなしに価値判断のみを裁判官に押し付けることはできないし、却って作成者に対する疑念を生むだけである。逆に、具体的な事実が記載されていれば、裁判官は経験則等を働かせて作成者と同一の判断にたどり着くはずである。陳述書に書かれた意見等は付け足しに過ぎないというべきであって、ほんらい陳述書とはそのような記載内容となるべきである。

F　書くべき事実（主要事実・重要な間接事実）は必ず書く

　陳述書は主尋問を代用するためのものであり、主尋問で網羅すべき事実は全てそこに記載すべきである。

　陳述書に記載することで手の内を見せたくないという気持ちは分からなくもないが、裁判官は陳述書には要証事実の全てが書いてあるものと認識しているので、そこに書いていない重要な事実が法廷で突然出て来ることには違和感を持つ。不意打ちとみなされ、訴訟上の信義則に反するやり方という印象を与えかねず、ひいては弁論の全趣旨として陳述書の信用性にかかわる虞もある。

G　不利な事実でも反対尋問されることが予想される事実は書く

　反対尋問で初めて指摘された場合であって、しかも、作成者がほんらい知っているはずのものであるときは、不利な事実をことさら隠していたと裁判官に疑われるであろう。これも弁論の全趣旨として陳述書の信用性にかかわるものである。

　したがって、陳述書では、不利な事実も包み隠さず明らかにしつつ、なぜそのような事実が生じたのかを、そして、そのような事実があってもその他の供述部分とは矛盾せず、当事者の主張を否定するものでないことを、具体的かつ合理的に説明することができればよい。

H　具体性・迫真性をもった表現とする

　要証事実が存在したことを認めさせるのに、抽象的な表現をしたのでは、インパクトがないし、額面どおり受け取ることはできないと思われるのがオチである。例えば「侮辱されました」と書くだけではダメである。侮辱されたかどうかは、事実ではあるものの、それには評価ないし価値判断を含むものだからである。どのような経緯でどのような発言をされたかを具体的かつ詳細に記載し、裁判官が「それなら侮辱したと言えるな」と感じるようなものでなければならない。

　要証事実そのものが規範的・評価的事実である場合もある。「過失」「正当事由」「権利濫用」「信義則違反」などは、それらの根拠となる具体的事実（評価根拠事実）が立証の対象となる要件事実である。それに当てはまる事実、しかも、作成者の評価を加えた事実ではなく、現に起こった生の事実を具体的に真に迫った形で裁判官に提示することを心がけるべきである。

I　重要な書証について説明する

　陳述書は「書証によって認められる点と点を結ぶ線である」と繰り返し述べたが、それだけでなく、重要な書証それ自体を陳述書で説明することも重要で

ある。

　裁判官は証拠書類を既に読んでいるうえ、書証の立証趣旨は証拠説明書に記載されているのであるが、裁判官も忙しい身であるから、人証尋問に当たり判決を起案するほど詳細に記録を検討しているものではない。しかも、一読して趣旨が明瞭でない書証もある。そのような場合も考慮し、陳述書で重要な書証についての説明をしておくことは意味のあることだと考えられる。

　陳述書で記載せずに主尋問で証拠書類の説明をさせるというやり方もあるし、それが主尋問の主な役割であるとも言える。ただし、陳述書が主尋問の代用であり、尋問時間を節約して審理の促進に寄与するものであるとすれば、主尋問で行うべきことを陳述書で代用することも考えるべきであろう。特に、書証が一読して理解し難い複雑なものであれば、口頭で説明するより陳述書で詳細な説明を加えることの方が適切だと思われる。

2　主尋問

⑴　主尋問の目的

A　陳述書の形式的証拠力

　陳述書は主尋問の代用であるから、主尋問は陳述書を中心に行うことになる。陳述書があれば主尋問は要らないのかというとそうではなく、陳述書それ自体が作成者の意思に基づいて作成されたものであることの立証は最低限必要である。陳述書も書証であり、その形式的証拠力の証明ということである。

　通常は、陳述書の署名押印部分を示してそれが作成者本人のものであることを確認し、陳述書作成の経緯（弁護士が作成者から聴取した内容に基づいて原稿を作成し、作成者の確認を得て完成したこと）を主尋問で確認する。主尋問では原則として誘導尋問は禁じられているが、このような尋問については、誘導尋問が許される正当な理由があるものとされている。

B　陳述書の実質的証拠力

　陳述書は、処分証書ではなく報告文書であるから、形式的証拠力が認められても直ちに実質的証拠力があるわけではない。陳述書の実質的証拠力は、作成

者及び記載内容の信用性にかかっている。そこで、陳述書の記載内容それ自体が信用性を有するものであることを、主尋問で裁判官にアピールすることが肝要である。

C 依頼者との関係

集中証拠調べと陳述書の利用は訴訟関係者の世界では当然のことと受け止められているが、当事者には関心のないことである。当事者は、法廷で自分の言いたいことを口頭で裁判官に訴えたいという気持ちがあり、陳述書で代用されることに不満を抱く虞がある。

代理人としては、依頼者に対して事前に陳述書の意義と主尋問のやり方について説明しておく必要があるだけでなく、法廷でも「陳述書は既に裁判官に読んで頂いているので、今日はそれを補充することだけを聞きますからね。いいですか」などと念押しすることも必要であろう。

⑵ 主尋問における尋問事項

A 陳述書記載事項の具体化

立証しようとする事実は全て陳述書に記載されているはずであるのに、主尋問をする意味があるとすれば、最も重要な点は、陳述書の記載内容を裁判官に具体的に説明することであろう。主尋問は裁判官に対するプレゼンテーションと考えるべきである。文章ではニュアンスの伝わりにくい事実を口頭で説明させることで、陳述書に具体性・迫真性を付加することができれば成功である。

B 陳述書記載事項の説明（特に書証との対応関係）

尋問期日前に陳述書を読み返してみれば、必ず説明不足や理解が難しい点が見つかると思われる。そのような穴は主尋問で塞いでおく必要がある。

特に、陳述書の記載事項と書証との対応関係については、陳述書自体で説明ずみの場合もあるが、そうでない場合には、必ず主尋問で補充する必要がある。陳述書は、書証によって認められる「点と点を結ぶ線」であることを念頭において作成されているはずであるが、それは主尋問でも同じことである。

また、そのような関係性について陳述書で触れられていても、重要な書証についてはもう一度主尋問で聞くのがよい。これは、要証事実にとってどの書証が重要であるかについて、裁判官に注意を喚起するための尋問といえる。

C　陳述書未記載事項の追加

　陳述書を作成した時点では書くべきことは全部網羅したつもりになっていても、後で漏れている事実があることが分かる場合もある。また、当事者が陳述書作成後に証拠となる文書を持参することだってある。もちろん、証拠書類は早期に全部持参するよう当事者を指導することは大事であるが、重要な証拠書類が後から発見されたのであれば、それを法廷に出す必要がある。そのような記載漏れの事実や証拠書類については、主尋問で補足するほかない。

　ただし、人証尋問において使用する予定の文書は、人証の信用性を弾劾する証拠である場合を除き、尋問開始の相当期間前までに提出しなければならない（規則 102 条）うえ、書証の申出をするには、文書の写しと証拠説明書を裁判所に提出し、相手方に直送しなければならない（規則 137 条）ので、当該文書を証拠とするには、尋問期日よりも前に、これらの手続を終えていなければならない。

　また、集中証拠調べをするに当たっては争点整理のために弁論準備手続を経ていることが通常であるから、手続終了後に新たな書証を提出するには、相手方の求めがあれば終了前に提出できなかった理由を説明しなければならない（法 167 条、174 条）。この場合、相手方から求められなくとも、証拠説明書又は準備書面で、新たな文書を提出できなかった理由を説明しておくのが望ましいであろう。裁判官に対し、不公正な訴訟活動ではないというアピールになるからである。

　尋問当日に陳述書に記載されていない事実を聞くことは、裁判官に違和感を与え、陳述書の信用性にかかわると前に述べた。やはり、主尋問は陳述書の内容説明に留めるのが理想であり、そのためには陳述書の記載を充実させることが最も重要である。

D　相手方の陳述書に対する反論

　相手方から提出された陳述書に対する反論を主尋問で行うことがある。こちらの陳述書を作成した時点では知り得ないことが相手方の陳述書に書いてある場合もあり、それに対する反論を主尋問で行うことは許されるであろう。

　ただし、相手方の人証に対する反対尋問で行うのが効果的である場合もあり、また、こちらの主尋問が先になる場合、相手方に弁解を準備する時間を与える可能性もある。しかも、合理的でない反論をすれば、反対尋問で崩されて、却

って先方の陳述書の信用性を高める虞もある。

　この点は、相手方の陳述書に記載された新たな事実の重要性の程度に応じて対応することになると思われるが、十分な配慮が必要である。

E　反対尋問の先取り

a　経験則違反の特段の事情

　経験則に反する供述に信用性がないことは既に述べたとおりであり、経験則に反すると思われる事実を陳述書に書いた場合には、その点を反対尋問で追及されることは避けられない。しかし、経験則には例外が付きものであるから、そのような例外的事情（判例の言葉を借りれば「特段の事情」あるいは「反証」）があるために、一見経験則に反するように見える行動を取ったということを、主尋問で確認することは有効である。

　例えば、書証の形式的証拠力について、判例は、契約書に作成者の印鑑が押されていれば、作成者の意思に基づいて捺印されたものと推定し、それにより契約書全体が作成者の意思に基づいて作成されたものと推定している。この推定は、我が国では印鑑は本人が大切に管理し、みだりに他人に渡さないという経験則に基づくものである。しかし、あくまで推定であって、反証があれば推定は破れるものである。そこで、同居の親族が名義人本人の印鑑を自由に使える状況にあったこと、親子で印鑑を共用していたこと等を立証することで、この推定を覆すことができる。そのような事情を主尋問で明らかにすることが考えられる。

　ただし、このような事情は、主尋問で尋ねるよりは、陳述書に記載することによって同じ目的を達成できるので、そちらの方が望ましいであろう。陳述書に経験則違反の事実が現れているのに、それに対する何のフォローもないのでは、陳述書に信用性がないとの予断を裁判官に与えかねないからである。

　陳述書に記載すると事前に相手方に反対尋問のための材料を与えることにもなるので、そのあたりの兼ね合いはあろうが、陳述書には、相手方の準備を気にすることなく必要な事実は全て記載するのが適当と思われる。裁判官は陳述書その他の書証をもとに暫定的な心証を形成して人証尋問に臨むのが普通であって、尋問に当たって前もってこちらに有利な心証を持ってもらうことの方が重要だと考えられるからである。

b　他の証拠との矛盾点の説明

陳述書の記載事項と他の書証が矛盾する場合、書証が「動かしがたい事実」であれば、その矛盾を合理的に説明できない限り陳述書の信用性がないことになる。この点もあらかじめ陳述書に記載すべきであるが、陳述書に書き漏らした場合、あるいは、陳述書作成後に相手方から重要な文書が提出された場合には、それについて触れておく必要がある。

c　自己に不利な事実

陳述書には自己に不利益な事実でも率先して記載すべきであると述べた。しかし、陳述書作成後に不利益な事実が出て来た場合であって、反対尋問でその点を突かれそうなときには、主尋問であらかじめ予防線を張っておくのが適当である。もちろん、合理的な理由をもって説明できることが重要である。

⑶　主尋問における尋問技術

A　陳述書をなぞることは避ける

陳述書は主尋問の代用であり、尋問時間を節約するために作成されるものなので、それを逐一なぞるような尋問は無意味である。忙しい裁判官は、既に読んで分かっていることを確認するように聞かされることに耐えられない。それでは集中力を失い、本当に聞いてもらいたい重要な証言を聞き漏らす可能性もある。裁判官に好印象を与えたいなら、陳述書のうち特に注目して欲しいポイントに絞って尋問すべきである。

B　立証事項を明らかにしながら尋問する

主尋問では、人証が的確に回答できるように、また、裁判官に供述内容を正しく理解してもらうために、これから何について聞くのかを明らかにしつつ尋ねるのがよい。

反対尋問では、質問者の手の内を見せず、何を聞かれるのか分からない状態において質問し、人証を混乱させることもテクニックとしてはあり得るかも知れないが、主尋問の場合には、人証にも裁判官にもそのような混乱を引き起こしては逆効果である。

C　陳述書のどこが重要かを裁判所に理解させる

陳述書の重要点を裁判官に理解させることが、陳述書に基づく主尋問の主た

る目的といえる。もちろん「ここが重要です」という言い方はせず、陳述書に記載した事項を特定し、それを更に深掘りする質問をすることがスマートであろう。

D　文書の見方・要証事実との関連性に集中する

文書の説明・要証事実と文書の関連性については、陳述書の中で説明するのがふつうと思われるが、重要な文書については、陳述書とは違った角度から口頭で説明をさせることで、裁判官に印象付けることができる場合がある。

3　反対尋問

(1)　反対尋問の目的

A　主尋問の弾劾

人証の陳述の信用性を争うことを人証の信用性の弾劾という。主尋問における人証の供述が信用できないと裁判官に思わせることであり、人証の信用性の弾劾が反対尋問の最大の目的である。

人証の信用性を弾劾する方法には、人証自身の信用性・誠実性に問題があること、書証等によって認められる「動かしがたい事実」と矛盾していること、経験則に反していること、供述に前後矛盾があること等である。これは、効果的な尋問技術の視点（182ページ）で述べたところであるが、主尋問はこれらの弾劾事由を否定することが有効であり、反対尋問ではそれを肯定することが有効なのである。

B　依頼者へのアピール

依頼者は、相手方の人証が主尋問で嘘を述べていること、客観的に虚偽かどうかは別にして、依頼者自身の認識と異なる事実を述べていることに不満を抱き、それを弾劾して欲しいと考える。できれば、相手方の人証に間違いを認めさせて欲しいと思っている。そこで、そのような依頼者の期待に応えるべく、代理人がやっきになって証人を責め立てることがよく見受けられ、ときに証人と議論になることもある。

しかし、人証の信用性を弾劾すべき有効な手段がないにもかかわらず、証言

を間違いだと決めつけて責め立てても無駄である。そのような反対尋問は、主尋問を固めてしまう結果に終わるのがオチである。主尋問では自信なさげに証言していた証人が、反対尋問で執拗に追及された結果、最終的には自信をもって断言することもよくある光景である。

　ただ、反対尋問をしないでおくと依頼者の不興を買うことがある。依頼者が尋問を聞きに来ている場合には「先生はなぜ相手の言うままにさせるのか」と非難されるかも知れない。そのために、無駄とは知りつつ反対尋問をすることもなくはないであろう。ある程度は仕方ないかも知れないが、不毛な議論に裁判官を付き合わせるのは適当でないので、攻め手がない場合には、反対尋問を適当に切り上げるのが得策である。

　依頼者には、裁判官は、書証と経験則を重要視しており、証人の一方的な証言のみで判断したりはしない、無駄な反対尋問は裁判官に悪い印象を与えるから控えた、などと説明して理解を求めるほかないであろう。

【コラム 12　敵性証人】

　敵性証人（あるいは相手方当事者）が主尋問で事実に反する証言をしたとしても、反対尋問で自身の誤りを認めることはありません。証人を弾劾する証拠や証言と矛盾する的確な証拠が手元にある場合には、それを使って反対尋問で追及することは可能ですが、そうでない場合には、証言が経験則に反することを指摘するくらいです。それでも自分で証言の誤りを認める証人はいないと思います。

　敵性証人に「……ではないか」「……のはずだ」「本当に……したのか」などと聞いてもこちらの望む証言が出てくることはありません。無駄な尋問をしている、準備していないのか、などと裁判官に悪い印象を与えるだけです。

　しかし、あえてそのような証言をさせることはあります。それに反する証拠がある場合や、それが明らかに経験則に反している場合には、証人が明らかに嘘を言っている、あるいは証人が不誠実であることを示すことができるからです（もちろん、準備書面においてその点に触れることを忘れないようにします）。裁判官が尋問調書を読んだときに「言いたい放題しゃべっているが、ずいぶんいい加減だなあ」と思わせることができれば良いのです。

　問題は敵性証人に言いたい放題をさせることで依頼者の不興を買うことです。そのような場合は尋問の趣旨を後で十分説明することが必要でしょう。

⑵　反対尋問における尋問事項

A　陳述書の記載事項を中心にする

　陳述書が提出され、主尋問が陳述書に基づいて行われる以上、反対尋問も陳述書の記載事項に沿って行われるべきである。裁判官も人証も混乱してしまうので、陳述書の記載事項と無関係な事実を唐突に持ち出すことは避けるべきである。それはこちら側の人証の主尋問で行うのが適当である。

　もちろん、陳述書に記載されていない事実が主尋問で出て来た場合、それに対する反対尋問は必要である。陳述書に対する反対尋問事項を用意しているからといって、主尋問を無為に聞いているのは危険である。主尋問はメモを取りながら聞き、反対尋問に備えるべきである。メモを取っていて重要だと気づいた点があれば、忘れないよう、尋問を予定した事項よりも先に聞くのがよい。

B　証人の信用性・誠実性の欠如を指摘する

　人証の信用性・誠実性のポイントは、既に述べたとおり、認識・記憶・表現の能力、誠実性、利害関係の有無、供述態度、人柄等である。

　これらをもって人証の信用性を弾劾することは必ずしも容易ではないが、陳述書の記載や、主尋問の過程で何か気づいたことがあれば、反対尋問で問題点を指摘することは有効であろう。

C　確定した事実との不整合を指摘する

　書証や争いのない事実によって「動かしがたい事実」となった事項と矛盾する陳述書の記載や主尋問での証言は、必ず指摘すべきである。反対尋問で最も多く指摘されるのは、陳述書と書証の不整合である。裁判官は、陳述書と書証の内容を事前に読んでいるので、矛盾があれば当然認識しており、法廷で人証がそれをどのように説明するかに関心がある。それを聞くために尋問期日に臨んでいるようなものである。

　もちろん、既に述べたとおり、書証との矛盾点を説明するのも主尋問の重要な役割であるから、反対尋問では、単に矛盾点の指摘のみならず、主尋問でなされた説明の不合理性の指摘も同時に行わなければならない。

D　経験則に反する供述を指摘する

　民事訴訟は徹頭徹尾経験則の適用の争いであるから、経験則をふんだんに仕

入れておいてそれを反対尋問に使えるようになれば望ましい。ただし、経験則には例外があるので、本件がそのような例外を認める事案であるのか、あるいは、本件ではそのような例外に当たる事実があるといえるのか、などの点についても検証を怠らず、反対尋問に活かす必要がある。

E　自己矛盾を指摘する

　人証が前後で相矛盾する供述をしておれば、それを見逃さずに指摘すべきである。ただし、単なる言い間違いや誰にでもある誤解に基づく矛盾であれば、それを指摘することにより、いずれかの供述を撤回する機会を与えるに留まる場合もある。

　自己矛盾といっても、取り上げるべきは、要証事実の主要な部分であり、しかも、人証がほんらい間違うはずのない事実に限って反対尋問で指摘すべきである。枝葉末節を取り上げて、些細な言い間違いを鬼の首でも取ったかのように責め立てるのは、裁判官に悪い印象を与えるので、適当とは思われない。

【コラム 13　専門家証人】

　医師のような専門家に対して反対尋問をするのは難しそうに思われます。しかし、相手が専門家であれ素人であれ、反対尋問のやり方にそれほど大きな差があるとは思われません。専門的な知見を持たない者が専門分野について議論しようとするからおかしくなるので、あくまで事実について尋ねればよいのです。

　専門家証人は、自分で体験した事実に基づいて証言しているのではなく、依頼者から提示された事実がその前提となっています。それゆえ、専門家証人に対する反対尋問は、証人が専門家として判断した根拠となる事実の誤りを指摘するのが常道といえます。

　もっとも、専門的な知見に基づく判断自体が誤っている場合もなくはないので、その場合はそれを指摘する必要があります。ただし、尋問する側も同じ分野の専門家の意見を確認してから行うべきでしょう。この場合、反対尋問で誤りを認めるはずがないので、結論とその理由だけを確認するにとどめ、追って提出する準備書面において根拠を示しつつその誤りを指摘することになります。

　専門家の物の見方や考え方に偏りがあると思われる場合は、その証拠を挙げて質すこともあり得ます。ウェブサイトやＳＮＳで意見を開陳している人物であれば、その思想的傾向を知ることができます。専門的な判断が自身の思想的

傾向によって影響を受ける可能性がなくはないでしょう。それをダウンロードして法廷で提示した上で内容を確認する尋問したことがあります。もちろんそれで証言の信憑性がなくなったとは思いませんが、裁判官の心証に若干の影響を与えたかも知れません。

　専門家には敬意をもって接するのが良いと思います。けんか腰で反対尋問をする弁護士を見かけることがありますが、あまり感心しません。たぶん傍聴席にいる依頼者に見せるためのパフォーマンスなのでしょうが、それでも証人が平静に対応すれば、証人の誠実性を浮き上がらせることになるだけです。

⑶　反対尋問における尋問技術

A　裁判官に陳述書の問題点を理解させる

　陳述書の記載事項が不自然で経験則に反しており、それが重要な部分に関するものであって、陳述書全体が信用できないことを裁判官に理解させれば、反対尋問は成功したと言えるであろう。それが出来ないのであれば、いくら人証を責め立てても無駄である。反対尋問は、相手方本人や敵性証人をやり込めて依頼者にアピールする場ではなく、裁判官に対する説得材料だということを肝に銘ずるべきである。

B　イエス・ノーで答えさせる（理由は聞かない）

　主尋問での誘導尋問は制限されるが、反対尋問では許容される。規則115条2項柱書ただし書は、正当な理由のある誘導尋問を認めているが、反対尋問はそれ自体として「正当な理由」とされている。

　誘導尋問が危険なのは、人証が質問者に迎合するために誘導されて虚偽の供述を行う虞があるからであるが、反対尋問では人証と尋問者は敵対関係にあり、迎合ということがありえないので、誘導尋問が許容される。刑事訴訟規則199条の4第3項は「反対尋問においては、必要があるときは、誘導尋問をすることができる」と定めており、民事訴訟でも同じと考えられている。

　反対尋問では、あえて誘導尋問を行い、尋問者の考えるストーリーに沿った供述を引き出すことがテクニックとしてある。その際、人証がその理由を述べようとしても、それには「理由はよいから、私の質問にイエスかノーかで答えて下さい」とたたみかけるのが有効である。

　もちろん、主尋問をする側からすれば、反対尋問で尋問者のストーリーに沿った供述が行われた場合は、再主尋問でそのような供述の趣旨と理由を問い質し、間違った印象を裁判官に与えないよう建て直す必要がある。事前の打ち合わせにおいて、人証には「反対尋問では誘導でストーリーを押しつけてくる可能性があるから、できるだけ理由を述べるようにして下さい」と指導することも有効であろう。

C　逃げ道を塞ぐ

　争点について核心的な質問をする前に、周辺の事実を確認する質問をすれば、敵対する人証でも安心して無防備な回答をすることがある。そこを固めておいて、争点に関する核心的な質問に対する回答が事前に確認した事実と矛盾することを突くというテクニックがある。

　ただし、このような尋問は何を目的として行われているのか理解し難い面であるので、争点に絞って尋問することを期待する裁判官を焦らせることになる。それで、裁判官の介入を受けて頓挫することもある。その場合は、粘らずに切り上げるのが適当である。

D　後に提出する書証を準備する

　人証尋問で使用する証拠は尋問の相当期間前に提出しなければならないが、人証の陳述の信用性を争うために使用する文書は、人証尋問のときに提出することができる（規則102条）。これを弾劾証拠という。

　陳述書で事実に反する記載をしている場合には、それと矛盾する文書があれば、それを事前に準備しておいて、反対尋問の際に使用する。人証に対して「後に提出する甲第○号証を示す」として、その書証に関する質問をする形で使用し、尋問終了後に正式に書証として提出するのである。

　例えば、人証が署名捺印したＡという文書がある場合において、陳述書ないし準備書面の記載から、それへの署名捺印を否定する可能性があると考えられる場合には、その文書を弾劾証拠として準備し、反対尋問で「あなたはＡという文書に署名捺印したことがありませんか」と質問し、人証が「そのようなことはありません」と答えたら、その文書を示して「後に提出する甲第○号証を示します。これはあなたの署名捺印ではありませんか」と質問するのである。

E　適当に切り上げる

　反対尋問の効果に過大な期待は禁物である。回答がないときでも、深追いしてはならないし、失敗したと思ったら切り上げて次の質問に移るのが適当である。長々と効果の上がらない反対尋問をしても、主尋問を固めるだけになることが多いからである。

⑷　反対尋問に対する準備

　主尋問については、質問と回答をどうするかについて事前に人証と打合せをすることができるが、反対尋問については、相手方の質問が事前に分からない以上、出たとこ勝負にならざるを得ない部分があることは避けられない。

　それでも、上記のような反対尋問として予想される事項については、事前にどう回答するかを話し合っておくことは有益である。また、陳述書と矛盾する供述は避けなければならないので、陳述書の内容を復習することは何より重要である。

　そのほか、反対尋問を受ける際の一般的な注意事項としては、以下のようなものが考えられるので、これを主尋問に関する打合せの際に確認しておくことが必要であろう（注意事項を記載したメモを作成して渡すことでもよい）。

（反対尋問を受ける際の注意事項）

①　聞かれたことだけを簡潔に答える。
②　質問の意味が分からないときは聞き返す。
③　覚えていないことは「覚えていない」と答え、知らないことは「知らない」と答える。
④　日時など細かいことを思い出せないときは「細かいことは思い出せませんが、だいたい○○だったと思います」というように答える。
⑤　記憶が曖昧なときは「はっきりした記憶はないのですが、○○だったかも知れません」というように答える。
⑥　資料を見なければ分からないときは「資料を見なければ、分かりません」と答える。
⑦　書証を示されたときは、それをよく見て答える。少しくらい時間がかかっても構わない。
⑧　間違った事柄を前提にして質問がなされた場合には「○○という前提が違

　います」「それは前提が違います」と答える。
⑨　同じ事柄を、聞き方を変えて何回も質問される場合には、何回でも同じ答
　えを繰り返せばよい。
⑩　挑発的な質問や失礼な質問があっても、冷静に答える。

⑸　反対尋問の限界

　巷間反対尋問のテクニックが色々と喧伝されているが、はっきり言って裁判
官は反対尋問で劇的な効果が生じることを期待していない。それは、筆者も含
めた実務家の経験から来る結論であるが、特に、現在の実務においては、陳述
書その他の書証によって一定のストーリーが固まっており、それを反対尋問で
切り崩すのは容易ではないからである。

　陳述書と主尋問でよほど常識外れのことを述べているとか、重要な事実を隠
しておりそれが反対尋問で暴かれたとかのような特殊なケースでもない限り、
反対尋問によって主尋問を切り崩すことが成功することはないと思われる。小
手先のテクニックで何とかなるものではない。

　裁判官は、双方から提出された陳述書その他の書証を事前に読み、人証尋問
によってそれを検証することで、書証による点と陳述書による線を結ぶストー
リーを把握し、そのいずれが合理的で経験則に合致しているかを判断している。
裁判官は、あくまで実体的真実を探究するのが任務と心得ており、面前で繰り
広げられる人証尋問の技量を評価するのではないと考えている。法廷での人証
の一挙手一投足に影響を受けて判断するような裁判官はいないのであって、反
対尋問に過剰な期待を抱くのは危険である。

【コラム 14　反対尋問の効果】

　ウェルマンの『反対尋問』（旺文社文庫）は、筆者が司法修習生時代には必
読の書と言われていました。その中にいくつか反対尋問の成功例が紹介されて
います。例えば以下のようなものです。

　　鉄道事故で肩を脱臼したという原告に対して「事故以来肩がどこまでしか

あがらないのか見せて欲しい」と聞き、原告が片腕を肩の線まであげたのを確認し、次に「事故に遭う前ならばどのくらいまであがったか見せてください」と言うと、原告はその腕を頭上までまっすぐ上げた。

リンカーン大統領は、弁護士時代に殺人現場を目撃したという唯一の証人に反対尋問をした。まず、証人が殺人の現場を見たのは夜の11時頃であったが、当日は満月であったため現場を目撃できたとの証言を引き出した。その上で、暦を証拠として提出し、当夜のその時刻は闇夜であったことを明らかにした。

いずれも鮮やかな技巧と結末ですが、そのような劇的な効果を反対尋問に期待してはいけません。反対尋問は主尋問の証言を固めるだけで終わるのがふつうです。せいぜい、言い間違いや記憶違いを指摘して揚げ足を取るくらいです。そのくらいのことで裁判官の判断を左右することはできません。

もっとも、反対尋問によって証言の信用性が劇的に下がるとそもそも裁判官は考えていないので、あまり気にすることもないのかも知れません。

裁判官が重視するのは、どちらの陳述書が的確な書証と経験則に裏打ちされたものであるかどうかです。法廷における尋問はそれを確認するための手段だと考えています。反対尋問については、何が問題であるのか、何を重視しているのか、証言と書証のどこが矛盾しているのか、証言の何が経験則に反しているのか、などを裁判官に分からせるためのプレゼンテーションだと考えればよいのではないでしょうか。

4 その他の留意点

⑴ 尋問時間の厳守

A 集中証拠調べの意義を理解する

集中証拠調べは、審理の促進のため人証尋問を原則1期日で終了させるものである。そのためには、尋問予定時間を超えて尋問を継続することは絶対に避けなければならない。裁判官は多くの事件を抱えながら迅速な事件処理を求められており、尋問時間の厳守には常に心を配っている。

尋問の申出に際しては、尋問に要する見込みの時間を明らかにする必要があ

る（規則 106 条、127 条）。陳述書を提出する以上、主尋問に 30 分以上の時間を
かける必要があるのか疑問に感じる裁判官は多いものと思われる。反対尋問に
はある程度時間をかけることは理解できるが、1 時間も 2 時間もかける必要が
あるのか疑問に感じている。

　いったん提示した尋問予定時間は厳守すべきである。裁判官は期日に尋問が
終わらないことをおそれており、いくらか余裕をもって時間を指定しているの
で尚更である。もっとも、主尋問が予定時間を超過した場合、反対尋問の時間
がそれを理由に制限されるのは公平ではないから、予定どおり尋問して構わな
い。主尋問が予定時間を超過した場合、裁判官から注意があるはずであるが、
反対尋問する側も裁判官に注意を促すのがよい。

　主尋問と相手方証人に対する反対尋問とを併せて各自の持ち時間とし、その
範囲内で持ち時間を融通してよいとする取扱を行う裁判官が増えている。それ
であれば、代理人が人証ごとにメリハリをつけて尋問することが可能となり、
時間制限を遵守することもやりやすくなったものと思われる。

B　尋問時間を厳守する方法

　尋問予定時間の超過を避けるためには、主尋問であれば陳述書を極力利用す
ること、主尋問・反対尋問を問わず、重要度の高いものから質問し、重複する
質問は避けることが肝要である。

　陳述書がある以上、それを利用して尋問するのが集中証拠調べの趣旨に沿う
ものであり、陳述書をなぞる質問をし、あるいは、陳述書にない事実を質問す
ることは、裁判官の予期しないやり方であり、避けるのが適当である。

⑵　異議

A　異議の理由

　規則 115 条 2 項は、①証人を侮辱し、又は困惑させる質問、②誘導尋問、③
既にした質問と重複する質問、④争点に関係のない質問、⑤意見の陳述を求め
る質問、⑥証人が直接経験しなかった事実についての陳述を求める質問、以上
の質問をしてはならないと定めている。ただし、証人を侮辱し、又は困惑させ
る質問以外の質問については、正当な理由があればこの限りではないと定めて
いる（同条 2 項ただし書）。

　裁判長は、質問が規則115条2項の規定に違反するものと認めるときは、申立により又は職権でこれを制限することができる（同条3項）ので、相手方の尋問がこれらの事由に該当すると考える場合には、裁判長に対して尋問を制限するよう求めることができる。これを異議という。

　異議を出すときは「異議あり」と発言し、その理由を述べる。正式な異議なのかどうか不明なクレームを相手方の尋問に対して無闇に出す代理人がときにいるが、裁判官に対する印象は悪いはずである。

　意味もなく文句を言われたら、異議の趣旨なのか、また、異議であればその理由は何かを問い質すのがよい。不当な異議に対する牽制になるからである。

B　異議の目的と効果

　異議を出す主たる目的は、相手方の不当な尋問を牽制し、裁判官に対して相手方が不当な訴訟活動をするとの印象を与えることにある。また、こちら側の人証に答えるための時間を与えることができ、また、依頼者に対してのアピールにもなるであろう。

　しかし、あまり異議を頻繁に出すと、相手方を怒らせて人証尋問後の和解ができにくくなるおそれがあるし、裁判官に「何か証言されて困ることでもあるのか」との疑念を与えかねないので、異議の頻発は避けるべきである。異議は、ここぞというときに確実な理由をもって提出すべきである。

第4章 専門訴訟

第1 はじめに

　民事訴訟の中には、通常の民事訴訟とは異なる専門的な性質を持った訴訟類型があり、通常事件とは異なる対処が必要となる場合がある。そのため、東京地方裁判所などの大規模庁では、もっぱら専門的な事件を扱う裁判部を設置している。通常の民事訴訟を扱う裁判部を通常部というのに対し、このような専門的な事件を扱う裁判部を専門部という（特殊部ということもある）。

　東京地方裁判所の専門部には、行政部（行政事件を扱う）、商事部（商事訴訟・非訟事件、商事保全事件、会社更生事件を扱う）、保全部（民事保全事件を扱う）、労働部（労働関係民事・行政事件、労働災害事件を扱う）、破産再生部（破産手続・民事再生手続の事件を扱う）、執行部（民事執行に関する事件を扱う）、調停・借地非訟・建築部（調停・借地非訟、建築調停事件を扱う）、交通部（交通事故に関する事件を扱う）、知的財産部（知的財産に関する事件を扱う）、医療部（医事事件を扱う）、以上のものがある[1]。

　そこで、この章では、以上のような専門部の扱う事件のうち、訴訟（非訟[2]ではない）のいくつかに関して、その専門性のゆえに訴状等の書面の作成に際して特に留意すべき事項について、記載例とともに説明したいと思う。

---

[1]　平成18年までは手形事件を専門に扱う手形部があったが、現在は商事部に統合された。

[2]　当事者の権利義務の存否を確定させる手続を訴訟といい、当事者の権利義務が存在することを前提にその具体的な内容を裁量的に形成する手続を非訟という。

【コラム15　専門訴訟】

　専門訴訟といっても基本は通常訴訟と同じです。事実を的確に把握し、それに法律を適用することに変わりはありません。違うのは、事実の認識に専門的知見を要することと、特別法が適用されるということです。

　専門的知見を得るのに最も簡便なのは、その分野の専門家の意見を聞くことです。医療訴訟なら医師、建築訴訟なら一級建築士、会社訴訟なら公認会計士、租税訴訟なら税理士、知的財産訴訟なら弁理士などです。

　弁護士はもちろん法律の専門家ですから、法律とその解釈については自分で調査すべきですが、ときにはその分野を専門とする大学教授に意見を聞き、必要とあれば意見書を書いてもらうこともあります。

　専門家の知見を利用するといっても、それを裁判官に理解させるためには、弁護士自身が内容を理解し、それをわかりやすく準備書面等にする必要があります。弁護士が専門家の通訳のようなものだと言われるのはその趣旨です。弁護士もそれなりに専門分野に通じる必要があるのです。といっても、自分が専門家になるのではなく、専門家の話す内容が理解できればよいのですから、それほど難しいことではないと思います。

　専門家自身が被告又はその関係者であれば、当該専門家本人に聞くか、誰か適当な専門家を紹介してもらうことができます。そうでなければ別途専門家を探す必要があります。インターネットで検索することも可能でしょうが、できれば知己があり信頼できる専門家に相談したいところです。弁護士といえども、法曹界の外に人脈を広げる必要があると感じられるところです。

　専門家の知見は、準備書面に反映するだけでなく、意見書という形で裁判所に提出することがあります。もっとも、実際のところは、弁護士が原案を用意して専門家が加除訂正を加えてサインすることも多いと思われます。事案との関連性に留意しつつ裁判官によく理解させるという観点からは、弁護士が原案を用意するのが適当と思われます。それだけに、弁護士が専門分野の理解を深めることが求められます。

第 2　行政事件訴訟

1　訴訟類型

　行政事件訴訟法（以下「行訴法」という）は、行政事件訴訟の類型として、抗告訴訟、当事者訴訟、民衆訴訟、機関訴訟、以上の 4 類型を定めている（行訴法 2 条）。

　抗告訴訟とは、行政庁の公権力の行使に関する不服の訴訟であり、それには、処分取消しの訴え、裁決の取消しの訴え、処分又は裁決の無効等確認の訴え、不作為の違法確認の訴え、義務付けの訴え、差止めの訴え、以上の 6 類型がある（行訴法 3 条）。

　当事者訴訟とは、当事者間の法律関係を確認し又は形成する処分又は裁決に関する訴訟で法令の規定によりその法律関係の当事者の一方を被告とするもの（これを「形式的当事者訴訟」という）及び公法上の法律関係に関する確認の訴えその他の公法上の法律関係に関する訴訟（これを「実質的当事者訴訟」という）をいう（行訴法 4 条）。形式的当事者訴訟の例としては、土地収用法 133 条による損失補償に関する訴えがあり、実質的当事者訴訟の例としては、国籍確認の訴え、租税債務不存在確認の訴えがある。

　民衆訴訟とは、国又は公共団体の機関の法規に適合しない行為の是正を求める訴訟で、選挙人たる資格その他自己の法律上の利益にかかわらない資格で提起するものをいう（行訴法 5 条）。その例としては、公職選挙法の定める選挙の効力を争う訴え（公選法 203 条）、地方自治法の定める住民訴訟（地自法 242 条の 2）がある。

　機関訴訟とは、国又は公共団体の機関相互間における権限の存否又はその行使に関する紛争についての訴訟をいう（行訴法 6 条）。その例としては、地方公共団体の長による国の関与の取消しを求める訴訟（地自法 251 条の 5）がある。

　ここでは、これらのうち訴えの提起事例が多い処分取消しの訴えと住民訴訟を取り上げることとする。

2 訴状

(1) 処分取消しの訴え

処分取消しの訴えの性質は形成訴訟であり、取消判決によって処分の効力が遡って消滅するという法律効果が発生する。形成要件（取消要件）は特に定められていないので、処分の違法性の主張そのものが訴訟物であり、違法事由として主張される具体的事実は攻撃防御方法である。

処分取消しの訴えの被告は、当該処分をした行政庁の所属する国又は公共団体である（行訴法11条1項1項）。平成16年改正前は処分をした行政庁に被告適格があったが、現在は国又は公共団体が被告であるため、処分庁と被告が一致しないことになる。そこで、訴状においては、処分庁を明示することで取消しの対象を特定する必要がある。

処分取消しの訴えの主張立証責任に法律要件分類説を適用すれば、処分の根拠法令を権利根拠規定、権利障害規定、権利消滅規定、権利阻止規定に分類し、各規定を自己に有利に援用する当事者が、当該規定の要件事実について主張立証責任を負うことになる。例えば、課税処分の取消訴訟であれば、租税債権の発生原因事実は被告に主張立証責任があり、原告は請求原因において課税処分を特定するのみで足りる[3]。これに対し、社会保険金不支給処分のような申請拒否処分の取消訴訟であれば、原告が申請の対象となる権利（保険金の受給権）の発生原因事実について主張立証責任を負うことになる。

もっとも、訴え提起の時点で争点が明らかである場合[4]には、訴状においても、被告の抗弁を先取りした主張を展開するのが適当である。

A 課税処分取消しの訴え

課税処分取消訴訟の訴状の記載例を挙げると、以下のとおりである。ここでは、課税庁が、税務調査への非協力を理由に青色申告承認を取り消し、推計課税[5]によって算出した税額をもとに更正処分と過少申告加算税の賦課処分を行

---

3) この点で債務不存在確認訴訟と同じ構造を有することになる。
4) 課税処分取消訴訟は審査請求前置主義がとられている（国税通則法115条1項）ので、訴訟提起時には争点は明らかになっているはずである。

ったのに対し、原告が、青色申告承認の取消事由の不存在を主張するとともに、実額反証[6]を主張したという事案を前提としている。

（記載例4－2－1　課税処分取消しの訴え）

訴　状

令和○年○月○日

東京地方裁判所　民事部　御中

原告訴訟代理人弁護士　　甲　野　太　郎　㊞

〒131-0033　東京都江東区向島○丁目○番○号
　　　　　　　原　　告　　　　　乙　野　次　郎
〒100-0006　東京都千代田区有楽町○丁目○番○号
　　　　　　　○○ビルディング○階　○○法律事務所（送達場所）
　　　　　　　電　話　○○（○○○○）○○○○
　　　　　　　ＦＡＸ　○○（○○○○）○○○○
　　　　　　　原告訴訟代理人弁護士　甲　野　太　郎
〒100-0001　東京都千代田区霞が関1丁目1番1号
　　　　　　　被　　告　　　　　　　国
　　　　　　　上記代表者法務大臣[7]　丙　野　三　郎
　　　　　　　処分行政庁　　　　　○○税務署長　丁　野　四　郎

課税処分取消請求事件
　　　訴訟物の価格　金○○○○円
　　　貼用印紙の額　金○○○○円

第1　請求の趣旨
　1　処分庁が、令和○年○月○日付けで原告に対してした以下の各処分（以下「本件各処分」という）をいずれも取り消す。
　(1)　令和○年分以後の所得税の青色申告承認取消処分

---

5)　実額調査により難い場合に所得を推計して税額を定める方法である。反面調査等で得られた収入額に類似業者の経費率を勘案して推計するのがふつうである。
6)　帳簿等による実額を主張して推計課税を争うことである。
7)　「国の利害に関係のある訴訟についての法務大臣の権限等に関する法律」により，国を当事者とする訴訟については，法務大臣が国を代表する（同法1条）。

(2) 令和○年分の所得税に関する更正処分のうち所得金額○○円及び納付すべき税額○○円を超える部分及び過少申告加算税の賦課決定処分

2 訴訟費用は被告の負担とする。

との裁判を求める。

第2 請求原因

1 原告は肩書地において飲食店を経営する者である。

2 原告は、令和○年○月○日付けで青色申告承認処分を受けた。

3 原告は、令和○年分の所得税について、所得金額○○円及び納付すべき税額○○円とする確定申告（以下「本件確定申告」という）をした。

4 処分行政庁は、原告に対し、令和○年○月○日付けで、令和○年分以降の青色申告承認取消処分（以下「本件取消処分」という）をし、さらに、令和○年分の所得金額○○円及び納付すべき税額○○円とする更正処分及び過少申告加算税賦課処分（以下「本件更正処分等」という）をした。

5 本件取消処分の違法性

(1) 処分行政庁が本件取消処分の理由とするのは、税務調査の際に、帳簿書類の備付け、記録又は保存が正しく行われていることを税務職員が確認できなかったというにある。

(2) しかしながら、本件取消処分は違法というべきである。その理由は以下のとおりである。

　　第1に、上記税務調査は、事前通知がなく、かつ、原告の業務を妨害する態様でされたものであり、社会通念上許容されないものであって、違法というべきである。違法な税務調査によって判明した事実に基づいてされた課税処分は違法というべきである。

　　第2に、原告が帳簿書類を提示しなかったのは、違法な税務調査に対する抗議の意思表示であり、帳簿の備付け、記録、保存自体はされていた。したがって、青色申告承認の取消事由は存在しない。

6 本件更正処分等の違法性

(1) 本件更正処分等は、推計課税の結果に基づくものであるところ、上記5のとおり帳簿は存在していたので、推計課税をすることはできない。帳簿を提出しなかったのは、税務署員の違法な調査が原因であるから、それを推計課税の根拠とすることはできない。本件更正処分等は、前提となる推計課税が違法であるから、違法に帰するものというべきである。

(2) 令和○年分の帳簿は正確に記帳されているので、これを基準として実額課税をすべきである。本件確定申告は当該帳簿に基づいているので、

　　　所得金額及び納税額は確定申告どおりとすべきである。したがって、こ
　　　れと異なる更正処分等は違法というべきである。
　　7　よって、本件取消処分及び本件更正処分等はいずれも違法であるから、
　　　行政事件訴訟法 3 条 2 項に基づき、請求の趣旨記載の判決を求める。
第 3　証拠方法
　（略）
第 4　附属書類
　（略）

B　遺族厚生年金不支給処分取消しの訴え

　このような申請拒否型の処分の取消訴訟については、原告において、権利根
拠規定の定める支給要件に該当する事実を主張立証しなければならない。

　遺族厚生年金は、配偶者であって、被保険者であった者によって生計を維持
されていた者に与えられる（厚生年金保険法 59 条 1 項）。配偶者には内縁関係に
ある者を含む（最判昭和 58・4・14 民集 37-3-270）。もっとも、法律上の配偶者
が別に存在する場合には、当該配偶者が同条の定める「配偶者」に該当しない
こと、すなわち、法律上の婚姻関係が破綻していることも主張立証しなければ
ならない。

（記載例 4 − 2 − 2　遺族厚生年金不支給処分取消しの訴え）

第 1　請求の趣旨
　1　社会保険庁長官が令和○年○月○日付けで原告に対してした遺族厚生年
　　金を支給しないとの処分を取り消す。
　2　訴訟費用は被告の負担とする。
　　との裁判を求める。
第 2　請求原因
　1　訴外甲野太郎（以下「太郎」という）は、厚生年金保険の被保険者であ
　　った者であるところ、令和○年○月○日死亡した。
　2　太郎の死亡当時、原告は同人と内縁関係にあり、太郎によって生計を維
　　持されていたので、厚生年金保険法（以下「法」という）59 条の配偶者に
　　該当する。
　3　原告は、社会保険庁長官に対し、遺族厚生年金の支給を申請したところ、
　　請求の趣旨記載の不支給処分（以下「本件処分」という）がされた。その

　　理由は、太郎には法律上の妻である訴外甲野花子（以下「花子」という）
　があり、原告は法59条の配偶者ではないというにある。
4　しかしながら、太郎の死亡当時、太郎と花子の婚姻関係は破綻しており、
　修復の可能性がなかったので、花子は59条の配偶者に該当しない。その理
　由は以下のとおりである。
(1)　太郎と花子は、婚姻当時は太郎が勤務していた会社の社宅で同居してい
　　たが、平成○年ころから太郎が社宅を出て別居するようになり、太郎が
　　死亡するまで20年以上の長期にわたり別居を続けた。
(2)　その間、両者の間には反復、継続的な交渉はなく、太郎が社宅費を負担
　　していたほかは生活費を負担することもなかった。
(3)　太郎と花子は、両者の婚姻関係を修復しようとする努力はせず、平成○
　　年以降は会うこともなくなった。
(4)　太郎は、花子に対し、平成○年○月○日にまとまった金額を送金したこ
　　とがあるが、これには、太郎が勤務していた会社の社宅から円満に転居
　　してもらう費用を支払う趣旨のほか、両者の婚姻関係を清算するための
　　ものという趣旨も含まれていた。
(5)　他方、原告は、太郎が花子と別居するようになった後に親密な関係にな
　　り、平成○年ころから同居して夫婦同然の生活をするようになった。原
　　告は、専業主婦として、時に家計の助けのためにパートに出ることはあ
　　っても、収入はほとんどなく、もっぱら太郎の収入により生計を維持し
　　ていた。
(6)　太郎は死亡する数か月前から肝臓癌による入院生活を余儀なくされたが、
　　その際も原告が付き添い看護をし、太郎の最期を看取った。花子が太郎
　　の病床に来ることはなかった。
5　以上のとおり、太郎と花子の婚姻関係は実体を失って修復の余地がない
　までに形骸化していたものというべきであり、他方、原告は、太郎との間
　で婚姻の届出をしていないが、事実上婚姻関係と同様の事情にある者とい
　うべきである。したがって、花子は、法59条の所定の遺族として遺族更生
　年金の支給を受けるべき配偶者に当たらず、原告がこれに当たるというべ
　きである。
6　よって、本件処分は違法であるから、行訴法3条2項に基づき、請求の
　趣旨記載の判決を求める。

C　裁量処分取消しの訴え

　行政庁の裁量処分については、裁量権の範囲をこえ又はその濫用があった場合に限り、裁判所はその処分を取り消すことができる（行訴法30条）。請求原因自体から裁量処分であることが明らかな場合には、原告は、裁量権の逸脱又は濫用の根拠となる具体的事実を同時に主張しなければならない。

　裁量権の逸脱・濫用となるのは、①処分の基礎となる事実認定が誤っていること、②処分に必要な手続を履行していないこと、③判断過程が不合理であること（考慮すべき事実を考慮せず、考慮してはならない事実を考慮していること）、④社会通念に照らして著しく妥当性を欠いていること、⑤専門機関による審査を経ている場合には、当該審査判断に基づく行政庁の判断に不合理な点があること、以上のような場合である。

（記載例 4 － 2 － 3　裁量処分取消しの訴え）

第1　請求の趣旨
　1　令和○年○月○日付け国土交通省告示第○○号で告示された、国土交通大臣による東京都市計画公園事業第○○号○○公園の認可を取り消す。
　2　訴訟費用は被告の負担とする。
　との裁判を求める。

第2　請求原因
　1　原告は、請求の趣旨記載の認可処分（以下「本件処分」という）によって設置が予定されている○○公園（以下「本件公園」という）の建設予定地内に別紙物件目録1記載の土地（以下「本件土地」という）を所有する者である。本件公園予定地と本件土地の位置関係は、別紙図面のとおりである。
　2　国土交通大臣は、請求の趣旨記載のとおり本件公園の認可（以下「本件処分」という）をした。本件公園は、農林水産省所属の林業試験場（以下「本件林業試験場」という）の跡地を利用するものであり、本件処分においては、本件林業試験場の南門を本件公園の南門とし、当該南門と公道との接道のために、本件土地を本件公園の区域に含めるものとされている。
　3　しかしながら、本件処分は、考慮すべき事実を考慮せず、考慮すべきでない事実を考慮したものとして、裁量権の逸脱・濫用があるというべきである。その理由は以下のとおりである。
　　　第1に、公園用地として民有地を利用することができるのは、公有地を

利用することによって行政目的を達成することができない場合に限られるというべきである。本件土地に隣接して別紙物件目録2記載の国有地があり、本件公園はそれを介して公道に接することができるので、本件土地を公園用地に含める必要はない。

第2に、本件公園の南門の位置を変更しない理由は、本件林業試験場内にある貴重な樹木を保全するためとされている。しかし、本件林業試験場内の樹林の種類及び位置は、別紙図面のとおりであって、本件公園の南門の位置を変更したとしても、樹木の伐採が大量にされるものではない。また、新たに樹木の植え替えをすれば足りることである。

4 　よって、本件処分は違法であるから、行政事件訴訟法3条2項、30条に基づき、請求の趣旨記載の判決を求める。

⑵ 住民訴訟

普通地方公共団体（都道府県と市町村）の住民は、当該普通地方公共団体の執行機関又は職員について、違法若しくは不当な公金の支出、財産の取得、管理若しくは処分、契約の締結若しくは履行若しくは債務その他の義務の負担があると認めるとき、又は違法若しくは不当に公金の賦課若しくは徴収若しくは財産の管理を怠る事実があると認めるときは、当該行為又は怠る事実の防止、是正、損害の補填のために監査請求をすることができる（地自法242条1項、これを「住民監査請求」という）。

そして、当該監査請求をした場合[8]において、監査結果若しくは勧告若しくはそれに基づく執行機関又は職員の措置に不服があるときは、住民は、当該執行機関又は職員に対し、①当該行為の差止めの請求、②当該行為の取消し又は無効確認の請求、③当該怠る事実の違法確認の請求、④当該行為又は怠る事実の相手方に対して損害賠償又は不当利得返還を請求すること（財務会計職員の場合は賠償命令をすること）を当該執行機関又は職員に求める請求、以上の請求を訴訟物とする訴えを提起することができる（地自法242条の2、これを「住民訴訟」という）。

---

8) 住民訴訟を提起するには適法な監査請求を経なければならない。これを「監査請求前置主義」といい、適法な監査請求を前置しない住民訴訟は不適法である。

　怠る事実の相手方に関する請求（上記④の類型）については、平成14年改正前の地方自治法においては、住民が地方公共団体に代位して、怠る事実の相手方に対して直接損害賠償請求をすることができたが、平成14年改正後は、当該機関等に賠償請求をするよう求める請求ができるにとどまることとなった。この場合において、請求を認容する判決が確定したときは、地方公共団体は怠る事実の相手方に請求しなければならず、それでも支払われない場合には訴訟を提起しなければならない（地自法242条の3）。以下の記載例は、この類型に関するものである。

（記載例4－2－4　住民訴訟）

> 第1　請求の趣旨
> 　1　被告は、訴外甲野太郎及び乙野二郎に対し、各自金〇〇円及びこれに対する令和〇年〇月〇日から支払ずみまで年3％の割合による金員を請求せよ。
> 　2　訴訟費用は被告の負担とする。
> 第2　請求原因
> 　1　当事者
> 　(1)　原告は〇〇県の住民である。
> 　(2)　被告は〇〇県の知事である。
> 　(3)　訴外甲野太郎（以下「甲野」という）は〇〇県教育委員会の長であったものであり、訴外乙野二郎（以下「乙野」という）は、同委員会の職員であったものである。
> 　2　不法行為
> 　　甲野は、〇〇県教育委員会が実施する令和〇年度の公立学校の教員採用試験において、特定の受験者を合格させるよう相当数の依頼を受け、その旨試験の担当官の乙野に指示し、乙野は、指示にかかる受験者を全員合格させた（以下「本件不法行為」という）。甲野と乙野は、本件不法行為に関連して受験者の親から賄賂を収受したとして、収賄の罪により有罪判決を受けた。
> 　3　損害賠償請求権
> 　　〇〇県は、令和〇年度の受験者のうち、本来合格していたはずであるのに、本件不法行為によって不合格となった者に対し、和解金として合計〇〇円を支払った。これは、本件不法行為に起因する損害であるから、〇〇県は甲野及び乙野に対してその賠償を求めることができる。

 4 怠る事実

　しかるに、被告は、甲野及び乙野に対し、上記損害の賠償を求めない（以下「本件怠る事実」という）。普通地方公共団体の長は、債権について、政令の定めるところにより、その督促、強制執行その他その保全及び取立てに関し必要な措置をとらなければならない（地自法240条2項）ので、これは違法又は不当に公金の徴収を怠る事実に該当する。

　なお、甲野は有罪判決を受ける前に退職し、退職金を受領していたが、有罪判決を受けてそれを返納した。また、乙野は、有罪判決を受けて懲戒免職となり、退職金を受領していない。被告は、それらの事情を勘案して両名に対する損害賠償請求をしないとしているが、不当というべきである。

 5 監査請求の前置

　被告は、令和○年○月○日、監査委員に対し、本件怠る事実について必要な措置を講ずるよう請求したが、同年○月○日、監査委員は、被告に対し、上記4と同趣旨の理由によって、本件怠る事実を改めるために必要な措置を講ずることはしないとの監査結果を通知した。

 6 結語

　よって、地自法242条の2第1項4号に基づき、請求の趣旨記載の判決を求める。

3 被告の主張

(1) 処分性

　処分取消の訴えの対象は、行政庁の処分その他公権力の行使に当たる行為である（行訴法3条2項）。ある行為が処分取消の訴えの対象としての適格性を有していることを「処分性」という。処分性を欠く行為を対象とする取消の訴えは不適法として却下される。

　処分性を有する行為とは、公権力の主体たる国又は公共団体が行う行為のうち、その行為によって直接国民の権利義務を形成し又はその範囲を確定することが法律上認められているものをいう（最判昭和30・2・24民集9-2-217）。

　都市計画法32条は、開発行為の許可を申請しようとする者は、あらかじめ、開発行為に関係がある公共施設の管理者の同意を得なければならない旨を規定

している。以下の記載例は、そのような同意を拒否された原告が、当該拒否に
処分性があると主張してその取消しを求めたという事案に関するものである。
（記載例4－2－5　処分性）

第1　請求の趣旨に対する答弁
　1　本件訴えを却下する。
　2　訴訟費用は原告の負担とする。
第2　本案前の主張
　1　都市計画法（以下「法」という）32条は、開発行為の許可を申請しよう
　　とする者は、あらかじめ、開発行為に関係がある公共施設の管理者の同意
　　を得なければならない旨を規定する。そして、法30条2項は、開発許可の
　　申請書に、右の同意を得たことを証する書面を添付することを要すること
　　定め、法33条1項は、申請に係る開発行為が同項各号の定める基準に適合
　　しており、かつ、その申請の手続が法又は法に基づく命令の規定に違反し
　　ていないと認めるときは、開発許可をしなければならないことを定めている。
　　　上記のような定めは、開発行為が、開発区域内に存する道路、下水道等
　　の公共施設に影響を与えることはもとより、開発区域の周辺の公共施設に
　　ついても、変更、廃止などが必要となるような影響を与えることが少なく
　　ないことにかんがみ、事前に、開発行為による影響を受けるこれらの公共
　　施設の管理者の同意を得ることを開発許可申請の要件とすることによって、
　　開発行為の円滑な施行と公共施設の適正な管理の実現を図ったものと解さ
　　れる。
　2　しかしながら、公共施設の管理者である行政機関が法32条の同意を拒否
　　する行為は、行政庁の処分その他公権力には当たらない。その理由は以下
　　のとおりである。
　　　第1に、法32条の同意が得られない場合に開発許可が認められないのは、
　　法が前記のような要件を満たす場合に限ってこのような開発行為を行うこ
　　とを認めた結果にほかならないのであって、同意を拒否する行為それ自体は、
　　開発行為を禁止又は制限する効果をもつものとはいえない。したがって、
　　同意の拒否は、国民の権利義務を形成し又はその範囲を確定するものでは
　　ない。
　　　第2に、法及びその関係法令には、法32条の同意に関する手続や要件等
　　に関する規定が置かれていないだけでなく、不服申立ての方法が定められ
　　ているものでもない。これは、法が当該同意の拒否に処分性を与えていな

> いことを裏付けているものというべきである。
>
> 3　よって、行政機関が法32条所定の同意を拒否する行為は、抗告訴訟の対
> 象となる処分には当たらないものというべきであるから、その取消しを求
> める原告の訴えは不適法であって、却下されるべきである。

⑵　原告適格

　処分の取消しの訴えは、当該処分の取消しを求めるにつき法律上の利益を有
する者に限り、提起することができる（行訴法9条1項）。これを「原告適格」
の要件という。

　法律上の利益を有する者とは、当該処分により自己の権利若しくは法律上保
護された利益を侵害され又は必要的に侵害されるおそれのある者をいい、法律
上保護された利益とは、当該行政処分の根拠となった法規が、私人等の個人的
利益を保護することを目的として行政権の行使に制約を課していることにより
保障される利益であって、それは、行政法規が他の目的、特に公益の実現を目
的として行政権の行使に制約を課している結果たまたま一定の者が受けること
となる反射的利益とは区別されるべきものである（最判昭和53・3・14民集32-
2-211）。

　以下の記載例は、病院の開設地の付近において医療施設を開設し医療行為を
する医療法人が、病院の開設許可の取消しを求めた事案に関するものである。
（記載例4－2－6　原告適格）

> 第2　本案前の主張
> 1　原告は、○○県知事がした医療法（以下「法」という）7条に基づく病院
> の開設許可（以下「本件開設許可」という）を受けた医療施設の付近にお
> いて医療行為をする医療法人であり、本件開発許可の取消しを求めるにつ
> いて原告適格を有すると主張している。
> 2　ところで、処分取消訴訟の原告適格を有するのは、当該処分により法律
> 上保護された利益を侵害される者であり、ここに法律上保護された利益とは、
> 当該行政処分の根拠となった法規が、私人等の個人的利益を保護すること
> を目的として行政権の行使に制約を課していることにより保障される利益
> である（最判昭和53・3・14民集32-2-211）。

　この点について、行訴法9条2項は、処分の相手方以外の者について法律上の利益の有無を判断するに当たっては、①当該処分の根拠となる法令の規定の文言のみによることなく、当該法令の趣旨及び目的並びに当該処分において考慮されるべき利益の内容及び性質を考慮する、②当該法令の趣旨及び目的を考慮するに当たっては、当該法令と目的を共通にする関係法令があるときはその趣旨及び目的をも参酌する、③当該利益の内容及び性質を考慮するに当たっては、当該処分がその根拠となる法令に違反してされた場合に害されることとなる利益の内容及び性質並びにこれが害される態様及び程度をも勘案する、以上のとおり定めている。

3　これを本件について見ると、法は、原告のように開設許可を受ける病院の付近で医療施設を設置している者（以下「他施設開設者」という）の利益を保護していないというべきである。その理由は以下のとおりである。

　法は、病院の開設許可については、①その申請に係る施設の構造設備及びその有する人員が医療法21条及び23条の規定に基づく厚生労働省令の定める要件に適合するときは許可を与えなければならない（法7条4項）、②営利を目的として病院を開設しようとする者に対しては許可を与えないことができる（同条6項）、以上のとおり定めており、これらの規定は、病院開設の許否の判断に当たり、他施設開設者の利益を考慮することを予定していないことが明らかである。

　この点につき、原告は、法30条の4が、都道府県は医療を提供する体制の確保に関する計画を定めるものとし（同条1項）、そこに定める事項として「基準病床数に関する事項」を掲げている（同条2項14号）こと、さらに、法30条の11が、当該医療計画の達成の推進のために特に必要がある場合には、都道府県知事が病院開設の許可の申請者に対し病院の開設等に関し勧告することができるものとしていることをもって、付近病院の開設者の利益は法律によって保護されていると主張している。

　しかしながら、病院開設の許可の申請が医療計画に定められた「基準病床数に関する事項」に適合しない場合又は更に当該申請をした者が上記の勧告に従わない場合にも、そのことを理由に当該申請に対し不許可処分をすることはできない（最判平成17・7・15民集59-6-1661）うえ、法30条の4が都道府県において医療計画を定めることとした目的は、良質かつ適切な医療を効率的に提供する体制を確保することにある（最判平成17・9・8集民217-709）。したがって、医療計画の定めは、もっぱら公益の保護を目的とするものであって、当該計画に反することによって侵害される他施

設開設者の利益を保護するものではないと解するのが相当である。

　　また、原告は、法1条（目的）及び1条の4（医療関係者の責務）の規定を援用するが、それらの規定は法の目的やそれを実現するための医療関係者の責務を抽象的に定めたものにすぎず、病院開設の許可に関する法の規定が他施設開設者の利益を保護すべきものとする趣旨を含むことを読み取ることはできないというべきである。

　　そのほか、原告らが本件開設許可の取消しを求める法律上の利益を有すると解すべき根拠は見いだせない。

4　よって、原告は本件開設許可の取消しを求める原告適格を有しないというべきであるから、本件訴えは不適法であり、速やかに却下されるべきである。

⑶　訴えの利益

　原告適格を定めた行訴法9条1項は、法律上の利益を有する者には、処分の効果が期間の経過その他の理由によりなくなった後においてもなお処分の取消しによって回復すべき法律上の利益を有する者を含むと定めている（同項かっこ書）。反対解釈によれば、期間の経過によって処分の取消しによって回復すべき法律上の利益がなくなった者は、原告適格を有しないということである。そのような回復すべき法律上の利益があることを「訴えの利益」という。訴えの利益がない訴えは、不適法であり、却下される。

　以下の記載例は、不当労働行為に対する救済命令の取消訴訟の訴えの利益に関するものである。

（記載例4－2－7　訴えの利益）

第2　本案前の主張
　1　原告は、訴外○○労働組合○○支部（以下「本件労働組合」という）が全員の脱退によって消滅したとしても、清算が結了していないので、原告に対して本件労働組合に対して金銭の支払いを命じた被告の救済命令（以下「本件救済命令」という）の取消しを求める訴えは、訴えの利益を有すると主張する。
　2　しかしながら、救済命令で使用者に対し労働組合への金員の支払が命ぜ

られた場合において、その支払を受けるべき労働組合が存続しないことと
なったときは、救済命令の拘束力は失われたものというべきである。その
理由は以下のとおりである。

　第1に、使用者に対し労働組合への金員の支払を命ずる救済命令は、そ
の支払をさせることにより、不当労働行為によって生じた侵害状態を是正し、
不当労働行為がなかったと同様の状態を回復しようとするものであるとこ
ろ、その労働組合が組合活動をする団体としては存続しなくなっている以上、
清算法人として存続している労働組合に対し、使用者にその支払を履行さ
せても、もはや侵害状態が是正される余地はなく、その履行は救済の手段
方法としての意味を失ったというべきである。

　第2に、救済命令は、使用者に国に対する公法上の義務を負担させるも
のであって、これに対応した使用者に対する請求権を労働組合に取得させ
るものではないから、上記支払を受けることが清算の目的の範囲に属する
ということはできず、組合活動をする団体ではなくなった清算法人である
労働組合は、もはやこれを受ける適格を失っているというべきである。

3　本件においては、組合員が脱退によって一人もいなくなったことにより
本件労働組合は自然消滅したものというべきであるから、原告に対して本
件労働組合への支払を命じた本件救済命令は、既にその拘束力が失われて
いるものというべきである。

4　よって、原告が本件救済命令の取消しを求める法律上の利益は失われた
というべきであるから、本件訴えは不適法であり、速やかに却下されるべ
きである。

第 3 会社訴訟

1 訴訟類型

　会社法第 7 編（雑則）第 2 章（訴訟）は、会社に関するいくつかの訴訟類型を掲げ、その訴訟要件と判決の効力について定めている。会社法が定めるのは、会社の組織に関する行為の無効の訴え（会社法 828 条）、新株発行等の不存在の確認の訴え（同法 829 条）、株主総会等の決議の不存在又は無効確認の訴え（同法 830 条）、株主総会等の決議の取消しの訴え（同法 831 条）、持分会社の設立取消しの訴え（同法 832 条）、会社の解散の訴え（同法 833 条）、売渡株式等の取得の無効の訴え（同法 846 条の 2）、株主による責任追及等の訴え（同法 847 条）、旧株主による責任追及の訴え（同法 847 条の 2）、最終完全親会社等の株主による特定責任追及の訴え（同法 847 条の 3）、株式会社の役員の解任の訴え（同法 854 条）、清算持分会社の財産処分の取消しの訴え（同法 863 条）、社債発行会社の弁済等の取消しの訴え（同法 865 条）、以上の訴えである。これらについては、管轄、出訴期間、当事者適格、判決の効力等について特別の定めがある。

　その他、会社法は、会社、株主、役員が有する権利を定めているところ、これを行使する訴えは、自らの私法上の権利を行使するものであるから、上記のような会社法の規定は適用されず、民事訴訟法の一般原則に基づいて提起されるものである。しかし、これらについても、会社関係の事件であることによる特殊な定めがあり、上記のような訴訟に類するものとして扱われている。例えば、株主権確認訴訟、株主名簿書換請求訴訟、取締役登記の抹消登記手続請求訴訟、取締役の違法行為差止請求訴訟、会社の役員に対する損害賠償請求訴訟、第三者の役員に対する損害賠償請求訴訟、新株・新株予約権発行差止請求訴訟などがそれである。

　会社法第 7 編第 2 章の定める訴訟類型に、上記のような会社にまつわる訴訟類型を加えて「会社訴訟」と呼ばれている。会社訴訟には多数の類型があるが、ここでは、代表的なものとして、①株主総会決議不存在又は無効確認の訴え、同決議の取消しの訴え、②新株発行差止めの訴え、②株主による責任追及の訴

え（これを「株主代表訴訟」という）、以上の訴訟類型を取り上げることとする。

2　訴状

(1)　株主総会決議不存在確認の訴え

　株主総会の決議については、決議が存在しないことの確認を、訴えをもって請求することができる（会社法830条1項）。株主総会の決議の不存在とは、決議の成立過程に著しい瑕疵があり、決議が法的に存在するとは認められないような場合を指す。

　株主総会の決議が存在しない以上、誰でも何時でもどういう方法でも、決議がないことを主張することができるのであって、訴えを提起しなければ不存在を主張できないものではない。この限りで、訴えの性質は確認の訴えであり、形成の訴えではない[9]が、訴えを提起することにより、請求を認容する確定判決が第三者に対してもその効力を有する（会社法838条）ことに意義がある。

　原告適格を有するのは、決議の不存在について確認の利益を有する者すべてであり、被告適格を有するのは会社である（会社法834条16号）。

　この訴訟において当該決議が存在することについて主張立証責任を負うのは、被告（会社）であって、原告ではなく、原告は、訴状において確認の利益を基礎付ける事実を主張すれば足りる[10]。もっとも、実務的には、決議が存在すると認められない具体的な事由を主張するのがふつうである。

（記載例4−3−1　株主総会決議不存在確認の訴え）

第1　請求の趣旨
　1　令和○年○月○日開催されたとする被告会社の臨時株主総会の決議は存在しないことを確認する。
　2　訴訟費用は被告の負担とする。
　との裁判を求める。

---

9)　この点で、会社法828条所定の行為の無効が訴えによってのみ主張することができる（会社法828条1項）のと異なる。
10)　債務不存在確認の訴えと同じである。

第2　請求原因

1　原告は被告会社の株主である。

2　被告会社において、令和〇年〇月〇日開催された臨時株主総会で訴外甲野太郎ほか2名が取締役に選任された旨の決議がされたとの株主総会議事録が作成され、さらに、同日開催された取締役会で訴外甲野太郎が代表取締役に選定されたとの取締役会議事録が作成され、いずれもその旨の登記[11]がされている。

3　しかしながら、上記2の臨時株主総会における取締役選任決議は存在するとは認められない。その理由は以下のとおりである。

　　訴外甲野太郎は、被告会社の代表取締役であった訴外乙野次郎が令和〇年〇月〇日死亡したことから、急遽その後任人事を決定するとして、同月〇日、電話又は口頭で株主らに通知して臨時株主総会を招集した。その総会には株主5名中3名が出席し、甲野太郎を取締役に選任する旨の決議がされ、引き続き開催された取締役会で同人を代表取締役に選定する旨の決議がされた。

　　株主総会の招集は、代表取締役が取締役会の決議に基づいて行なわなければならないものであるところ、前記総会が被告会社の代表取締役以外の取締役である甲野太郎によって招集されたものであるうえ、上記総会は取締役会の決議を経ることなしに同取締役の専断によって招集されたものである。

　　したがって、上記総会は、招集権限のない者により招集されたものであって、法律上の意義における株主総会ということはできず、そこで決議がなされたとしても、株主総会の決議があったものと解することはできない。

4　よって、会社法831条1項に基づき、請求の趣旨記載の判決を求める。

(2)　株主総会決議無効確認の訴え

株主総会決議については、決議の内容が法令に違反することを理由として、決議が無効であることの確認を、訴えをもって請求することができる（会社法

---

11)　瑕疵ある決議に基づく登記がされていることが、確認の利益を基礎づける事由である。瑕疵ある決議に基づく登記は、決議の不存在を確認する確定判決によって職権で抹消される（会社法937条1項1号ト(1)）。それゆえ、訴えにより登記の抹消を求める利益はない。

830条2項）。訴えの性質、当事者適格、判決の効力は，決議不存在確認訴訟と同じである。

　請求原因として原告が主張立証すべきは、決議の存在とその無効事由（法令違反となる具体的事実）である。

（記載例4－3－2　株主総会決議無効確認の訴え）

第1　請求の趣旨
1　令和○年○月○日開催された被告会社の臨時株主総会の決議は無効であることを確認する。
2　訴訟費用は被告の負担とする。
との裁判を求める。

第2　請求原因
1　原告は被告会社の株主である。
2　被告会社は、令和○年○月○日開催した臨時株主総会で訴外甲野太郎ほか2名を取締役に選任し、同日開催した取締役会で訴外甲野太郎を代表取締役に選定し、いずれもその旨の登記がされている。
3　しかしながら、訴外甲野太郎は、令和○年○月○日、会社法968条（株主等の権利の行使に関する贈収賄罪）により○○地方裁判所から懲役2年執行猶予5年の刑を言い渡されており、刑の執行を受けることがなくなった日から2年を経過していないので、同人は取締役となることができない。
　したがって、請求の趣旨記載の株主総会決議は、取締役の資格を欠く者を取締役にした点で法令に違反しており、無効である。
4　よって、会社法831条1項に基づき、請求の趣旨記載の判決を求める。

---

(3)　株主総会決議取消しの訴え

　会社法831条1項は、①株主総会の招集の手続又は決議の方法が法令若しくは定款に違反し、又は著しく不公正なとき（同項1号）、②株主総会の決議の内容が定款に違反するとき（同項2号）、③株主総会の決議について特別の利害関係を有する者が議決権を行使したことによって、著しく不当な決議がされたとき（同項3号）、以上の場合に当該決議の取消しを請求することができる旨を定める。

　訴訟の性質は形成訴訟であり、判決の確定によって決議取消の効果が発生す

るので、それまでは有効として扱われる。原告適格を有する者は株主等（株主、取締役、監査役、清算人、執行役）であり、被告適格を有する者は会社である（会社法831条1項、834条17号）。決議の日から3か月以内に提起しなければならないという出訴期間の制限がある（同法831条1項）。

　決議不存在・無効確認の訴えの場合よりも訴えの提起に対する制約が多いのは、決議の瑕疵が軽微だからである。もともと、会社の組織に関する行為は、利害関係を有する者が多く、法律関係の画一的処理と法的安定性が求められる。決議の瑕疵が軽微であれば、決議の効力をできるだけ維持した方がよいという考えである。

　決議取消しの訴えにおいて原告が請求原因として主張立証すべきは、決議の存在と会社法831条1項1号から3号に定める事由を根拠づける具体的事実である。

（記載例4-3-3　株主総会決議取消しの訴え）

第1　請求の趣旨
　1　令和○年○月○日開催された被告会社の株主総会の決議を取り消す。
　2　訴訟費用は被告の負担とする。
　　との裁判を求める。
第2　請求原因
　1　原告は被告会社の株主である。
　2　被告会社は、令和○年○月○日開催した定時株主総会で訴外甲野太郎ほか○名を取締役に選任し、同日開催した取締役会で訴外甲野太郎を代表取締役に選定し、いずれもその旨の登記がされている。
　3　しかしながら、上記株主総会決議は、決議の方法が著しく不公正である。その理由は以下のとおりである。
　(1)　被告会社は、多数の従業員株主を動員し、従業員株主らは、株主席の前列を占拠したうえ、議事の最中にも「異議なし」「議事進行」などと一斉に発声し、一般株主を萎縮させ、発言を躊躇させた。
　(2)　議長は、議長不信任の動議が提出されたのに、それを取り上げることなく議事を進行させた。
　(3)　株主が訴外甲野太郎の従前の取締役報酬の額を質問したのに対し、答弁役員は回答を拒否した。
　(4)　議長は、まだ議場に質問の機会を求める株主がいたにもかかわらず、

> 審議の打切りを一方的に宣言した。
> 4　よって、会社法 831 条 1 項 1 号に基づき、請求の趣旨記載の判決を求める。

⑷　職務執行停止・代行者選任の仮処分

　上記のような決議の不存在・無効が確認され、あるいは取り消されると、それによって選任された取締役は遡ってその地位を失うことになるが、それまでの間は事実上取締役として活動することになる。上記各訴訟を提起しても、判決確定までは時間がかかるので、その間、差し当たり取締役としての活動を差し止めるために利用されるのが職務執行停止・代行者選任の仮処分である。

　争いのある権利関係について債権者に生ずる著しい損害又は急迫の危険を避けるためこれを必要とするときには、仮の地位を定める仮処分命令を発することができる（民事保全法 23 条 2 項）。仮の地位を定める仮処分は、保全の必要性があることを条件として、被保全権利を本案判決の確定前に仮に実現するものである。

　職務執行停止・代行者選任の仮処分は仮の地位を定める仮処分であり、その被保全権利は、取締役選任決議の不存在・無効確認の訴え、同取消しの訴えの訴訟物である。保全の必要性は、条文上は債権者（原告）に生ずる著しい損害又は急迫の危険を避けるためであるが、会社に著しい損害又は急迫の危険がない以上、仮処分は認められないと解されている。この仮処分はほんらい会社の利益のために認められたものだからである。

（記載例 4 － 3 － 4　職務執行停止・代行者選任の仮処分）

仮処分申立書

　　　　　　　　　　　　　　　　　　　　　令和○年○月○日

東京地方裁判所　民事第 8 部　御中
　　　　　　　　　　債権者訴訟代理人弁護士　　甲　野　太　郎　㊞

　　　〒 100-0013　東京都千代田区霞が関○丁目○番○号
　　　　　　　　　債　権　者　　　　乙　野　次　郎
　　　〒 100-0006　東京都千代田区有楽町○丁目○番○号

　　　　　　　　　　○○ビルディング○階　　○○法律事務所（送達場所）
　　　　　　　　　　電　話　○○（○○○○）○○○○
　　　　　　　　　　ＦＡＸ　○○（○○○○）○○○○
　　　　　　　　　　上記訴訟代理人弁護士　甲　野　太　郎
　　　〒150-0012　東京都渋谷区広尾○丁目○番○号
　　　　　　　　　　債　務　者　　　　　　丁　野　四　郎
　　　前同所
　　　　　　　　　　債　務　者　　　　　　丁　野　花　子
　　　前同所
　　　　　　　　　　債　務　者　　　　　　丁　野　五　郎
職務執行停止・代行者選任仮処分申立事件

第1　申立の趣旨
　1　本案判決の確定まで、債務者丁野四郎については取締役及び代表取締役
　　としての職務を、その余の債務者らについては取締役としての職務を、い
　　ずれも仮に停止する。
　2　前項の職務停止期間中、裁判所が選任した代行者がその職務を行う。
　　との裁判を求める。
第2　申立の理由
　1　被保全権利
　(1)　債権者は訴外株式会社丙野商事（以「訴外会社」という）の株主である。
　(2)　訴外会社について、令和○年○月○日開催された臨時株主総会（以下
　　「本件総会」という）において債務者らを取締役に選任する旨の決議がさ
　　れたとの株主総会議事録が作成され、さらに、同日開催された取締役会
　　で債務者丁野四郎を代表取締役に選定したとの取締役会議事録が作成さ
　　れ、いずれもその旨の登記がされている。
　(3)　しかしながら、本件総会は、実際には開催されておらず、単に議事録が
　　作成されただけのものであって、法律上は存在しない。
　(4)　よって、債権者は、債務者に対し、株主総会決議不存在確認の訴えを提
　　起することができる。
　2　保全の必要性
　(1)　債権者は、本件総会の決議が不存在であることの確認を求める訴えを提
　　起すべく準備中である。
　(2)　しかしながら、上記訴えの判決が確定するのを待っていたのでは、訴

外会社に著しい損害が生じるおそれがあり、申立ての趣旨記載の仮処分をする必要性がある。その理由は以下のとおりである。

ア　債務者丁野四郎は、もと代表取締役であった創業者丙野三郎の女婿であり、訴外会社の株主であるが、丙野三郎の死去に伴い、同人から後継指名を受けたと僭称し、自称代表取締役として活動を開始した。

イ　債務者丁野四郎は、他社の社員として勤務しており、これまで訴外会社の事業に関与していないばかりか、会社経営の経験を持っていない。訴外会社は、創業者の対外的信用に依存するところが大きい会社あり、債務者丁野四郎のような者が代表取締役として職務を行えば、訴外会社の経営が行き詰まることは火を見るよりも明らかである。

ウ　その余の債務者は、債務者丁野四郎の妻と子であり、名義上の取締役にすぎないのであって、債務者丁野四郎が経営を専断することを阻止することはできない。

エ　債務者丁野四郎は、代表取締役に就任するやいなや、訴外会社の重要な資産である工場とその内部の機械装置を他社に譲渡すべく交渉を開始した。これは、会社資産を私的に流用しようとする行為である疑いが濃厚である。

3　結語

よって、会社法830条1項、民事保全法23条2項に基づき、申立ての趣旨記載の裁判を求める。

第3　疎明方法

（略）

第4　附属書類

1　申立書副本　3通

2　疎甲号証写し　各3通

3　全部事項証明書　1通

4　訴訟委任状　1通

⑸　新株発行差止めの訴え

株主は、株式の発行が、①法令又は定款に違反する場合、②著しく不公正な方法による場合、それによって不利益を受けるおそれがあるときは、募集株式の発行をやめることを請求することができる（会社法210条）。このような権利

を訴訟物とする訴えを「新株発行差止めの訴え」という。

　もっとも、募集株式の引受人は、払込期日又は払込期間内の払込日に株主となる（会社法209条1項）ので、その日を経過すれば、新株発行の差止めの訴えは、差止めの対象がなくなり、訴えの利益を欠くことになる。訴えに対する判決が払込期日等の前に言い渡されることは通常ない[12]ので、新株発行差止請求権を被保全権利とする仮処分を申し立てるのがふつうである。新株発行差止めの仮処分が発令された場合には、それに反してされた新株の発行は無効である（最判平成5・12・16民集47-10-5423）から、差止請求権の実効性を担保するものとして、仮処分は必要かつ有効である。

　実務上、新株発行差止めの事由として主張されるのは、会社法210条2号の「著しく不公正な方法」であることが多い。募集株式を発行する主要な目的が、取締役の経営支配力の維持・獲得にある場合には「著しく不公正な方法」と認められることが多い（これを「主要目的ルール」ということがある）。

（記載例4－3－5　新株発行差止めの仮処分）

第1　申立の趣旨
　1　債務者が令和○年○月○日に開催した取締役会の決議に基づき現に手続
　　中の普通株式○○株の募集株式の発行を仮に差し止める。
　2　申立費用は債務者の負担とする。
　　との裁判を求める。
第2　申立ての理由
　1　被保全権利
　(1)　債権者は債務者の株主である。
　(2)　債務者は令和○年○月○日開催の取締役会で以下のとおりの募集株式の
　　　発行（以下「本件発行」という）を決定した。
　　　ア　募集株式の数　　○○株
　　　イ　募集株式の払込金額　1株当たり○○円
　　　ウ　払込期日　平成○年○月○日
　　　エ　増加する資本金及び資本準備金　全額を資本準備金とする

---

12)　公開会社における募集新株の発行については、払込期日の2週間前までに株主の知り得る状態に置かなければならない（会社法201条3項ないし5項）。株主がこれを争うべき期間は最低で2週間であり、その間に判決の言渡しがされることはあり得ない。

オ　割当先　訴外丙野商事株式会社（以下「訴外会社」という）

(3) 本件発行の決定は、もっぱら取締役の会社支配権の維持を目的とするものであり、著しく不公正な方法により行われたものというべきであるから、債権者は本件発行の差止を求める権利を有する。その理由は以下のとおりである。

　　第1に、債務者の取締役会においては、取締役らの間で経営権をめぐる争いが顕在化しており、令和○年○月○日開催予定の株主総会において、代表取締役その他の多数派取締役の経営に反対する取締役らに対する解任議案が上程され、それに対抗して、当該取締役らが主導して、多数派取締役の解任議案が株主提案として上程される予定となっていた。そのような状況で本件発行が決定されたのであって、それがもっぱら会社の支配権の維持を図る目的でされたことは明らかというべきである。

　　第2に、本件発行により、訴外会社の持株比率は○％から○％と大幅に上昇する一方、債権者の持株比率は○％から○％に低下する。このような大幅な持株割合の変動をもたらす本件発行が多数派取締役による会社支配の維持を目的とすることもまた明らかである。

　　第3に、債務者には資金調達の必要性がない。債務者は訴外会社に対する社債の償還費用に充てると主張しているが、本件発行による払込金額では当該社債の償還費用には全く及ばず、かつ、債務者には多額の現預金があり、増資によって返済資金をまかなう必要はない。しかも、償還期限よりも前に返済するというのも不自然である。

3　保全の必要性

　　債権者は、債務者に対し、本件発行の差止を求める訴訟を提起すべく準備中であるが、その払込期日は令和○年○月○日と間近に迫っており、それまでに本案判決が確定しないことは明らかである。そして、本件発行が行われれば、債権者の持株比率は大幅に低下するので、債権者に著しい損害が発生することも明らかである。したがって、本件発行を仮に差し止める必要性が存在する。

4　結語

　　よって、会社法210条、民事保全法23条2項に基づき、申立ての趣旨記載の裁判を求める。

(6) 株主代表訴訟

取締役[13] は、その任務を怠ったときは、株式会社に対し、これによって生じた損害を賠償する責任を負う（会社法423条1項）。この場合において、取締役の賠償責任は会社が追及するのが本筋であるが、会社と取締役との関係から、それが期待できない場合があり得る。そこで、会社に代って株主に取締役の責任追及をさせるための制度が株主代表訴訟である。

6か月前から引き続き株式を有する株主は、株式会社に対し、被告となるべき者と請求の趣旨及び請求を特定するのに必要な事実[14] を明らかにした書面を提出することにより、取締役の責任を追及する訴訟を提起するよう請求することができる（会社法847条1項、同施行規則217条）。これを「提訴請求」という。

提訴請求を受ける権限があるのは監査役である（会社法386条2項）。監査役以外の役員に対してされた提訴請求は違法であり、それに基づく株主代表訴訟は、適法な提訴請求の前置がないものとして却下される。もっとも、公開会社でない株式会社においては、定款で監査役の監査の範囲を会計に関するものに限定することができ、この場合は、監査役に提訴請求を受ける権限はない（会社法389条1項、7項）。会社法施行時において小会社であった株式会社の場合には、監査役の監査の範囲を会計に関するものに限定する定款の定めがあるものとみなされる（整備法53条）。

上記提訴請求を受けてから60日以内に株式会社が責任追及の訴えを提起しないときは、当該請求をした株主が、株式会社のために責任追及の訴えを提起することができる（会社法847条3項）。この場合において、当該株主は、株式会社に対して提訴しない理由を明らかにするよう求めることができ、株式会社は、①会社が行った調査の内容、②責任の有無についての判断及びその理由、③責任があると判断したのに提訴しないときはその理由、以上を書面によって開示しなければならない（会社法847条4項、同施行規則218条）。

原告（株主）が請求原因として主張すべきは、会社法423条1項が定める要

---

13) 責任主体は取締役に限られないが、株主代表訴訟の対象となるのは取締役が圧倒的に多い。

14) 狭義の請求原因である。

件事実であり、被告が取締役であること（この点については権利自白が成立する）と、被告がその任務を怠ったことを根拠付ける具体的事実（評価根拠事実）である。同法847条3項が定める要件事実は、請求原因ではないが、原告適格を基礎づける事実であるから、訴状に記載する。

（記載例4－3－6　株主代表訴訟）

第1　請求の趣旨
1　被告らは、訴外○○株式会社に対し、各自金○○円及びこれに対する訴状送達の翌日から支払ずみまで年3％の割合による金員を支払え。
2　訴訟費用は被告らの負担とする。
との裁判及び仮執行の宣言を求める。

第2　請求原因
1　原告は、訴外○○株式会社（以下「訴外会社」という）の株主であり、本訴提起の6か月前から引き続き株式を有している。
2　被告らは、訴外会社で業務執行を担当する取締役である。
3　訴外会社が販売する食品（以下「本件食品」という）に食品衛生法違反の添加物が混入していることが判明し、それによって訴外会社の信用は大いに毀損され、信用回復のために多額の費用負担を余儀なくされた。
4　訴外会社に上記の損害が生じたのは、以下のような被告らの任務懈怠行為によるものである。
(1) 食品衛生法は、人の健康を損なうおそれのない場合として厚生大臣が食品衛生調査会の意見を聴いて定めるもの以外の添加物（以下「未認可添加物」という）を含む食品の販売を禁止しているのであるから、このような添加物が本件食品に混入することがないようリスク管理体制を構築すべきであったのに、被告らはこれを怠った。
(2) 未認可添加物の混入を発見した場合に、直ちに取締役会に報告し、時機に応じた適切な措置がとれるような体制を構築すべきであったのに、被告らはこれを怠った。
(3) 未認可添加物が混入した食品が販売された事実を認識した後、直ちにこれを公表し、当該食品の回収、謝罪等の被害回復措置をとるなどして、訴外会社の損害を回避し最小限にすべきであったのに、被告らはこれを怠った。
5　したがって、被告らは、訴外会社に対し、会社法423条に基づき、訴外会社に生じた損害を賠償する義務がある。

6　訴外会社は、本件食品の販売店に対する営業補償、信用回復のためのキャンペーン関連費用等の出捐を余儀なくされ、合計○○円の損害を被った。

7　原告は、訴外会社の監査役に対し、平成○年○月○日、被告らの責任追及の訴えを提起することを求める書面を提出したが、訴外会社は60日以内に当該訴えを提起しなかった。

8　よって、原告は、被告らに対し、会社法423条1項による損害賠償請求権に基づき、訴外会社に対して金○○円及びこれに対する訴状送達の翌日から支払ずみまで民法所定の年3％の割合による遅延損害金を支払うよう求める。

3　被告の主張

(1)　担保提供命令の申立て

　株主代表訴訟が提起された場合において、裁判所は、被告の申立てにより、原告に対して相当の担保を立てるべきことを命ずることができる（会社法847条の4第2項）。ただし、被告は責任追及の訴えの提起が悪意によるものであることを疎明しなければならない（同第3項）。

　担保提供命令の要件である「悪意」とは、被告に責任のないことを知りながら、または、不当な目的をもって訴えを提起した場合をいう。

（記載例4－3－7　担保提供命令の申立て）

第1　申立の趣旨
　　　相手方は、令和○年(ワ)第○○号株主代表訴訟事件の訴え提起の担保として、申立人に対して相当な担保を提供せよ。
第2　申立の理由
　1　申立人は、訴外丙野商事株式会社（以下「訴外会社」という）の監査役である。
　2　相手方は、訴外会社の株主であり、申立人に対して株主代表訴訟（令和○年(ワ)第○○号株主代表訴訟、以下「本件訴訟」という）を提起した原告である。
　3　相手方は、本件訴訟において、申立人の責任原因につき、以下のとおり主張している。

(1)　訴外会社の〇〇支店において、過去〇年間にわたり訴外会社に無断で違法な取引が繰り返され、〇〇億円を超える損害を訴外会社に与えたうえ、その損失を隠すため、帳簿類の偽造、虚偽記載などを行っていた（以下「本件違法行為」という）。

(2)　監査役である申立人が、適切な業務監査及び会計監査を行えば、本件違法行為を発見することができたはずであるのに、そのような適切な監査をすることを怠った。

(3)　訴外会社の取締役は、本件違法行為を防止するための内部統制体制を構築する義務があるのにそれを怠ったため、本件違法行為を防止することができなかったものであるところ、監査役である申立人は、取締役の行為を監視し、それを差し止める権利を適切に行使しなかった。

4　役員の責任追及の訴えにおいては、原告は、役員の任務違反行為を具体的に特定して主張する必要があるところ、相手方の上記主張はきわめて抽象的であり、単に法令の条文を引用したのと大差がない。相手方の請求原因は、主張自体失当であり、理由のないことが明らかである。

5　会社法 847 条の 4 第 3 項の「悪意」とは、役員に責任がないことを知りながら訴えを提起したことをいうものであるところ、請求原因が主張自体失当である以上、相手方は、役員に責任がないことを知っていたと認めるべきである。

6　よって、会社法 847 条の 4 第 2 項に基づき、申立の趣旨記載の決定を求める。

⑵　個別株主通知

　社債、株式等の振替に関する法律（以下「振替法」という）によれば、振替株式についての少数株主権等の行使については、会社法 130 条 1 項の規定は適用されず（同法 154 条 1 項）、個別株主通知がされた後 4 週間が経過する日までの間でなければ行使することができないとされている（同条 2 項、同法施行令 40 条）。

　平成 27 年 5 月施行の振替法により、株券の存在を前提として行われてきた株主の権利の管理（発生、移転及び消滅）は、主務大臣の指定を受けた振替機関（証券保管機構や証券会社）に開設された口座において電子的に行うようになった。これを「株式の電子化」あるいは「株式振替制度」といい、それにより

取り扱われる株式を振替株式という。

　振替法にいう少数株主権等とは、株主の権利から会社法124条1項に規定する権利を除いた権利である（振替法147条4項）。会社法124条1項に規定する権利とは、基準日にかかる権利（株主総会における議決権、配当請求権等）である。

　発行者が基準日を定めたときは、振替機関は、発行者に対し、基準日における株主の氏名、住所、株式数等を通知しなければならない（振替法151条1項）。これを「総株主通知」といい、総株主通知に基づいて株主名簿が書き換えられる（同法152条1項）。かように、基準日にかかる株主の権利については、総株主通知により会社は株主を把握できるが、それ以外の権利については、会社が権利を行使する株主を把握できないので、振替機関から権利行使をする株主が自社の株主であることについて通知を受ける権利を認めたのである。これが「個別株主通知」である。

　株主として会社訴訟を提起することは少数株主権の行使であるから、振替株式の株主が会社訴訟を提起する場合には、振替機関に対して会社に個別株主通知をするよう申し出る必要がある[15]。

　個別株主通知は、少数株主権に基づく訴えの適法要件（原告適格）であり、審理の終結までに完了する必要がある（最決平成22・12・7民集64-8-2003）。したがって、個別株主通知がないことは、被告が却下を求める本案前の主張となる。訴訟の場合には口頭弁論の終結まで時間があるが、募集株式の発行差止仮処分のように、株式の発行の効力が発生するまでの期間が短く（最短で株主が知り得てから2週間）、必然的に審理の終結までの時間がない場合には、個別株主通知が審理の終結に間に合わないこともあり得る。

（記載例4－3－8　個別株主通知）

第1　申立に対する答弁 　　　本件申立を却下する。 第2　本案前の主張 　1　相手方は、本件仮処分申立について、申立人が相手方の株主であるとの個別株主通知を受けていない。

---

15)　申出書の雛形がインターネットにアップされている。例えば以下のとおりである。
　　https://kabu.com/pdf/Gmkpdf/DocSample/Sample_1910_K.pdf

2　振替法154条2項、同法施行令40条は、振替株式についての少数株主権
等の行使については、個別株主通知がされた後4週間が経過する日までの
間でなければ行使することができないと定めている。少数株主権等とは、
株主の権利から会社法124条1項に規定する権利を除いた権利であり、本
件仮処分の申立はこれに当たる。

3　振替法154条2項は、個別株主通知がされることをもって少数株主権等
を行使する訴えの適法要件としているものと解すべきであるから、それが
ない本件仮処分申立は不適法であり、速やかに却下されるべきである。

(3)　経営判断の原則

役員と会社との関係は委任に関する規定に従う（会社法330条）ので、役員
は会社に対して善管注意義務を負う（民法644条）。そこで、役員が善管注意義
務に反する経営判断をしたことで会社に損害を与えた場合には、責任追及の対
象となる。

しかし、経営判断の誤りについては、事後的・結果論的に善管注意義務違反
としてはならず、行為当時の状況に照らして、合理的な情報収集・調査・検討
等が行われたか[16]、その状況と取締役に要求される能力水準に照らして不合理
な判断がされなかったかを基準に善管注意義務違反かどうかを判断すべきであ
る。これを「経営判断の原則」という。役員には経営権の行使について裁量が
あり、その逸脱・濫用があった場合に限り責任を負うべきであるとの考え方で
あり、行政訴訟における裁量処分の違法性の審査と類似したものといえる。
（記載例4－3－9　経営判断の原則）

1　原告は、参加人[17]が訴外丁野興産株式会社（以下「訴外会社」という）の
株式を買い取る際に設定した価格には合理的な根拠又は理由がなく、そのよ
うな価格設定をした被告は、取締役としての善管注意義務に違反すると主張
する。
原告が本件買取価格に合理性がないとする理由は、①本件買取価格（1株

---

[16]　この過程において、組織として活動する他の権限ある部署の収集した情報等の正確
性を信頼することも許されている。これを「信頼の原則」ということがある。
[17]　会社が被告取締役のための補助参加した事例である。

5万円）は払込金額と同額に設定されたものであり、それより低い額では買取りが円滑に進まないといえるか否かについて十分な調査・検討等がされていないこと、②参加人は、訴外会社を完全子会社とするために実施を予定していた株式交換に備え、監査法人に株式交換比率の算定を依頼したところ、訴外会社の1株当たりの株式評価額が1万円とされており、これが公正な価格であること、以上の2点である。

2 しかしながら、原告の主張は、経営判断の原則に照らして失当というべきである。その理由は以下のとおりである。

そもそも、本件取引は、参加人のグループの事業再編計画の一環として、訴外会社を参加人の完全子会社とする目的で行われたものであるところ、このような事業再編計画の策定は、完全子会社とすることのメリットの評価を含め、将来予測にわたる経営上の専門的判断にゆだねられているというべきである。それゆえ、この場合における株式取得の方法や価格についても、取締役において、株式の評価額のほか、取得の必要性、参加人の財務上の負担、株式の取得を円滑に進める必要性の程度等をも総合考慮して決定することができ、その決定の過程・内容に著しく不合理な点がない限り、取締役としての善管注意義務に違反するものではないと解すべきである。

これを本件についてみると、以下に述べるとおり、本件買取価格の設定には、その決定過程・内容に著しく不合理な点はないというべきである。

第1に、参加人が訴外会社の株式を任意の合意に基づいて買い取ることは、円滑に株式取得を進める方法として合理性があるうえ、買取価格についても、訴外会社の設立から5年が経過しているにすぎないことからすれば、払込金額である5万円を基準とすることには、一般的にみて相応の合理性がある。

第2に、参加人以外の訴外会社の株主には参加人が事業の遂行上重要であると考えていた加盟店等が含まれており、買取りを円満に進めてそれらの加盟店等との友好関係を維持することが今後における参加人及びその傘下のグループ企業各社の事業遂行のために有益であった。

第3に、そもそも、非上場株式である訴外会社の株式の評価額には相当の幅があり、事業再編の効果による訴外会社の企業価値の増加も期待できたことからすれば、株式交換に備えて算定された評価額が1株1万円であったとしても、買取価格を1株当たり5万円と決定したことが著しく不合理であるとはなし得ない。

第4に、本件決定に至る過程においては、参加人及びその傘下のグループ企業各社の全般的な経営方針等を協議する機関である経営会議において検討

され、弁護士の意見も聴取されるなどの手続が履践されているのであって、その決定過程にも、何ら不合理な点は見当たらない。

3　よって、原告の請求は理由がないから、速やかに棄却されるべきである。

第4 知的財産訴訟

1 訴訟類型

　知的財産訴訟には、工業所有権（特許権、実用新案権、意匠権、商標権）に基づく差止・損害賠償請求訴訟、著作権に基づく差止・損害賠償請求訴訟、不正競争防止法に基づく差止・損害賠償請求訴訟、以上のものがある。

　知的財産権の侵害に対し、権利者は、加害者に対し、侵害の停止又は予防を請求するとともに、侵害行為を組成した物の廃棄、侵害の行為に供した設備の除去その他の侵害の停止又は予防に必要な行為を請求することができる（特許法100条1項、実用新案法27条、意匠法37条、商標法36条、著作権法112条、不正競争防止法3条）。侵害の停止又は予防は、物権的請求権としての差止請求権又は予防請求権の一類型であるが、侵害組成物の廃棄、侵害供用設備の除去は、知的財産権に特有なものである。

　知的財産権の侵害に基づく損害賠償請求権は、民法709条（不法行為）を原因とするものであるが、被侵害利益が知的財産権である点で特別の扱いがされている。過失の推定（特許法103条、意匠法40条、商標法39条）と損害額の推定（特許法102条、実用新案法29条、意匠法39条、商標法38条、著作権法114条、不正競争防止法5条）である。

　以下においては、特許権及び著作権並びに不正競争防止法に基づく差止・損害賠償請求訴訟の3類型を取り上げる。

　なお、特許法178条は、審決等に対する訴えとしていくつかの訴訟類型について定めているが、それらの性質は行政事件訴訟（抗告訴訟）である。

2 訴状

(1) 特許権に基づく差止・損害賠償請求訴訟

特許法100条1項は、特許権者は、自己の特許権を侵害する者又は侵害する

おそれがある者に対し、その侵害の停止又は予防を請求することができると定める。これが特許権に基づく差止請求権の権利根拠規定であり、この要件事実が差止請求訴訟の請求原因である。

　したがって、原告は、①自己が特許権者であること、②被告が自己の特許権を侵害し又は侵害するおそれがあること、以上の2点を主張立証しなければならない。

　自己が特許権者であるとの主張は、通常、特許番号によって特許権を特定し、それを原告が有するという権利主張の形でされる。これに対し、被告がそれを認めれば権利自白が成立するが、それが争われれば、原告は特許権の取得原因を主張しなければならない。もっとも、特許権は登録によって発生し、登録が審判によって無効とされない限り、権利は存在するものとしなければならないので、権利の発生原因は請求原因ではない。

　特許権者は、業として特許発明の実施をする権利を専有する（特許法68条）ので、特許権の侵害とは、被告が特許発明を業として実施していることである。

　実施とは、物の発明にあっては、その物の生産、使用、譲渡等、輸出若しくは輸入又は譲渡等の申出（譲渡等のための展示を含む）をする行為である（同法2条3項1号）。原告は、被告がこれらに該当する行為をしたことを具体的に主張しなければならない。

　また、特許発明の実施というためには、被告が実施した物が特許発明の技術的範囲に属するものでなければならない。これには、特許発明の技術的範囲と同一である場合（これを「文言侵害」という）だけでなく、実質的に同一である場合（これを「均等侵害」という）を含む（最判平成10・2・24民集52-1-113）。出願の際にあらゆる侵害態様を想定して技術的範囲を記載することは困難であり、技術的範囲を一部書き換えるだけで容易に差止を免れるのでは、発明者のインセンティブを削ぎ、正義・衡平の理念に悖るからである。

　均等侵害が成立するための要件事実は、①技術的範囲と異なる部分が特許発明の本質的部分ではないこと、②当該部分が対象製品におけるものと置き換えることが可能であり、そのように置き換えることを容易に想到できたものであること、③対象製品が、公知技術と同一又はこれから容易に推考できたものではなく、かつ、特許請求の範囲から意識的に除外されたものでないこと、以上

のとおりである。このうち、請求原因として原告の主張立証責任に属するのは上記①②の事実であり、上記③の反対事実（対象製品が、公知技術と同一又はこれから容易に推考できたものであること、または、特許請求の範囲から意識的に除外されたものであること）が被告の抗弁である。

　差止請求権の内容は、侵害の停止又は予防であるが、原告は、具体的にいかなる行為を被告に求めるかを請求の趣旨で特定しなければならない。物の発明の場合には、商品名と型式番号によって特定する。それゆえ、商品名と型式番号が同一であれば、口頭弁論終了後に被告が技術的範囲を異なるものに改造したとしても、強制執行の対象となり、それを排除するためには、被告において請求異議の訴えを提起しなければならない。

　不法行為に基づく損害賠償請求訴訟の場合には、原告において被告の過失の評価根拠事実を主張立証しなければならないが、上記のとおり、特許権侵害を理由とする場合には、過失が推定されるので、無過失の評価根拠事実が被告の抗弁となる。

　損害額については、上記のとおり推定規定を援用することができるが、実際に発生した損害を主張立証することもできる。

（記載例4－4－1　特許権に基づく差止・損害賠償請求訴訟）

第1　請求の趣旨
　1　被告は、別紙物件目録記載の製品を製造、販売してはならない。
　2　被告は、別紙物件目録記載の製品および半製品（別紙物件目録記載の製品と同一の構造を有しているが製品として完成していないもの）ならびに製造用の金型を廃棄せよ。
　3　被告は、原告に対し、金○○円及びこれに対する令和○年○月○日から支払ずみまで年3％の割合による金員を支払え。
　4　訴訟費用は被告の負担とする。
　　との裁判及び仮執行の宣言を求める。
第2　請求原因
　1　特許権の存在
　　　原告は以下の特許権（以下「本件特許」という）を有している。
　　　特 許 番 号　○○○○
　　　発明の名称　○○○○

　　　出　　　願　令和〇年〇月〇日
　　　出 願 公 告　令和〇年〇月〇日
　　　登　　　録　令和〇年〇月〇日
　2　特許請求の範囲
　　　本件特許発明の明細書に記載した特許請求の範囲は、以下のとおりである。
　　　（略）
　3　被告による特許発明の実施
　　　被告は、令和〇年〇月〇日から令和〇年〇月〇日までの間、別紙物件目
　　録記載の物件（以下「本件物件[18)]」という）を業として製造販売した。
　4　権利侵害
　　　本件物件は、本件特許発明の特許請求の範囲と大部分一致しており、一
　　致していない部分は、本質的部分ではなく、本件物件と置換が可能であり、
　　置換することを容易に想到できる。その理由は以下のとおりである。
　　　（略）
　5　責任
　　　被告の行為は原告の特許権を侵害するものであるから、原告は、被告に
　　対し、特許権に基づき、当該行為の差止を求めることができるとともに、
　　不法行為に基づく損害賠償請求権に基づき、原告に生じた損害の賠償を求
　　めることができる。
　6　損害（額）
　　　本件物件の販売価格と販売数量は別紙損害計算書記載のとおりであると
　　ころ、その 5 ％が本件特許発明の実施に対して受けるべき金銭の額に相当
　　するから、特許法 102 条 3 項に基づき、当該金額を損害として請求する。
　7　結語
　　　よって、原告は、被告に対し、特許法 100 条 1 項に基づき、請求の趣旨
　　第 1 項及び第 2 項記載の行為を求めるとともに、民法 709 条及び特許法 102
　　条 3 項に基づき、金〇〇円及びこれに対する平成〇年〇月〇日（販売を開
　　始した日）から支払ずみまで民法所定の年 3 ％の割合による遅延損害金の
　　支払を求める。

---

18)　「イ号物件」ということがある。複数の対象物件を特定するのに「イ号、ロ号、ハ号
　　……」と称したことから来た用語法である。

(2) 著作権に基づく差止・損害賠償請求訴訟

　著作権についても、特許権の場合と同様に、侵害行為の差止請求権が認められている（著作権法112条）。著作権に基づく差止請求権の発生原因事実は、①原告が著作権者であること、②被告が著作権を侵害していること、以上の二つであり、基本的には特許権その他の工業所有権と同様であるが、以下のとおり、著作権に特有の問題がある。

　第1に、著作権は、特許権とは異なり、登録によって発生する権利ではないので、原告は著作権の発生原因を主張しなければならない。著作権は著作者が享有する（著作権法17条1項）ところ、著作者とは著作物を創作する者であり（同法2条1項2号）、著作物とは思想又は感情を創作的に表現したものであって、文芸、学術、美術又は音楽の範囲に属するものをいう（同項1号）ので、原告は、これらの要件に該当する具体的事実を請求原因として主張立証しなければならない。

　第2に、著作権の侵害があったとするためには、対象物が原著作物と同一又は類似であることが必要である（この点では工業所有権の侵害と変わるところはない）が、それだけでは足りず、対象物が原著作物に依拠して作成されたものでなければならない（最判昭和53・9・7民集32-6-1145）。原著作物と同一又は類似であったとしても、原著作物に依拠することなく、独自の創作活動によって出来たのであれば、自由な創作活動を尊重すべきであり、著作権侵害にはしないという考え方である。原告は、依拠性の評価根拠事実[19]を請求原因として主張立証しなければならない。

　著作権侵害による損害賠償請求は、不法行為に基づくものであり、工業所有権と同じく損害額の推定がある（著作権法114条）。もっとも、工業所有権の場合には過失の推定規定がある（特許法103条、意匠法40条、商標法39条）のに対し、著作権にはそれがない。これは、権利の発生に公的機関の審査がないので、権利の有効性に対する推定が働かないからである（この点では、実用新案権、不正競争防止法も同じである）。原告は過失の評価根拠事実を主張立証する必要がある。

---

19)　被告が原著作物を知っていたこと、原著作物と同一又は極めて類似していること等がこれに当たる。

(記載例 4 - 4 - 2 著作権に基づく差止・損害賠償請求訴訟)

第 1 請求の趣旨
1 被告は、別紙物件目録 1 記載の書籍を出版、販売、頒布してはならない。
2 被告は、前項の書籍を廃棄せよ。
3 被告は、原告に対し、金○○円及びこれに対する令和○年○月○日から
支払ずみまで年 3 %の割合による金員を支払え。
4 訴訟費用は被告の負担とする。
との裁判及び仮執行の宣言を求める。
第 2 請求原因
1 著作権
原告は、別紙物件目録 2 記載の書籍（以下「原著作物」という）の著作
者である。
2 著作権侵害
(1) 被告は、別紙物件目録 1 記載の小説（以下「本件著作物」という）を出
版し、令和○年○月○日からこれを販売ないし頒布している。
(2) 本件著作物には原著作物と同一又は酷似した表現が多数存在する。その
内容は以下のとおりである。

原著作物の表現（ページ）	本件著作物の表現（ページ）
（略）	（略）

(3) 原著作物は、原告が令和○年○月に発生した○○市の大火災の被災地を
取材して書いたルポルタージュであり、本件著作物が出版される前の令
和○年○月○日に出版されている。本件著作物は上記大火災を題材にし
た小説であり、原著作物に記載された火災現場の描写が多数含まれている。
しかも、原著作物における独特の表現方法をそのまま引用した部分が多
数ある。本件著作物が原著作物に依拠して創作されたことは明らかとい
うべきである。
(4) したがって、本件著作物は、原告が有する原著作物の著作権（複製権）
及び著作者人格権（同一性保持権）を侵害したものというべきである。
3 過失
被告は、書籍の出版を業とするものであって、原著作物の存在を知り又
は知り得たというべきであるから、本件著作物を出版・販売・頒布するこ
とが原告の著作権を侵害することについて過失があったというべきである。

4　損害（額）
(1) 財産的損害

　　本件著作物の販売価格と販売数量は別紙損害計算書記載のとおりであ
るところ、その10％が原告の著作権行使につき受けるべき金銭の額に相
当するから、著作権法114条3項に基づき、原告は、被告に対し、当該
金額を損害として請求する。

(2) 慰謝料

　　原告は、原著作物における創作的表現を自己の意思に反して改変され
たことについて著しい精神的苦痛を受けたが、それを慰謝するに足る金
額は〇〇円を下ることはない。

5　結語

　　よって、原告は、被告に対し、著作権法112条に基づき、請求の趣旨第1
項及び第2項記載の行為を求めるとともに、民法709条及び著作権法114
条3項に基づき、金〇〇円及びこれに対する平成〇年〇月〇日（出版した
日）から支払ずみまで民法所定の年3％の割合による遅延損害金の支払を
求める。

(3)　不正競争防止法に基づく差止・損害賠償請求訴訟

　不正競争防止法は、不正競争の行為類型（同法2条）、それに対する差止請
求権（同法3条）と損害賠償請求権（同法4条）、損害額の推定（同法5条）を
定めている。基本的には工業所有権や著作権と同様であるが、被侵害利益では
なく、侵害行為の違法性を要件としている点に特徴がある。

　不正競争防止法は、営業秘密の不正な取得、使用、開示等の行為を不正競争
行為としている（同法2条1項4号ないし9号）ので、それに関する差止・損害
賠償請求訴訟を取り上げる。請求原因は、そのような要件を根拠づける具体的
な事実である。また、請求の趣旨においては、そのような営業秘密の使用行為
を具体的に特定して禁止することが必要である。

（記載例4－4－3　不正競争防止法に基づく差止・損害賠償請求訴訟）

第1　請求の趣旨
　1　被告は、別紙顧客目録記載の者に対し、面会を求め、電話をし又は郵便
　　物を送付するなどして、男性用かつらの製作請負若しくは売買契約の締結、

締結の勧誘又は理髪等同契約に付随する営業行為をしてはならない。

2　被告は、男性用かつらの製作請負若しくは売買契約の締結をしようとし又は理髪等同契約に付随するサービスの提供を求めて被告に来店あるいは電話連絡をしてくる別紙顧客目録記載の者に対し、男性用かつらの製作請負若しくは売買契約の締結、締結の勧誘又は理髪等同契約に付随する営業行為をしてはならない。

3　被告は、別紙営業秘密目録記載の原告顧客名簿の写しを廃棄せよ。

4　被告は、原告に対し、金〇〇円及びこれに対する訴状送達の翌日から支払済みまで年3％の割合による金員を支払え。

5　訴訟費用は被告の負担とする。

との裁判及び仮執行の宣言を求める。

第2　請求原因

1　当事者

(1)　原告は、男性用かつらの製造・販売を業とする株式会社である。

(2)　被告は、平成〇年〇月から平成〇年〇月まで原告の従業員として稼働していたが、原告を退職して男性用かつらの製造・販売を行っている。

2　顧客名簿の営業秘密性

　　原告は、請求の趣旨記載の顧客名簿（以下「原告顧客名簿」という）を保有しているところ、これは、原告が長年にわたり多額の広告費をかけて開拓した顧客に関する情報が記載されているものであり、男性用かつらという極めて限定された商品の市場における顧客を確保するために必要であって、原告の事業活動に有用な営業上の情報である。そして、原告顧客名簿は、原告店舗のカウンター内に保管され、従業員以外の者はアクセスできないように秘密として管理されており、かつ、公然と知られたものではないから、不正競争防止法2条6項の営業秘密に当たる。

3　被告による原告顧客名簿の窃取及び使用

(1)　被告は、原告を退職する令和〇年〇月〇日、原告顧客名簿を無断でコピーし、それを持ち出した。

(2)　被告は、原告顧客名簿を使用し、同記載の顧客に対し、男性用かつらの製作請負又は売買契約に付随する営業行為を行っている。

4　不正競争行為

　　上記3の被告の行為は、不正競争防止法2条1項4号の不正競争行為であり、それは被告の故意に基づくものである

5　損害（額）

> 　　被告は、上記3の不正競争行為により、以下のとおりの利益を得たので、
> 原告は、不正競争防止法5条2項に基づき、当該金額を損害として請求する。
> (1) 被告が原告顧客名簿に基づき連絡を取った原告の顧客のうち、被告がか
> 　　つらを受注したことにより原告が得た利益は別表1記載のとおり○○円
> 　　である。
> (2) 被告がその余の顧客に対して行ったカット及びパーマによって得た利益
> 　　は、別表2記載のとおり○○円である。
> 5　結語
> 　　よって、原告は、被告に対し、不正競争防止法2条1項4号及び3条に
> 基づき、請求の趣旨第第1項及び第2項記載の行為を求めるとともに、同
> 法4条、5条2項に基づき、金○○円及びこれに対する訴状送達の翌日から
> 支払ずみで民法所定年3％の割合による遅延損害金の支払を求める。

3　被告の主張

(1)　公知技術の抗弁・意識的除外（禁反言）の抗弁

　原告が特許権侵害の理由として均等侵害を主張するのに対し、被告は、①対
象製品が、公知技術と同一又はこれから容易に推考できたものであること、ま
たは、②特許請求の範囲から意識的に除外されたものであること、以上の事実
を抗弁として主張できる[20]。

　上記①の事情があれば、ほんらいなら新規性を欠くものとして登録されない
はずのものであり、無効となるべき特許権の効力を認めることは適当でないか
ら、そのような事情は特許権侵害に対する抗弁となるのである。これを「公知
技術の抗弁」という。なお、公知技術の抗弁は、その性質からして、均等侵害
だけでなく、文言侵害についても抗弁となり得る。

　上記②は、みずから特許請求の技術的範囲に属さないことを認めながら、後
でこれに反する主張をすることは信義則（禁反言）に反するという考え方によ
るものである。そこで、これを「意識的除外の抗弁」または「禁反言の抗弁」

---

20)　250ページ参照。

と呼ぶ。これについても、均等侵害だけでなく、文言侵害にも当てはまる。

（記載例 4 － 4 － 4　公知技術の抗弁）

> 1　原告は、本件発明と本件物件とは、技術的範囲を同一にするか、又は均等
> であると主張する。
> 2　しかしながら、特許発明の特許出願時において公知であった技術及び当業
> 者がこれから右出願時に容易に推考することができた技術については、そも
> そも何人も特許を受けることができなかったはずのものであるから、特許発
> 明の技術的範囲に属するとはいえないものである。そして、本件物件は、公
> 知技術から容易に推考できるものである。その理由は以下のとおりである。
> （略）
> 3　よって、本件物件は、原告の特許権を侵害するものではないというべきで
> ある。

(2)　特許無効による権利濫用の抗弁

このほか、原告の特許が無効であることが明らかである場合には、その特許
権に基づく差止・損害賠償請求は権利濫用となる（最判平成 12・4・11 民集
4-4-1368）ので、被告は原告の特許に無効事由があることが明らかであること
の評価根拠事実を抗弁とすることができる。これを「特許無効による権利濫用
の抗弁」という。

特許法は、特許に無効理由が存在する場合に、これを無効とするためには専
門的知識経験を有する特許庁の審判官の審判によることとし（同法 123 条 1 項、
178 条 6 項）、無効審決の確定により特許権が初めから存在しなかったものとみ
なすものとしている（同法 125 条）ので、ほんらい、特許権は無効審決の確定
までは適法かつ有効に存続し、対世的に無効とされるわけではない。しかし、
特許に無効理由が存在することが明らかで、無効審判請求がされた場合には無
効審決の確定により当該特許が無効とされることが確実に予見される場合にも、
その特許権に基づく差止・損害賠償請求が許されるとするのは相当でない。そ
こで、特許無効による権利濫用の抗弁が認められるのである。

(記載例4-4-5 特許無効による権利濫用の抗弁)

1 本件特許権には無効事由が存在することが明らかであり、無効審判請求が
された場合には無効審決の確定により無効とされることが確実に予見される。
その理由は以下のとおりである。
  (1) 本件発明は、特願○○号(以下「原出願」といい、その発明を「原発
    明」という)から分割出願(以下「本件出願」という)されたものであ
    るが、本件発明と原発明とは実質的に同一である。その理由は以下のと
    おりである。
    (略)
  (2) 本件発明と原発明とが同一である以上、本件出願は分割出願としては不
    適法であり、原発明と同一の発明につき原発明に後れて出願したものと
    なる。したがって、本件特許は、特許法39条1項の規定により拒絶され
    るべき出願に基づくものとして、無効とされる蓋然性が極めて高いもの
    である。
  (3) 原出願については、原発明が公知の発明に基づいて容易に発明すること
    ができるものであることを理由として、拒絶査定が確定している。本件
    発明は、原出願と実質的に同一であるから、本件特許には、この点にお
    いても無効理由が内在するものといわなければならない。
2 このような無効とされる蓋然性が極めて高い本件特許権に基づき第三者に
  対し権利を行使することは、権利の濫用として許されないというべきである。

第 5　労働訴訟

1　訴訟類型

　労働訴訟と呼ばれるものには、大きく分けて、個別的労働関係（労働契約、労働者の権利義務、賃金・労働時間、就業規則等）に関するもの、集団的労働関係（労働組合、団体行動、労働協約、不当労働行為、救済命令等）に関するもの、労働者災害（労災補償・労災補償保険、安全配慮義務等）に関するもの、以上の3類型がある。

　本書では、既に、解雇の無効を理由とする賃金請求訴訟の請求原因について説明した[21]が、ここでは、割増賃金請求訴訟、救済命令取消訴訟、労働者災害訴訟の3つを取り上げることとしたい。

2　訴状

⑴　割増賃金（残業代）請求訴訟

　労働者は、その約した労働を終わった後でなければ、報酬を請求することができない（民法 624 条 1 項）。労務の提供が現実にされない以上は賃金を請求できない（これを「ノーワークノーペイの原則」という）ということであり、残業代を含む賃金請求訴訟においては、原告が労務提供（実労働時間）について主張立証責任を負う。

　実労働時間は、日ごとに始業時間と終業時間を特定して主張する必要がある。また、賃金単価が異なるので、所定外労働時間、法定外労働時間、深夜労働時間、法定外休日労働時間、法定休日労働時間の別を特定して主張しなければならない。実務上は表計算ソフト[22]を使用して行われる。

---

21)　50 ページ参照。
22)　このような表計算ソフトとして、京都地方裁判所の裁判官と京都弁護士会所属の弁護士が共同で作成した「きょうとソフト」がある（中内和雄ほか「割増賃金計算ソフ

（記載例4−5−1 割増賃金（残業代）請求訴訟）

第2 請求原因

1 原告は、令和○年○月○日、期限の定めなく被告に雇用され（以下「本件雇用契約」という）、令和○年○月○日退職した。

2 原告の令和○年○月から令和○年○月までの実労働時間、時間外労働時間は別表記載のとおりである。

3 被告は令和○年○月から令和○年○月までの時間外労働時間を支払わない。

4 よって、原告は、被告に対し、雇用契約及び労働基準法37条並びに賃金の支払の確保等に関する法律6条1項に基づき、金○○円及びこれに対する令和○年○月○日（退職日）から支払ずみまでに年14.6％の割合による遅延損害金の支払を求めるとともに、労働基準法114条[23]に基づく付加金の支払を求める。

⑵ 救済命令取消訴訟

労働組合法（以下「労組法」という）は、使用者による不当労働行為の類型（不利益取扱い、団体交渉拒否、支配介入）を定め、労働者ないし労働組合から不当労働行為があるとの申立があれば、労働委員会は、申立に理由があるかどうかを調査したうえで、救済命令（申立の一部容認、棄却を含む）を発するという制度を設けている（労組法7条、27条、27条の12）。

救済命令は、使用者に一定の行為を義務づけるものであって、直接国民の権利義務を形成し又はその範囲を確定することが法律上認められているものといえるから、これは行訴法における「処分」であるといえる。このことは、労組法が当事者に不服申立てを認めていること（労組法27条の15）からも明らかである。したがって、当事者は行訴法に基づき、救済命令の取消の訴えを提起することができる。

取消訴訟の被告適格を有するのは、都道府県労働委員会の救済命令について

ト『きょうとソフト』を活用した事件処理の提唱について」判タ1436-17）。日本弁護士連合会の弁護士会員向けホームページからダウンロード可能となっている。

[23] 労働基準法114条は、裁判所は、第37条の規定に違反した使用者に対して、労働者の請求により、これらの規定により使用者が支払わなければならない金額についての未払金のほか、これと同一額の付加金の支払を命ずることができると定めている。

は都道府県労働委員会である（労組法 27 条の 23）が、中央労働委員会の救済命
令については国である（行訴法 11 条 1 項）。国が被告となる場合には、中央労
働委員会は、国の利害に関係のある訴訟についての法務大臣の権限等に関する
法律 5 条の規定に基づいて、特定の公益委員、事務局長又は職員を指定代理人
とすることができる（労働委員会規則 46 条）。

　救済命令取消の訴えは、救済命令の申立が認容された場合は、使用者が労働
委員会に対して提起し、救済命令の申立が棄却された場合は、労働組合又は労
働者が労働委員会に対して提起することになる。その際、労組法 7 条が救済命
令の権利根拠規定であるから、同条の定める要件事実については、救済命令の
成立を主張する側（申立を認容する場合は労働委員会、棄却の場合は労働組合又は
労働者）が主張立証責任を負うことになる。ただし、救済命令の内容をどうす
るかについては、労働委員会に裁量権があるので、救済命令の内容の違法性に
ついては、原告において裁量権の逸脱・濫用の評価根拠事実を主張立証する必
要がある。

　以下は、労働委員会（被告）がした救済命令に対して使用者（原告）が取消
訴訟を提起した訴訟において、労働組合が被告のために補助参加した事案に関
するものである。

（記載例 4 − 5 − 2　救済命令取消訴訟）

　第 1　　請求の趣旨
　　1　被告が、被告補助参加人を申立人とし、原告を被申立人とする都労委平
　　　成○年（不）第○○号事件について、令和○年○月○日付けでした命令を
　　　取り消す。
　　2　訴訟費用は被告の負担とする。
　第 2　　請求原因
　　1　本件救済命令の内容
　　　　被告補助参加人は、原告において、①参加人からの団体交渉申入れを拒
　　　否したこと、②令和○年○月以降、参加人所属の組合員の給与から組合費
　　　をチェックオフし、訴外○○労働組合（以下「訴外組合」という）に交付
　　　していること、以上の行為が不当労働行為に該当するとして、救済を申し
　　　立てた（都労委平成○年（不）第○○号事件）ところ、被告は、原告に対し、
　　　以下のとおりの救済命令（以下「本件命令」という）を発した。

(1) 被申立人は、申立人から団体交渉の申入れがあったときは「被申立人には訴外組合のみが存在し、申立人は存在しない」との理由で、これを拒否してはならない。

(2) 被申立人は、今後、訴外組合とのチェックオフ協定に基づくと称して、申立人所属の各組合員の給与から組合費のチェックオフをしてはならず、また、同組合員の給与から令和○年○月分以降チェックオフした組合費相当額を、申立人に支払わなければならない。

(3) 被申立人は、本命令書受領の日から1週間以内に、別紙（略）のとおりの掲示を従業員の見やすい場所に10日間行わなければならない。

2　本件命令の違法性

(1) 参加人が労働組合でないこと

　　参加人は、従前からあった原告の労働組合（訴外組合）の一部組合員が、自らが正当な労働組合であると称して原告に対して団体交渉を求めているにすぎない。原告における正当な労働組合は訴外組合のみであり、参加人は労働組合とは認められないので、原告が団体交渉を拒否し、訴外組合のためにチェックオフをしたことは、不当労働行為にはならない。

(2) 裁量権の逸脱・濫用

　　仮に、原告の行為が不当労働行為に該当するとしても、本件命令のうち、チェックオフ相当額を参加人に引き渡すことを命じた部分は、労働委員会に認められた裁量権を逸脱・濫用したものであり、違法というべきである。その理由は以下のとおりである。

　　救済命令の目的は、不当労働行為によって生じた侵害状態を除去し、不当労働行為がなかったのと同様の状態にすることである。チェックオフが不当労働行為に当たるのであれば、違法に控除された組合費相当額は組合員に返還すれば足り、それを超えて参加人に支払うよう命ずることは、救済命令の目的を超えるものである。それは、参加人との間でチェックオフ協定が締結されたのと同じ効果を生ずるものであり、救済命令によってそのような新たな法律関係を形成することはできないというべきである。

　　しかも、本件命令は、チェックオフ協定のないまま、ほんらい労働者が受け取るべき賃金の一部を参加人に支払うものであり、労働基準法24条1項に反するものというべきである。

3　結語

よって、本件命令は違法であるから、取り消されるべきである。

⑶　労災訴訟

　労働者災害（労災）とは、業務に起因して、労働者が負傷し、疾病にかかり、又は死亡することをいう（労働安全衛生法 2 条 1 号）。近年、過労死や過労自殺が社会問題となったことから、厚生労働省は、専門家による検討を経たうえで、脳・心臓疾患の業務起因性[24]と精神障害の業務起因性[25]について認定基準を定めている。裁判所も基本的にそれを判断基準としている。

　労災が発生した場合、使用者は、労働者又は遺族に対し、労働基準法（以下「労基法」という）に基づく災害補償をしなければならない（労基法 75 条ないし 77 条、79 条、80 条）。これは、労基法が認めた使用者の無過失責任である。この場合において、労働者災害補償保険法（以下「労災保険法」という）は、労働者又は遺族が上記補償に相当する保険給付を請求することを認めており（同法 12 条の 8 第 2 項）、それにより労基法に規定する災害補償に相当する給付がなされた場合においては、使用者は補償の責任を免れる（労基法 84 条）。

　労災保険法に基づく保険給付に関する決定について不服のある者は、労働者災害補償保険審査官に対して審査請求をし、その決定に不服のある者は、労働保険審査会に対して再審査請求をすることができる（労災保険法 38 条 1 項）。そして、労災保険法 38 条 1 項に規定する処分の取消訴訟は、当該処分に対する労働者災害補償保険審査官の決定に対する裁決を経た後でなければ提起することができない（労災保険法 40 条 1 項）。そこで、労災保険給付請求を拒否された労働者又は遺族は、審査請求・再審査請求を前置したうえで、不支給処分の取消訴訟を提起することになる。これが労災訴訟のひとつである。

　また、労災が使用者の安全配慮義務違反に起因する場合は、労働者又は遺族は、使用者に対し、債務不履行に基づく損害賠償を請求することもできる。これは労基法の補償義務とは異なり、使用者（債務者）の過失責任である（民法 415 条 1 項ただし書）。

　労災保険給付は、療養補償給付、休業補償給付、障害補償給付、遺族補償給付、葬祭料、傷病補償年金、介護補償給付に限定されている（労災保険法 12 条

---

24)　https://www.mhlw.go.jp/new-info/kobetu/roudou/gyousei/rousai/dl/040325-11a.pdf

25)　https://www.mhlw.go.jp/stf/houdou/2r9852000001z3zj-att/2r9852000001z43h.pdf

の8第1項）ので、労災と相当因果関係を有する損害のうち、これらによって
填補されないもの（逸失利益のうち労災保険金を超える部分、慰謝料等）につい
ては、損害賠償請求訴訟を提起する意味がある。これも労災訴訟である。
　　ここでは、労災保険法に基づく保険金の不支給処分の取消訴訟を取り上げる。

（記載例4－5－3　労災保険法に基づく保険金の不支給処分の取消訴訟）

第1　請求の趣旨
　1　○○労働基準監督署長が令和○年○月○日付けで原告に対してした労働
　　者災害補償保険法に基づく遺族補償給付及び葬祭料を支給しない旨の各処
　　分をいずれも取り消す。
　2　訴訟費用は被告の負担とする。
第2　請求原因
　1　当事者
　(1) 訴外甲野太郎（以下「太郎」という）は、平成○年○月○日生まれの男
　　であり、原告は太郎の妻である。
　(2) 株式会社乙野産業（以下「訴外会社」という）は、清掃業務の受託を業
　　とする株式会社である。
　(3) 太郎は令和○年○月○日に訴外会社に入社し、令和○年○月からは清掃
　　用製品の営業を担当していた。
　2　労災事故
　　　太郎は、令和○年○月頃うつ病を発症し、令和○年○月○日自殺した。
　3　本件訴訟に至る経緯
　　　原告は、太郎の死亡が業務に起因するものであるとして、○○労働基準
　　監督署長に対し、令和○年○月○日遺族補償給付及び葬祭料の請求をしたが、
　　同署長は、令和○年○月○日付けで、太郎の死亡は、業務上の疾病とは認
　　められないとして、請求の趣旨記載の不支給処分（以下「本件処分」とい
　　う）をした。
　　　原告は、同年○月○日付けで、○○労働者災害補償保険審査官に対し、
　　本件処分に対する審査請求を申し立てたが、同審査官は、令和○年○月○
　　日付けで、原告の審査請求を棄却する旨の決定をした。
　　　原告は、同年○月○日付けで、厚生労働省労働保険審査会に対し、再審
　　査請求を申し立てたが、同審査会は、令和○年○月○日付けで、原告の再
　　審査請求を棄却する旨の決定をした。
　　　そこで、原告は、令和○年○月○日、本件処分の取消しを求めて本件訴

えを提起した。

4　精神障害の業務起因性に関する判断基準

厚生労働省は、心理的負荷による精神障害に業務起因性があるかどうかの判断基準を定めている。その内容は別紙「心理的負荷による精神障害の認定基準について」（以下「認定基準」という）のとおりである。

5　本件への当てはめ

太郎が令和○年○月頃うつ病を発症し、その後自殺したことには業務起因性がある。その理由は以下のとおりである。

(1) 太郎は、訴外会社に入社以来スーパーマーケット等の現場清掃業務に従事していたところ、令和○年○月からは、それまで経験したことのない清掃用品販売の営業を担当するようになったことで、業務内容に大きな変化が生じた。これは、認定基準の別表 1 における具体的出来事のうち番号 15 の「仕事内容・仕事量の（大きな）変化を生じさせる出来事があった」に該当し、その平均的心理的負荷の強度は「Ⅱ」である。これは、具体例の「過去に経験のない仕事内容に変更となり、常時緊張を強いられる状態となった」に該当するので、心理的負荷の強度は「強」である。

(2) 太郎が営業担当になった当時、訴外会社は業績不振に陥っており、清掃業務から清掃用品販売に業務の重点を移すこととなった。太郎は、清掃業務の現場においてチームのリーダーとして積極的に業務に取り組んでおり、経営幹部からの評価が高かったことから、会社の業績の立て直しを期待されて営業部門への配転となった。さらに、太郎は、訴外会社から売上についてノルマを課されていた。これら一連の出来事は、認定基準の別表 1 の具体的出来事のうち番号 8 の「達成困難なノルマが課された」（平均的心理的負荷の強度は「Ⅱ」）、番号 10 の「新規事業の担当になった。会社の建て直しの担当になった」（平均的心理的負荷の強度は「Ⅱ」）に該当するものである。いずれも心理的負荷の強度は「中」である。

(3) 太郎は、訴外会社の営業部長から日常的に叱責を受けており、不慣れな業務への支援が得られず、売上が上がらないことについて強い心理的負荷を感じていた太郎の心理的負荷を更に高めるものであった。これは、認定基準の別表 1 の具体的出来事の番号 30 の「上司とのトラブルがあった」（平均的心理的負荷の強度は「Ⅱ」）に該当するものである。これの心理的負荷の強度は「中」である。

(4) 以上のとおりであり、上記 (1) の出来事は心理的負荷の強度が「強」と評価され、これは業務による強い心理的負荷が認められることに該当

するので、業務起因性が肯定される。

　　仮に、上記（1）の出来事における心理的負荷の強度が「中」にとどまるとしても、心理的負荷の強度が「中」となる上記（2）及び（3）の出来事も生じており、全体としての心理的負荷の強度は「強」となり、業務による強い心理的負荷が認められるので、業務起因性が肯定される。

　(5) また、認定基準によれば、精神障害を発病したと認められる者が自殺を図った場合には、精神障害によって正常の認識、行為選択能力が著しく阻害され、あるいは自殺行為を思いとどまる精神的抑制力が著しく阻害されている状態に陥ったものと推定し、業務起因性を認めるとされている。

6　結語

　　以上のとおり、太郎のうつ病及びそれによる自殺には業務起因性があるから、本件処分は違法であり、取り消されるべきである。よって、請求の趣旨記載の判決を求める。

3　被告の主張

(1)　管理監督者・固定残業代

　事業の種類にかかわらず監督若しくは管理の地位にある者（これを通常「管理監督者」と呼ぶ）には労働時間に関する定めは適用がない（労基法41条2号）。管理監督者に該当するかどうかについては、①当該労働者が実質的に経営者と一体的な立場にあるといえるだけの重要な職務と責任、権限を付与されているか、②自己の裁量で労働時間を管理することが許容されているか、③給与等に照らし管理監督者としての地位や職責にふさわしい待遇がなされているかという観点から判断される。そこで、被告は、そのような評価根拠事実を抗弁として主張立証することができる。

　また、労働者に支払われる基本給や諸手当にあらかじめ含めることにより割増賃金を支払うという合意自体は有効である（最判平成29・7・7判時2351-83）から、そのような合意の存在を抗弁とすることもできる。ただし、割増賃金を基本給等に含める方法で支払う場合においては、労働契約における基本給等の

定めにつき、通常の労働時間の賃金に当たる部分と割増賃金に当たる部分とを判別できることが必要である（最判平成 24・3・8 集民 240-121）。

（記載例 4 − 5 − 4　管理監督者・固定残業代）

1　労働基準法 41 条 2 号該当性

　　原告は労働基準法 41 条 2 号のいう管理監督者に該当するので、割増賃金を請求することができない。その理由は以下のとおりである。

　　第 1 に、原告は被告○○支店の支店長であり、施設の管理業務、対顧客業務、従業員の労務管理業務のほか、被告の経営幹部により構成される経営会議に出席して支店の状況を報告するだけでなく、運営方針について意見具申をしていた。

　　第 2 に、支店長の仕事は当該支店の管理業務が大半を占めており、一般の従業員のように勤務シフトに組み込まれて顧客に直接サービスを提供することはなく、1 日の労働時間が 8 時間を下回った場合や、遅刻や早退をした場合であっても賃金が減額されることはなく、自らの労働時間に関する裁量を有していた。

　　第 3 に、支店長は、もともと基本給が高額に設定されているうえ、役職手当として月額○○円が支払われており、その他の従業員の平均的な賃金額よりも○％以上高額であった。

2　固定残業代

　　被告の給与規程には「基本給○○円のうち○○円は、1 月○時間の時間外労働に対する割増賃金分とする」との定めがある。これにより、通常の労働時間の賃金に当たる部分と割増賃金に当たる部分とを判別することができるから、割増賃金は原告の基本給等に含まれているというべきである。そこで、上記割増賃金相当分を控除した金額を基礎として原告の割増賃金の額を計算し直せば、別紙計算書記載のとおりである。

　　したがって、仮に、原告に割増賃金が発生するとしても、それは上記割増賃金分を超過していないので、原告の請求は理由がないというべきである。

⑵　救済の必要性

使用者に不当労働行為があることが認められたとしても、それによって生じた状態が既に是正されている場合には、救済の必要性がないので、救済命令の申立てを棄却することができる（最判昭和 58・12・20 集民 140-685）。訴えの利

益に類似した考え方であり、これは、救済命令申立棄却処分取消訴訟における被告（労働委員会）の抗弁となる。

（記載例4－5－5 救済の必要性）

> 1 労働委員会による救済命令制度は、使用者の不当労働行為により生じた事実上の状態を救済命令によって是正することにより、正常な集団的労使関係秩序を回復させることを目的とするものであつて、使用者に対し懲罰を科すること等を目的とするものではないから、使用者による不当労働行為の成立が認められる場合であっても、それによって生じた状態が既に是正され、正常な集団的労使関係秩序が回復されたときは、労働委員会による救済の必要性がない。
> 2 本件において、仮に、組合掲示板への無許可掲示物を使用者が撤去したことが不当労働行為に当たるとしても、労働委員会の審査終了時点において、労使間で組合掲示物の一括許可制が合意され、使用者もその旨の指導文書を発しているのであるから、もはや不当労働行為によって生じた状態は是正されたというべきである。
> 3 よって、上記行為について救済命令を発する必要性に欠けるので、救済申立を棄却した本件命令は適法というべきである。

(3) 業務以外の心理的負荷及び個体側要因

心理的負荷による精神障害の認定基準によれば、業務起因性の認定要件として「業務以外の心理的負荷及び個体側要因により対象疾病を発病したとは認められないこと」を挙げている。これは、反対事実（業務以外の心理的負荷又は個体側要因により対象疾病を発病したと認められること）が業務起因性の発生障害事由となるものであり、被告に主張立証責任があるというべきである。

（記載例4－5－6 業務以外の心理的負荷及び個体側要因）

> 1 心理的負荷による精神障害の認定基準によれば、業務以外の心理的負荷又は個体側要因により対象疾病を発病した場合には、業務起因性が否定される。
> 2 原告は、うつ病の発症の数か月前から妻と別居していた。これは認定基準の別表2の出来事の類型のうち「夫婦が別居した」に該当し、その心理的負荷の強度は「III」である。これがうつ病の発症原因になることについては、○○医師の意見書（乙第○号証）に記載のとおりである。
> 3 よって、原告のうつ病には業務起因性がないから、本件処分は適法であり、原告の請求は理由がない。

第 6　医療訴訟

1　訴訟類型と訴状

　医療訴訟のほとんどは、診療契約の債務不履行に基づく損害賠償請求権を訴訟物とする民事訴訟であり、訴状の請求原因として記載すべき事実は、債務不履行（不完全履行）の要件事実である。

　債務不履行に基づく損害賠償請求訴訟の主張立証責任については、履行遅滞による場合には、債務の履行が被告（債務者）の抗弁であり、原告（債権者）が債務の不履行を請求原因として主張立証する必要はないが、不完全履行の場合は、それを基礎づける評価根拠事実が請求原因となる[26]。この点で、不完全履行の主張立証責任は不法行為の場合と類似することになる。

　そこで、医療過誤に基づく損害賠償請求事件において、原告が請求原因として主張すべき要件事実は、①診療契約の成立、②善管注意義務違反を基礎付ける評価根拠事実、③損害（額）、④上記②と③の間の因果関係、以上のとおりとなる。

（記載例 4 － 6 － 1　医療過誤に基づく損害賠償請求訴訟）

> 第 2　請求原因
> 　1　当事者
> 　　　原告は訴外甲野太郎（以下「太郎」という）の妻であり、被告は○○医院の名称で病院（以下「被告医院」という）を経営する医師である。
> 　2　診療契約
> 　　　太郎は、令和○年○月ころ、人間ドック検診の結果、アルコール性肝硬変の疑いがあるとして、被告医院を紹介され、同月○日被告医院を訪ね、同日、太郎と被告との間で、肝疾患の治療に関する診療契約が成立した（以下「本件診療契約」という）を結んだ。
> 　3　診療経過

---

[26]　最高裁判所は、安全配慮義務違反を理由とする損害賠償請求訴訟において、右義務の内容を特定し、かつ、義務違反に該当する事実を主張立証する責任は原告にあるとする（最判昭和 56・2・16 民集 35-1-56）。

(1) 太郎は、令和○年○月○日まで、約2年間にわたり、休日等を除きほとんど毎日被告医院に通院し、被告の診療を受けた。

(2) 太郎は、容態が悪化したため、令和○年○月○日、救急車で○○病院に搬送され入院した。同病院で検査をした結果、肝硬変はかなり進行しており、また、肝癌が発症し、これが肝臓内に多数転移し、これが破れて腹腔内に出血を起こし、既に治療できない状態にあったことが判明した。

(3) 太郎は、同月○日○○病院で死亡した。死因は肝癌であった。

4 債務不履行

太郎は、被告の診療を受けた当時、53歳の男性で、アルコール飲酒歴があり、肝硬変の患者であったから、肝癌に罹患しやすい、いわゆる肝癌発症に関する高危険群患者に属していた。したがって、被告は、肝硬変の治療のほかに、肝癌の早期発見のため、エコー検査、ＣＴ検査、肝シンチグラム、腹腔鏡検査、血管造影等各検査による画像診断及びいわゆる肝癌の腫瘍マーカーであるＡＦＰの定期的かつ継続的検査を各実施し、これらを組み合わせた定期的スクリーニング検査を実施し、早期に肝癌の発症を発見し、これに対する適切な治療をすべきであった。それにもかかわらず、被告は、太郎の肝癌発症を全く考えず、初診時から約2年間合計700回以上にも及ぶ診療において、ＡＦＰの定期的かつ継続的検査を実施せず、また、エコー検査等の画像診断及びこれらを組み合わせた定期的スクリーニングも一度も実施しなかった。その結果、太郎は、有効な肝臓癌に対する有効な治療を受けることができず、それによって肝臓癌を悪化し、死亡するに至った。

これは本件診療契約において被告に求められる善管注意義務に反するものというべきであるから、被告は太郎に対し、債務不履行に基づき、太郎に生じた損害を賠償する義務を負う。

5 損害額

(1) 逸失利益

太郎は、建材販売を目的とする甲野商店を経営し、死亡当時は二人の常勤従業員のほか数名のアルバイトを雇用し、年間○○円を超える所得を得ていた。甲野商店は創業20年を超え、多くの固定客を有する安定経営で推移していたから、少なくとも太郎が67歳になるまで右平均所得を維持していたものと認めるのが相当である。そこで、3割の生活費を控除し、12年のライプニッツ係数を乗じて計算すると、得べかりし利益は、下記の計算式（略）のとおり○○円となる。

　(2)　慰謝料

　　　太郎は、肝臓癌の専門家である被告を信頼して被告の指示のみに従った結果、肝臓癌に対する治療の機会を失ったのであり、これにより多大な精神的苦痛を被った。これを慰謝するに足る金額は○○円を下らない。

6　相続

　　原告は太郎から上記損害賠償請求権を相続した。

7　結語

　　よって、原告は、被告に対し、相続にかかる債務不履行に基づく損害賠償請求権に基づき、金○○円及びこれに対する訴状送達の翌日から支払ずみまで民法所定の年３％の割合による遅延損害金の支払を求める。

2　診療経過一覧表等

　医療訴訟においては、裁判所から診療経過一覧表の早期提出が求められる。それとともに、検査結果一覧表、投薬一覧表、医学用語集の提出を求める場合もある（検査結果と投薬については診療経過一覧表に記載することがある）。また、それらの作成要領と書式データが提示されることがある。

　診療経過一覧表は、被告（医療機関）が準備し、争点整理手続において裁判所と原告が内容を確認し、完成したものを当事者の主張として調書に添付する。作成に当たっては同時に電子データを提出し、後はそれに書き込む方法で完成してゆくことになる。人証尋問や判決書への利用を念頭においたものである。

（記載例４−６−２　診療経過一覧表）

診療経過一覧表（令和○年(ワ)第○○号損害賠償請求事件）

日時	診療経過（入通院状況・主訴・所見・診断）		検査・処置	証拠	原告の反論
R1.2.13	初診入院	○○病院より当院○○医師に紹介。胆石症と診断。	血液検査腹部XP(*1)	乙A1p10	

医学用語集（平成○年(ワ)第○○号損害賠償請求事件）

番号	名称	説明
＊1[27]	ＸＰ	レントゲン検査

3　書証

　医療訴訟の場合には、基本的な書証とその証拠説明書を早期に提出するよう裁判所から求められる。提出に当たっては、以下の点を留意するよう求められる。

⑴　書証番号

　診療行為等の事実経過に関する書証をA号証とし、医学的知見に関する書証をB号証[28] とし、損害に関する書証をC号証とする。

⑵　診療録・看護記録

　診療録や看護記録については、枝番を付けず、標目単位でページ数を付する。
　判読しづらい記載や外国語の記載については翻訳を付する。その際は、マーカーによって翻訳部分を明らかにした上で、その上下の余白部分に日本語を朱書する。医学用語の説明は付記しない（この点は別途医学用語集を提出する）。

⑶　検査画像の説明

　フィルム画像には適宜説明書を添付する（透明な紙をかぶせて説明を記載するか、画像をコピーして説明を記載する）。

⑷　医学文献

　出典を明らかにするために奥書を末尾に添付する。奥書のないもの（雑誌等）については、表題・出版社・公刊年月日が記載されている部分を添付する。立証趣旨と関連する部分にはマーカー等を付する。外国語の文献には翻訳を付する。

---

27)　診療経過一覧表の医学用語に番号を付記し、その番号に対応した用語を説明する。
28)　A号証とC号証に属さない書証もB号証とする。

4　証拠説明書

　医療訴訟についても、他の訴訟と同様に証拠説明書の提出が求められる。基本的な記載事項は既に述べたとおりであるが、A号証、B号証、C号証ごとに格別に作成することが求められる。

（記載例 4 − 6 − 3　証拠説明書）

令和○年(ワ)第○○号　損害賠償請求事件
原　　告　　甲　野　太　郎
被　　告　　医療法人○○会

証拠説明書（乙A号証）

令和○年○月○日

東京地方裁判所○部○係　御中

被告訴訟代理人弁護士　　乙　野　次　郎　㊞

　頭書事件につき、被告は、以下のとおり証拠説明書を提出します。なお、略語等は本日付の準備書面に記載したものと同一とします。

号証	標目 （原本・写し）	作成日付	作成者	立証事項
乙A 1	診療録 （原本）	R1. 11. 21 ～ R2. 2. 23	被告	本件患者の検査結果と手術の経過（赤字は翻訳）。

5　意見書

　医療訴訟については、専門家（医師）の意見書を求めることが多い。最近の裁判所の訴訟指揮は、訴訟の長期化を避けるという観点から、鑑定申請を求めるのではなく、当事者双方に意見書の提出を求め、それにもとに判断することが多いようである。

　意見書の作成に当たっては、事前に準備書面と書証の写しを医師に提供する

とともに、何が争点であり、どのような事項について意見を求めているのかを明らかにするのが適当である。何が訴訟における争点となっているのか、医師が的確に理解しているとは必ずしもいえないからである。

また、意見書の表現についても、医師に任せるのではなく、弁護士が適宜改訂を求めるのが適当である。専門用語の意味を説明させることはもちろん、素人には一読して理解し難いような表現があれば、それをわかりやすく書き直させることも必要である。これは、医療訴訟に限らないのであって、専門家の意見を素人である裁判官に理解させるのが弁護士の役割であり、専門訴訟における弁護士は通訳のようなものといえる。そのためには、弁護士自身が当該専門分野の理解に努めなければならない。

意見書の体裁は特に決まったものではないが、一般的には以下のようなものになると思われる。

（記載例4－6－4　意見書）

意　見　書

○○大学医学部教授
医　師　甲　野　太　郎
㊞

1　履歴・業績等
（略）
2　診療経過
（略）
3　死因について
（略）
4　診療上の過誤について
（略）
5　原告（被告）の主張について
（略）

　そのほか、質問に対する回答の形式で意見書を作成することもある。以下のような記載例が考えられる。

（記載例4－6－5　意見書）

意　見　書

○○大学医学部教授

医　師　　甲　野　太　郎

㊞

1　履歴・業績等

（略）

2　質問と回答

(1)　本件患者の死因は何でしょうか。

【回答】（略）

(2)　原告（被告）は○○が死因であると主張していますが、この点についての先生のご見解をお聞かせ下さい。

【回答】（略）

(3)　本件において患者が○○（疾病名）と診断できた時点はいつでしょうか。

【回答】（略）

(4)　その時点において考えられる措置は何でしょうか。

【回答】（略）

(5)　○○医師の措置は適切だったでしょうか。

【回答】（略）

(6)　この点について原告（被告）は○○と主張していますが、この点に関する先生のご見解をお聞かせ下さい。

【回答】（略）

(7)　上記（5）の措置がされていた場合には、患者は死亡しなかったでしょうか。あるいは、延命の可能性はあったでしょうか。

【回答】（略）

（記載例4－6－6　意見書）

意　見　書

○○大学医学部教授

医　師　甲　野　太　郎
㊞

　当職は、貴殿の質問事項に対し、以下のとおりご回答いたします。なお、当職の履歴・業績等は別紙記載のとおりです。

1　質問事項

(1) 原告の後遺障害の原因は何か。

(2) 本件において原告が○○（疾病名）と診断できた時点はいつか。

(3) その時点において考えられる措置は何か。

(4) ○○医師が実際に行った措置は適切であったか。

(5) 上記（3）の措置により本件患者の後遺障害は発生せず、あるいは軽減されたといえるか。

(6) 原告（被告）の主張（別紙のとおり）は相当であるか。不当であるとすれば、その理由は何か。

3　回答

（略）

　診療行為を担当した医師の証人尋問をするのがふつうであるが、その場合には、当該医師は鑑定証人のような立場にあるといえる。このような証人の陳述書は、意見書と同様の内容になるものと思われる。

参考文献

司法研修所編「4訂　民事訴訟第一審手続の解説──事件記録に基づいて」法曹会

同「10訂　民事判決起案の手引」法曹会

同「民事第二審判決書について」法曹会

同「新問題研究要件事実」法曹会

同「改訂　紛争類型別の要件事実　民事訴訟における攻撃防御の構造」法曹会

最高裁判所事務総局民事局「条解民事訴訟規則」司法協会

同「条解民事訴訟規則（増補版）」司法協会

大島明著「全訂10版　書式民事訴訟の実務──訴え提起から訴訟終了までの書式と
　　理論」民事法研究会

塚原朋一編著「事例と解説　民事裁判の主文」新日本法規

門口正人著「民事裁判の要領　裁判官の視点から」青林書院

田中豊著「法律文書作成の基本」日本評論社

後藤勇著「民事裁判における経験則──その実証的研究」判例タイムズ社

スティーブン・D・スターク著（小倉京子訳）「リーガルライティング　訴訟に勝つ
　　実践的文章術」日本評論社

岩淵悦太郎編著「第三版　悪文」日本評論社

岡山弁護士会民事委員会編著「Q＆A証拠説明書・陳述書の実務」ぎょうせい

加藤新太郎編著「民事尋問技術　第4版」ぎょうせい

藤山雅行・村田斉志編「新・裁判実務大系25　行政争訟［改訂版］」青林書院新社

門口正人編「新・裁判実務大系11　会社訴訟・商事仮処分・商事非訟」青林書院新
　　社

牧野利秋・飯村敏明編「新・裁判実務大系4　知的財産関係訴訟法」青林書院新社

林豊・山川隆一編「新・裁判実務大系17　労働関係訴訟法［Ⅱ］」青林書院新社

白石哲編著「労働関係訴訟の実務［第2版］」商事法務

太田幸夫編「新・裁判実務大系1　医療過誤訴訟法」青林書院新社

記載例索引

事項索引

り

判例索引

平成

喜多村 勝徳（キタムラ カツノリ）

丸の内法律事務所パートナー弁護士。

昭和32（1957）年生まれ。昭和57年東京大学法学部を卒業。昭和56年司法試験合格。司法修習（第36期）後、裁判官任官（東京地裁判事補）。東京地裁、熊本地裁、東京地裁、広島地裁に勤務後、平成8年退官・弁護士登録（東京弁護士会）。昭和61年から1年間、ワシントン大学ロースクールに留学。平成2年から2年間郵政省出向（電気通信局電気通信事業部事業政策課課長補佐）。

記載例からみる民事裁判文書作成と尋問の基礎技術

2020（令和2）年9月15日　初版1刷発行

著　者　喜多村勝徳

発行者　鯉渕　友南

発行所　株式会社　弘文堂　　101-0062　東京都千代田区神田駿河台1の7
TEL 03（3294）4801　振替 00120-6-53909
https://www.koubundou.co.jp

装　丁　松村大輔
組　版　堀江制作
印　刷　三陽社
製　本　井上製本所

ISBN 978-4-335-35779-4

━━━ 実務の技法シリーズ ━━━

〈OJTの機会に恵まれない新人弁護士に「兄弁」「姉弁」がこっそり教える実務技能〉を追体験できる、紛争類型別の法律実務入門シリーズ。未経験であったり慣れない分野で事件の受任をする際に何が「勘所」なのかを簡潔に確認でき、また、深く争点を掘り下げる際に何を参照すればよいのかを効率的に調べる端緒として、実務処理の「道標」となることをめざしています。

- ☑ 【ケース】と【対話】で思考の流れをイメージできる
- ☑ 【チェックリスト】で「落とし穴」への備えは万全
- ☑ 簡潔かつポイントを押さえた、チェックリスト対応の【解説】
- ☑ 一歩先へと進むための【ブックガイド】と【コラム】

※表示価格（税別）は2020年5月現在のものです。